本书系国家社会科学基金教育学一般课题"我国高等教育捐赠的社会激励与法律保障研究：基于资源动员理论的视角"（课题批准号：BIA170189）的阶段性成果。

中美高等教育捐赠法律制度比较

余 蓝 著

知识产权出版社

全国百佳图书出版单位

图书在版编目（CIP）数据

中美高等教育捐赠法律制度比较／余蓝著．—北京：知识产权出版社，2018.6
ISBN 978-7-5130-5598-7

Ⅰ.①中…　Ⅱ.①余…　Ⅲ.①高等教育—公益事业捐赠法—对比研究—中国、美国　Ⅳ.①D912.182.34②D971.221.82

中国版本图书馆 CIP 数据核字（2018）第 110895 号

责任编辑：刘　睿　刘　江　　　　　责任校对：潘凤越
文字编辑：刘　江　　　　　　　　　责任印制：刘译文

中美高等教育捐赠法律制度比较

Zhongmei Gaodeng Jiaoyu Juanzeng Falü Zhidu Bijiao

余　蓝　著

出版发行：**知识产权出版社** 有限责任公司	网　　址：http://www.ipph.cn
社　　址：北京市海淀区气象路 50 号院	邮　　编：100081
责编电话：010-82000860 转 8344	责编邮箱：liujiang@cnipr.com
发行电话：010-82000860 转 8101/8102	发行传真：010-82000893/82005070/82000270
印　　刷：北京九州迅驰传媒文化有限公司	经　　销：各大网上书店、新华书店及相关专业书店
开　　本：720mm×960mm　1/16	印　　张：18
版　　次：2018 年 6 月第一版	印　　次：2018 年 6 月第一次印刷
字　　数：268 千字	定　　价：68.00 元
ISBN 978-7-5130-5598-7	

序

　　高等教育捐赠事业的发展需要大学、政府和社会的共同关注与努力，尤为重要的是，要在实践中不断探索和创新制度，使之符合现在甚至未来高等教育捐赠事业发展的规律和方向。就法律制度而言，直接作用是对捐赠关系涉及各方主体的行为及权利义务予以明确和规范，但从根本上讲是以法制推动和保障慈善事业良性有序地发展为目的的。《中华人民共和国慈善法》及其系列配套法规颁布实施至今已经两年，规制慈善组织及其活动的法律体系正在逐步走向完善，研究和探讨其对高等教育捐赠领域的影响和应用是必要且适时的。

　　慈善捐赠是国际上高等教育经费来源的重要渠道之一，在某种意义上其作用甚至超过财政资助、学费、研究经费、校企合作、版权收入、校园服务收入等其他来源，从支持国际高等院校运营所需的实际表现来看，它具有长期稳定性和灵活创新性的特征。慈善文化和宗教信仰固然是大学捐赠收入持续增涨的基础条件，但现代慈善组织的专业化和规范化运作模式才是真正推动美国大学筹款运动和捐赠管理水平在世界范围内取得绝对竞争优势的主要因素。实践中经历的摸索和锤炼必然是在法律制度的认可和修正过程中逐步得到规范和保障的，而且至今仍在引发不断的争议和讨论。

　　与国际高等教育相比，我国高等教育捐赠事业发展相对滞后，关于高等教育捐赠法律制度的研究和探讨成果不多且不系统，余蓝关于捐赠法律制度的研究，不仅具有理论价值，更具有现实意义。正如作者在前言中所指出的，高等教育捐赠法律制度的研究，既不能脱离时下的宏观背景和法律框架，又要立足于解决实践中存在的问题推动制度创新。以免税规定和配比政策的作用为例，税收减免的优惠待遇使捐赠人在实现自己慈善意愿的同时还可以获得实际的利益，中央和地方对大学捐赠实施的资金配比政策在一定程度上激发了社会捐赠和大学筹款的积极性，但现行法律法规对慈善税收减免的具体规定尚处于修订和完善之中，中央直属高校配比政策亦在做适时的修改，地方性政策则表现出相当大的地域性和差异性。总的来看，高等教育捐赠领域的实践仍在不断地推陈出新，组织形态上除了依托大学基金会之外，根据捐赠的途径不同，比如面向高校或个人的直接捐赠、通过私人或家族基金会以及慈善信托等方式的捐赠等，衍生出新的法律主体及权利义务关系。捐赠财产的形式多样化，包括货币、实物、房屋、有价证券、股权、知识产权等有形和无形财产，必然涉及相应的日常管理、项目运作和投资保值增值等一系列问题。捐赠资金在使用上突破了政府财政专款专用和限定支出的要求，相对而言更加灵活高效，但也可能滋生财务管理、风险控制和行为伦理等方面的问题。因时、因地制宜地比较和借鉴他国的立法经验有助于关注和解决我国高等教育捐赠实践中所遇到的法律问题。

余蓝自攻读博士学位，就开始对高等教育捐赠法律问题的研究。作者本科修读的是法学专业，法学专业知识系统和深厚，为她系统研究美国大学捐赠基金法律制度的变迁和现状奠定了坚实的基础。梳理美国大学捐赠基金运作的过程，表现出她的专业特长，系统性和逻辑性很强。相信这本书的出版，将为国内学者了解美国和其他国家大学捐赠基金的运作实践及其法律问题，提供一个更为全面的国际筹资法律运作背景。本书在作者博士论文的基础上扩大到了国际的比较范围，从中国、美国扩大到更多的国家，查阅和补充了大量研究资料，大大拓展了研究的范围，体现了法律在不同国家和地区的特别安排，给读者的启示更加全面深刻。尽管一本书难以涵盖大学筹资法律比较的全部，但是它的出版无疑为这一领域的深入研究提供了良好的基础。

应余蓝之邀，让我为之作序，我在欣然接受的同时，也恳请各位读者尤其是具体从事高等教育捐赠工作的各位同人指正和补充，以推进大学筹资事业的制度创新和事业发展。

2018 年 5 月 23 日

前　言

　　高等教育捐赠是整个慈善事业的重要组成部分，与救灾、医疗、科学研究一样成为当前我国社会慈善资源流动的主要领域。近年来，我国大学接受捐赠呈现出"井喷"和"竞赛"现象，民间财富的积累、慈善文化的传播、大学筹款意识的增强等，共同促进和推动高等教育捐赠迈入新的发展阶段。然而，随着高等院校吸纳慈善捐赠的能力不断增强，捐赠管理的规范化和专业性日渐凸显，成为影响捐赠者选择决策和大学慈善公信力的重要因素。法律制度在规范行为和指引方向上起着至关重要的作用，高等教育捐赠领域的实践探索和公益创新，只有在法治轨道上才能行稳致远。当然，法律制度体系及规则本身也应努力适应不断发展的现实和需要，为推动高等教育捐赠的良性发展提供制度保障。

　　高等教育捐赠研究具有跨学科的复杂性和专业性。我国对高等教育捐赠的研究始于20世纪90年代初，从关注捐赠的现象和作用到介绍发达国家高等教育捐赠事业的经验和模式，从宏观层面探讨慈善文化、制度环境和社会功能等因素到微观层面研究捐赠动机、管理架构、投资策略等运作细节，从提纲挈领的泛泛讨论到实证研究的科学论证和个案剖析，已有的研究为深入全面地了解国内外高等教育捐赠发展现状及问题开拓了思路和视野。但是，迄今为止国内尚没有专门从法律制度角度对高等教育捐赠领域开展全面而系统研究的学术著作。本书的撰写就是为高等教育捐赠的研究者、从业人员甚至立法者提供一种比较法学的视角，将激励和推动高等教育捐赠建立在法治和理性的基础之上，塑造良性循环的大学捐赠文化进而实现推进教育公平和促进社会进步的终极目标。

我国慈善法律体系的整体框架已经初步确立，具体可行的技术规范也在逐步完善，但具体到高等教育捐赠领域的适用，还需要因时因地考虑其特殊性和问题情境。美国高等教育捐赠法律制度相对成熟和完备，并在长期的实践中得以检验和完善，这已成为理解支撑美国高等院校捐赠成功经验背后的共识，但显然它是不可复制或照搬的。对比中美高等教育捐赠法律制度的变化和构建，能够较全面系统地呈现并解释两国的制度差异及其缘由，在寻找共性的基础上提供可资借鉴的立法经验和技术性规范。

本书分为三个部分共十章。第一部分是分析中美两国高等教育捐赠法律制度形成和发展的历史阶段和社会背景，介绍现行法律制度体系包括立法模式、制度框架和法律渊源等总体特点及差异；第二部分是按照高等院校捐赠活动的行为类型逐一梳理所对应的法律规则，主要覆盖主体资格、筹款募捐、组织治理、投资运作、分配使用、财务管理、信息披露、财税政策等；第三部分结语归纳总结美国高等教育捐赠法律制度的特点和优势，提出完善我国高等教育捐赠法律制度体系的方向和建议。

本书力求全面而深刻地展现高等教育捐赠的操作实践与发展路径，尝试将高等教育捐赠法律监管与规制置于宏观的法律环境和国际视野之下，倡导积极关注和有选择性地吸纳能够激发高等教育捐赠生机与活力的制度设计和技术规则。囿于笔者的知识局限和写作水平，书中难免有疏漏甚至错误之处，尚祈读者和专家不吝指正。

余蓝

2018 年 5 月 12 日

目　　录

第一章　中美高等教育捐赠法律的历史沿革

  高等教育捐赠的法律制度是伴随历史发展的轨迹而逐步确立并完善的，迄今经历了一个漫长的过程，由于每个国家或地区的社会背景、文化传统和法制体系等各方面存在不同程度的差异，从而形成高等教育捐赠法律制度形态各异的景象。中、美高等教育捐赠在不同的历史发展阶段面临不同的问题和矛盾，立法者如何考虑和消除法律障碍，进而确认慈善捐赠在高等教育领域中的作用并予以规范和保护，是分析和比较二者差异及特征的起点，也有助于理解法律制度蕴藏的语境与理念，以及以发展的眼光来看待如今高等教育捐赠领域所存在的问题及立法的变化。

  本章将概括性地介绍美国高等教育捐赠法律制度发展的四个历史时期，总结美国高等教育领域慈善捐赠的文化传统与制度演进之间的互动关系。我国有着悠久的慈善传统与捐资兴学文化，近现代高等教育的发展与慈善捐赠也有着紧密的联系，中华人民共和国成立后我国慈善法律制度体系不断完善，为高等教育捐赠进入新的发展阶段创设了良好的制度环境。历史总是具有相似性的，审视过往和他国的发展历程，对认清自己所处的阶段并合理地定位是必要的，立法更应体现出一定的前瞻性和灵活性，为高等教育捐赠事业的发展提供必要的制度支撑。

第一节　美国高等教育捐赠的法律制度演化

  慈善捐赠对美国高等教育的功用与意义重大，其制度化的演进过程几乎与高等教育的发展同步。不同的发展阶段面临不同的制度障碍，大致对应的标志性立法事件让人得以管窥美国高等教育慈善捐赠法律制度发展的历史概貌。杰西·布伦戴奇·西尔斯在《美国高等教育史上的慈善》一书中将慈善捐赠在美国高等教育领域的发展过程分为四个阶段：殖民地时期、建国初期（1776~1864 年）、建国后期（1865~1918 年）和 1919 年至今。这一划分观点有助于读者系统地了解在不同的发展阶段美国高等教育捐赠所处的社会背景、发展变化、核心问题和标志性的立法事件。❶ 当然，1919 年至今的近百年里，美国高等教育捐赠又经历了一些发展和变化，也有必要结合最新的研究资料加以归纳梳理。

一、殖民地时期

17 世纪初伊始，随着反对英国教会的清教徒向北美新大陆的迁徙，欧洲扶弱济贫、捐资助学的慈善传统也随之延伸并盛行于北美殖民地。"美国殖民地时期的一百多年，对美国高等教育捐赠传统的形成起了重要作用，对美国捐赠的规范化、制度化奠定了良好的基础，为后世树立了榜样，并在以后的发展中形成学校募集资金的艺术和社会慷慨解囊的习惯，使得这些行为在美国后起大学中发扬并深深植入美国民众的思想观念中"。❷ 美国第一所学院——哈佛学院诞生即源起于民间捐赠。1640 年，哈佛学院的首任校长亨利·杜斯特（Henry Dunster）制作了第一本筹款小册子——《新英格兰的果实》（New England's First Fruit），回到英国本土寻求支持。同行的威廉·西本斯牧师（Reverend William Hibbens）带回的第一笔捐款 500 英镑被公认为美国历史上最早的一项有关高等教育的募款。1693 年建立的威廉和玛丽学院与 1701 年建立的耶鲁学院也常年处于资金缺乏的境况，州政府能够提供的资助和年度补助少得可怜，它们的幸存主要仰仗那些有能力也有兴趣给学院小额捐赠的、受过教育的市民的广泛支持。从 1746 年到独立战争期间，另外 6 所学院在殖民地先后建立，

---

❶ Sears J. B. Philanthropy in the history of American higher education ［M］. New Brunswick, NJ and Landon: Transaction Publishers, 1922.

❷ 张旺. 慈善捐赠与美国私立高等教育的形成与发展 ［J］. 比较教育研究, 2005 (5): 84-88.

它们是达特茅斯学院、罗德岛学院（布朗大学）、国王学院（哥伦比亚大学）、女王学院（罗格斯大学）、新泽西学院（普林斯顿大学）和费城学院（宾夕法尼亚大学）。每一间新学院的创办和发展都需要资金，而英国则具有强大的经济基础和慈善捐赠的传统，能够资助刚刚起步的这些教育机构。这一阶段，刺激建立上述 9 所殖民地大学的慈善动机主要来自宗教，州政府支持大学的观念尽管被付诸实践但并不普遍，总的来说，殖民地时期教派在高等教育领域占据主导地位，直到富兰克林创建宾夕法尼亚大学，它被视为真正脱离传统大学观念的第一次教育实验。

殖民者对教育的高度重视促使向私人募款逐渐成为一种有系统、有组织、程式化的活动，学院经常雇用代表，有时是大学校长，他肩负的使命是为该教育机构乞捐，而筹款成功与否往往取决于募款者的人格魅力。早期捐赠的形式"有些是小额的现金捐赠，偶尔有遗产捐赠，有时还有人捐来可以兑换成现金的书籍和物资"。捐赠"经常以登记（签名认捐）的方式出现"，通过教会的请求，市镇的官员们有时会安排出一天时间，让每一个市民都为学院签名认捐。"让赞助人的名字出现在学院赞助人的名单上，被认为是一件值得的事情，可以证明捐赠人是社区里的重要支柱"。货币紧缺，但登记认捐的方法也可以为学院提供有价值的商品，如玉米、黄油、木材、劳力、羊或其他家畜。❶这一时期的慈善资源呈现多样化的来源和形式，每一种类型都在大学发展的过程中产生了印迹，比如哈佛大学主要依赖于邻近的居民支持，而布朗大学则得到教会的无偿资助。许多来自市镇居民和教会信徒的捐赠也都保留了历史记录。值得提及的是，大量的小额捐赠以及获得它们的渠道，同样适用于美国大学建立的整个历史时期。成千上万的小额捐赠似乎记录下了一个事实，那就是从一开始这些学校就是民众的，这使大学得以普及化并有助于社会民主化。

向大学的捐赠主要流向了修建图书馆、购买书籍、提供奖学金、支付工资、资助教授讲席和学校设施修缮等，这些被认为对于任何一所大学都是至关重要的，而不是将捐赠基金投资于未来的需要，因为捐赠的目的不

---

❶ ［美］弗兰克·H. 奥利弗（Frank H. Oliver）. 象牙塔里的乞丐——美国高等教育筹款史［M］. 许东黎，陈峰译校. 桂林：广西师范大学出版社，2011：8.

仅是推动学术研究，更是为了教育社区中的民众。另外，纵观整个时期，可以发现有相当比例的捐赠是以非限定性的方式捐赠给大学的，即在如何使用上没有任何限制，即使是限定性的，也会始终不变地遵循大学自身发展的基本路线。❶

由于殖民地时期美国新建学院的资助主要来源于英国，筹款者甚至需要直接到英国本土去游说和开展募款活动，因此该行为必须适用英国的法律。例如，在筹款程序上，"首先，学院的代理人要得到教区的批准，批准的文件是众人皆知的以简短而著称的重要，其中必须阐明筹款任务。批准文件由教会主管机构发出。接着，要举行布道，宣传募款的目的。最后，任务执行者将这份任务文件的副本送给教会看管人，再由他们去挨家挨户拜访教会成员。这些教会看管人再将筹募的资金以及捐赠人名单带回来，交给学院的代理人"。❷

清教徒在美国为其新建学院募集资金，也深受英国关于慈善公益事业的成文法和习惯法的影响。《伊丽莎白法规》被普遍认为是美国高等教育捐赠法律制度的起源，该法产生于工业化进程中英国贫富差距与日俱增的社会背景之下，1601 年英国议会通过《济贫法》（*Poor Relief Act*），与此同时伊丽莎白女王颁布《英国慈善用途法规》（*The English Statute of Charitable Uses*），二者统称为"伊丽莎白法规"。前者规定向有产者强制征收按财产比例的税，并详细界定强制征税的财产种类和捐赠对象，要求由教区的教会执事与 2~4 名遴选产生的缴税人共同监管此项税收所施与的贫困对象。后者使慈善机构具备了私人和公共双重职能，承认其一定的独立地位，同时又将其置于国家监督之下，在确立政府对慈善公益事业的管理权的前提下，给予慈善机构以优惠待遇，免除其若干税赋。从这个意义上讲，正是《伊丽莎白法规》开启了慈善捐赠完全转向世俗化的大门，它不仅有助于摆脱教会对慈善公益事业的控制传统，而且更有利于处理慈善

---

❶ Sears J. B. Philanthropy in the history of American higher education [M]. New Brunswick, NJ and Landon: Transaction Publishers, 1922: 106-107.

❷ [美] 弗兰克·H. 奥利弗. 象牙塔里的乞丐——美国高等教育筹款史 [M]. 许东黎, 陈峰译校. 桂林: 广西师范大学出版社, 2011: 3.

捐赠所涉及的复杂的财产关系，它"在多方面都有开创性，如实际上开始了调节税收制、慈善事业世俗化、援助对象社会化以及有效的管理监督机制等，因此在公益事业史上被认为具有里程碑的作用，是现代公益事业和社会捐赠事业的先声"。❶ 可以说，美国现代慈善机构的界定和分类，捐赠与筹款的行为规制及问责等均以联邦税法的相关规定为基本框架，这种立法模式正是发轫于此。

二、建国初期（1776～1864 年）

美国独立革命终结了殖民地大学和英国教育慈善家之间的联系。各州学院募资变得越来越困难，除了大的政治、经济气候外，筹款代表没有兑现承诺，即公布捐赠人的名单、交代筹款结果，以及英国人对建立学院的各个教派之间的竞争欲和角逐产生厌倦，也被视为来自英国的资助在战争期间消失的原因之一。❷ 1776～1860 年，美国从农业社会开始步入早期工商业社会，教育与经济成功之间的关联激发了整个社会对高等教育的关心与支持，州政府逐渐意识到不为宗教目的服务而新建的大学有其功用，大学被视为社区经济和文化的重要资产，获得基础广泛的资金支持。因此，尽管当时的教育资源非常有限，但仍然成为美国高等教育快速增长的一个时代。在建国初期的数十年间，教会依然主导着私人慈善，捍卫了自己在高等教育领域的传统地位，各个宗教派系也继续发挥着它们在筹资办学方面得天独厚的优势和经验。与此同时，州立大学尤其是由私人捐赠新建的学院和大学也得到空前的发展，涌现出一批如康奈尔大学、约翰·霍普金斯大学、洛克菲勒大学、斯坦福大学、卡耐基梅隆大学以及其他一些非教学型的教育基金会。由于州政府和教会争相创办大学，以至于出现大学过滥、资源太少的现象。新建学院的数量从 19 世纪初的 20 多家猛增至 1860 年的 500 多家，少数是州立的，大多数都是私人或教会捐赠的，由于面临严峻的财政挑战，其夭折率高得触目惊心，在南北战争打响之际，美国尚

---

❶ 资中筠.财富的归宿：美国现代公益基金会述评［M］.上海：上海人民出版社，2005：11.

❷ ［美］弗兰克·H.奥利弗.象牙塔里的乞丐——美国高等教育筹款史［M］.许东黎，陈峰译校.桂林：广西师范大学出版社，2011：8.

有 250 所大学。这一时期不仅是美国大学数量膨胀的时代，就连高等教育的目标和所提供的学习类型在某种程度上也在膨胀。学院希望能够变成大学，却普遍存在财政匮乏的现象；教派的界限严格且毋庸置疑地导致大学的尴尬分化，这一时期慈善背后的动机与早期为何建立哈佛、耶鲁和普林斯顿大学几乎没有差异。除了新型大学更加快速地成长之外，早期的老牌大学在新的捐赠方式推动下也呈现出相当的复杂性。慈善开始迎合更多样的教育和社会观念，比如专科学校、劳动技能学校和女子大学等。❶

这一时期的筹款手段并没有改变，通常仍然是依靠个人出面，用登记认捐的方法来请求捐赠承诺。这种承诺有时得以兑现，有时则不然。南北战争前夕，东部大学受益于注入留本捐赠基金的大额捐赠，开始展现出对持久发展的信心。1860 年接受资助最多的大学不是哈佛、耶鲁或普林斯顿，而是联合学院，它得到了该校校长伊利法莱特·诺德（Eliphalet Nott）60 万美元的留本捐赠基金用以设立奖学金和资助教授席位。❷ 永久性的捐赠基金在某种程度上更为流行起来，含有特殊目的的捐赠逐渐取代对大学的一般性资助，这一倾向被当时的很多案例所证明，在教授讲席的附条件捐赠较突出的同时，捐赠给贫困学生的比例却在下降。

建国初期高等教育慈善捐赠在法律制度方面沿用了传统模式，英国的成文法和习惯法仍然是处理捐赠事务的基本依据。在联邦政府没有明确表示支持还是限制慈善发展的时候，各州对慈善的态度也有很大的分歧。1776 年宾夕法尼亚州第一部宪法专门规定："到目前为止所有为发展宗教、传播知识或其他慈善目的而组建的宗教或非宗教社团都应得到鼓励和保护，他们应该享有他们以前就已经享有或按照本州以前的宪法和其他法律应该享有的优惠、豁免和财产。" 1777 年佛蒙特州宪法几乎逐字逐句抄录了这一条款。1780 年马萨诸塞州宪法授予哈佛学院以特权，强调"在这个州未来的任何时候，支持和宣讲人道与仁慈的原则、私人与公共慈善

---

❶ Sears J. B. Philanthropy in the history of American higher education [M]. New Brunswick, NJ and Landon: Transaction Publishers, 1922: 106-107.

❷ [美] 弗兰克·H. 奥利弗. 象牙塔里的乞丐——美国高等教育筹款史 [M]. 许东黎, 陈峰译校. 桂林：广西师范大学出版社, 2011: 24-25.

及其社会影响以及大度的情操，是立法者和行政官员的职责"。然而，大多数州并没有在基本法中表明对捐赠的态度，这主要有两个原因：一是因为他们允许慈善在英国遗留下来的法律框架下继续运转；二是因为他们倾向于将慈善问题留给立法机关来决策。如1776年特拉华州宪法规定："英国的习惯法和目前本州采用的许多成文法仍然有效，除非将来某部法律将其改变。"在北方诸州极力鼓励发展慈善的同时，弗吉尼亚和马里兰州却采取措施限制慈善的发展，特别是限制宗教慈善活动的开展。1780~1785年，弗吉尼亚州议会通过的各项法案都旨在消除英国国教的影响，并通过世俗的机构和人员向穷人提供救济。❶

　　美国历史上具有里程碑意义的一个案例是联邦最高法院1819年对达特茅斯学院诉伍德沃德案（Trustees of Dartmouth College V. Woodward）的判决，它确立了高等教育慈善捐赠的契约合法性和私立大学的独立自治原则。❷ 达特茅斯学院是位于美国东北部新罕布什尔州一所颇有名气的私立文理学院，1769年由当时的英国殖民地总督颁发特许状而成立，学校建立用于募捐的信托基金，并设立管理学院的董事会。1816年，该州议会通过一项法律将之改为公立大学，由州长和州政府选派的监事会管理。由于该学院的秘书兼司库威廉·伍德沃德（William Wardwood）偷偷带走学院的校印、账本和文件，投奔了新设的公立大学且拒绝归还，学院的董事会随即向州法院控告伍德沃德非法侵占学院财物，还连带控告州议会未经正当程序擅自立法剥夺了他们的财产权，破坏了具有契约效力的特许状，归于无效。但是，州各级法院均认为达特茅斯学院系公共机构，即使最初由董事会出资创办，董事会也不能为私人利益考虑而把它仅仅看作私人财产，州政府继承了原有的英国殖民地的一切权力和责任，作为民意机构的州议会有权修改原来的特许状，把它改为公立大学。学院董事会上诉到联邦最高法院，律师丹尼尔·韦伯斯特（Daniel Webster）辩称："达特茅斯学院系私人之善业，存在已有半个世纪。学校的特许状由英王乔治三世核

---

❶　高晓清. 美国高校社会捐赠制度研究［M］. 长沙：湖南师范大学出版社，2011：62-63.

❷　Whitehead J. S. & Herbst J. How to think about the Dartmouth College case［J］. History of Education Quarterly, 1986（3）：333-349.

发，承认该院为法人。对董事会来说，此特许状实为一份契约，因为当初校董会是以创办一所学校为由向英王提出申请的。特许状获准后，校董会便以私人资产和私人名义开办了这所学校。新罕布什尔法院所谓该校既从事公益应属于公众之论纯系标新立异，不能成为理由：试问有谁会指派立法机构去替他管理自己的慈善事业呢？在此之前，又有谁听说过学院、医院或救济院所接受的馈赠居然会变成对州政府的馈赠呢？由此足以证明新罕布什尔州议会对达特茅斯学院的处理明显构成侵占行为。"时任联邦最高法院首席大法官的约翰·马歇尔（John Marshall）首先指出学院的特许状是一份契约，"毋庸置疑，本案的种种条件构成一个契约。向英王申请的特许状是为了建立一个宗教和人文的机构。申请书本身就指出为此目的已有大量捐赠，一旦机构创立，就将转给该机构。特许状获准后，捐赠财产如约转让。可见，完整和合法契约所需之一切要素皆存在于在这一转让中"。❶ 因此，依据契约确立的达特茅斯学院属于一个私人团体而非公共机构，州议会不能干涉学院所拥有的绝对权利，特别是财产权和管理权，因为宪法契约条款的目的就是保护私人产权，它不允许各州损害州与学院之间最初契约的义务。该案的最终判决极大地保护了私人团体的独立性，不仅维护了宪法所确立的契约精神，也为私立大学的独立和自治奠定了坚强的法律后盾。

三、建国后期（1865~1918 年）

1865 年之后，美国进入高等院校扩张最重要的一个阶段。州政府与私人和教会学校之间的问题对大多数人而言得到了令人满意的解决。在新的形势下，州政府在建立新型高等教育机构方面的表现比教会更积极。除了劳动技能学校之外，独立的专科学校、女子大学、教会教育委员会和典型的小型教会大学等似乎都找到了自己的位置且呈现出健康成长的迹象。与慈善捐赠的其他领域相比，高等教育成为最大的受益者，巨额的捐赠基金被投入大学，且慈善捐赠在整个成本负担中占据较大的比重；针对职业和技术学校以及女子大学发展的大型慈善运动诞生；还有给予教会教育委

---

❶ Hall R S. The Dartmouth College Case [J]. Grcen Bag, 1908, 20：244.

员会更大的支持等。这一阶段的特征被西尔斯概括为两点：一是新型大学的建立往往得益于一大笔私人财产的捐赠，二是类似的捐赠还形成一批非教学型的教育基金会。❶ 之所以出现这种情况，主要是因为"伴随着美国经济的发展，建国后在美国出现了一个以企业家、金融资本家和实业家为主的新兴精英阶级。新的精英阶级的巨大财富使他们有机会通过慈善事业实现自己的教育理念"。❷ 他们发扬了慈善传统，将私人财富以捐赠和慈善方式用于社会公益，不仅提供大量捐赠建立新的院校，还对传统的学院进行大力改造。南北战争时期至"一战"结束（1861~1918年）由私人捐赠而建立的大学包括斯坦福大学、康奈尔大学、麻省理工学院、约翰·霍普金斯大学、克拉克大学、卡内基理工学院、芝加哥大学等一批著名大学。

大学财政资助的主要来源转移到本土，新兴精英阶级改革传统大学的教育模式，推动了美国高等教育多元化的发展趋势，所有这些变化和要求都催生了高等教育捐赠的法律变革。在这一阶段具有标志性的立法事件是1862年《莫里尔土地赠予法》（*The Morrill Land Grant Act*）。该法"确立了联邦对高等教育资助的新模式，为高等教育注入新资金，创建了以实践性课程为主的大学，并最终为更多美国人敞开大学之门"；"新课程模型包括机械和农业研究，它改变了公众对高等教育的态度，对鼓励私人慈善捐资帮助建立大型地方大学起了很大作用"。❸

在联邦政府插手高等教育的财政事务之前，州政府建立大学有两种做法：一种是州政府根据1787年的《西北地域法令》（*Northwest Ordinance*）为新建的学院馈赠公共土地（该法令允许从西北部地域开拓出来的州提供两个或两个以上镇区的联邦土地支持高等教育，1836年国会再次批准任何一个州赠予两个镇区［46 080英亩］的土地，用来建立一所州立大学或神学院）；另一种是直接批一个办学特许状。然而，建立一所大学并不意

---

❶ Sears J. B. Philanthropy in the history of American higher education ［M］. New Brunswick，NJ and Landon：Transaction Publishers，1922：107.

❷ 高晓清. 美国高校社会捐赠制度研究 ［M］. 长沙：湖南师范大学出版社，2011：60.

❸ ［美］弗兰克·H. 奥利弗. 象牙塔里的乞丐——美国高等教育筹款史 ［M］. 许东黎，陈峰译校. 桂林：广西师范大学出版社，2011：12-13，27.

味着会一直对其提供财政支持。典型的做法是，州立法机关行使的职权仅仅限于把公共土地移交给学校的一批董事会成员。只有南卡罗来纳和弗吉尼亚州为其州立学院提供了持续的财政支持。直到 19 世纪后期，密歇根州和威斯康星州学院才最终说服本州的立法机关为其州立大学提供年度拨款，并接受以某种方式对其永久负责。

1862 年的《莫里尔土地赠予法》为州和属地一级的每一位议员和参议员提供 3 万英亩等量的联邦土地，用于农耕技术和机械工艺，允许各州出售这种土地，出售所得用来设立留本捐赠基金，以资助至少一所高等院校。1890 年，莫里尔提出第二个法案，规定政府在十年内每年直接拨款资助"赠地学院"的发展，还规定对以黑人为主的学校给予平等的资助。两部法案颁布实施后，联邦和州政府总共提供了 1 100 多万英亩的土地用作公益。❶ 莫里尔法案为政府资助农业院校提供了法律保障，各州相继建立这类由联邦赠予土地、筹集资金而得名的"赠地学院"，不仅极大地促进了美国农业技术教育的发展，也为现代大学集教学、科研、推广（直接为社会经济发展提供科技服务）三种社会职能于一身的定位奠定基础。❷ 表 1-1 列举了新建的具有代表性的现代私立大学，它们除了得益于私人捐款外，也或多或少依赖于各州依据莫里尔法案所提供的土地赠予基金，比如康奈尔大学就是经纽约州众议院审议通过使用莫里尔土地赠予基金议案而在伊莎卡创办的新大学。

表 1-1　美国建国后私人捐赠建立的部分现代私立大学

学校名称	受赠情况
斯坦福大学	由 19 世纪 80 年代参议员、美国著名钢铁大王李兰德·斯坦福捐资兴建，他为纪念自己早逝的儿子，捐出 8 000 多英亩原本专供培育良马的帕罗阿图农场和 250 万美元创办
康奈尔大学	1864 年由企业家埃兹拉·康奈尔捐资 50 万美元及校园用地建立

❶ ［美］弗兰克·H. 奥利弗. 象牙塔里的乞丐——美国高等教育筹款史 [M]. 许东黎，陈峰译校. 桂林：广西师范大学出版社，2011：12-13, 28.
❷ 白锦会. 莫里尔法案在高等教育发展史中的地位 [J]. 教育与经济，1987（4）：38-40.

学校名称	受赠情况
约翰·霍普金斯大学	1876 年，巴尔的摩富商约翰·霍普金斯立下遗嘱，明确将自己的部分遗产捐赠创建一所效仿德国大学模式的研究型大学。他于 1873 年逝世，留下价值 700 万美元的遗产，是当时美国历史上捐给高等教育机构的最大一笔遗赠
麻省理工学院	1861 年由著名自然科学家威廉·巴顿·罗杰斯创立，他希望能够创建一个自由的学院来适应正快速发展的美国
克拉克大学	美国第一所完全是研究生院的大学，1889 年由百万富翁克拉克捐资创办于马萨诸塞州的乌斯特，主要借鉴和吸纳德国大学模式
芝加哥大学	创办于 1892 年，由洛克菲勒出资创办，截至 1910 年他向这所学校捐出最后一笔款项止，共计为该校捐款 3 500 万美元，成为当时个人对一所大学捐款最多的人
卡耐基理工学院	1900 年卡耐基捐赠 1 200 万美元作为启动资金创办该校，即现在的卡耐基-梅隆大学，该校现在已成为美国最好的理工大学之一

资料来源：高晓清．美国高校社会捐赠制度研究［M］．长沙：湖南师范大学出版社，2011：61．

四、1919 年至今

20 世纪初，美国高等教育步入大学建设阶段，教学已经不再是高等院校的唯一目的，从事科学研究和应用新知识以造福大众成为高等教育使命的重要内容。在政府资金支持和发财致富者的慷慨解囊之下，许多业已建立的学院依照约翰·霍普金斯的模式升格为大学，或是建立抱有同样需求的新学院。州立大学已经从宗教教派手中接过了为高等教育事业发展开辟道路的角色。这一阶段最突出的特点是现代慈善基金会介入高等教育领域，并试图从根本上提升高等教育及其实践。正如尼尔森（Nielsen W. A.）所指出的，"新的基金会运动为高等教育注入了大量的慈善资金，从而导致高等教育发生重大变革"。❶

来自慈善基金会的捐款有力地推动了美国高等教育的发展，代表性的有卡内基基金会、洛克菲勒基金会、福特基金会、比尔与梅琳达·盖茨基金会等。首先是通过制订明确的资助政策来影响高等教育的结构和标准。1902 年由洛克菲勒资助建立的通识教育委员会被公认为慈善基金会和高

---

❶ Nielsen W. A. The big foundations［M］. New York：Columbia University Press，1972.

等教育早期历史上最早的两个基金会之一（另一个是卡耐基教学促进基金会），它通过早期所作研究制定了最初的政策：第一，由于大多数大学生都在以自己家为圆心50公里半径以内的地方求学，所以基金会更倾向于资助城市人口中心的高等教育；第二，基金会将向宗教派系提供有益的合作；第三，基金会将以留本捐赠基金的形式聚集赠款，用于建设大学建筑的投资。卡耐基教学促进基金会也制定了清晰明确的赠款政策，为了实现建立高等教育体系的目标，公布了学校入会前必须符合的标准。另外，它还确立了中学绩效评定和大学入学标准，要求不能有任何团体或组织凌驾于大学的董事会之上，设立卡耐基教师退休金基金项目，要求申请加入的学院和大学必须通过严格的资格审核，比如一所高等学府要有4年的教程和至少6名全职教授，六到八成的教师必须拥有博士学位，还需具备20万美元的永久留本捐赠基金，理由是只有财力雄厚的教育机构方可允许存活下来。但是，两大基金会都将获得州政府经济支持的大学排除在资助名单之外。❶

其次是现代慈善基金会在呼吁并发起大专院校筹款运动中扮演了极为重要的角色。尽管当时对于筹款策略曾出现了两派不同的观点，但它们在一点上是一致的，即为了取得成功，筹款运动（或筹款项目）需要大额捐赠，❷ 以及强调了筹款运动领导人的重要性。美国大学专业筹款历史上的两大派别在思想体系上的不同，分化出两个阵营的专业筹款家，也催生出近现代以校友捐赠为主的资助方式及其研究。"校友更广泛的参与和向母校的捐赠也引发了高等院校治理层面的校董会校友代表运动，康奈尔大学在这方面迈出了重要的第一步。培养校友包括倾听和发现他们所关切的利益如何与大学的需要产生交集，将校友支持引向了象牙塔的许多不同领

---

❶ ［美］弗兰克·H. 奥利弗. 象牙塔里的乞丐——美国高等教育筹款史［M］. 许东黎，陈峰译校. 桂林：广西师范大学出版社，2011：48-52.

❷ Hollis E. V. Philanthropic foundations and higher education ［M］. New York：Columbia University Press，1938.

域"。❶ 这些系统化的方法增强了筹款的有效性，也凸显了职业筹款人和咨询顾问在募集捐赠基金活动中的重要性。"二战"以后的筹款活动也曾经历重大的挫折，且受到好几股社会力量的影响。一是专业组织的应运而生，为那些对慈善事业感兴趣的人收集、整理和散发信息；也为筹款人提供培训和信息来源，还制定行业的职业道德和规范。二是咨询公司影响力渐增，培养了大批筹款行业的人才，有的为大学提供咨询服务，有的作为专业人才获得大学聘用，通过帮助公立大学建立"发展办公室"开拓新的筹款市场。全面筹款运动的策略让高等教育筹款活动变得越发模糊不清，也引起公众的注意并受到严厉批评与监督。在政府加强监管立法的同时，高等院校也组织其成员为筹款运动制定了专业和伦理标准。

20 世纪 50 年代后半期，捐赠总额曾以超过 17% 的年增长速度递增，而后有所放缓，但仍达到年均 9% 的增长速度。"二战"后美国经济经历了巨大的增长，社会各界呼吁高等院校为不断增加的美国人口提供教育服务，《退伍军人法案》的通过进一步增加了高等院校对资金的需求。值得注意的是，1996 年高等教育获得的全部资金中公司捐赠占 20%，即 28 亿美元，"公司慈善"成为这一时期的主力军。对美国私立大学的关注，促使公司管理层开始以较大规模参加帮助高等教育的慈善活动，但是在公司捐款的法律上存在限制，即决定哪所大学或学院值得资助使早期公司慈善的领导人遇到重重阻力。在公司慈善历史上的一个里程碑事件即史密斯制造公司状告巴洛案，美国联邦最高法院宣布维持新泽西州最高法院的判决，原判决认定公司对高等教育捐赠不仅是符合法律规定的，而且它们有这种义务。美国教育财务资助委员会的设立目的即向那些考虑对高等教育加大资助力度的公司提供信息。但也有批评者认为，捐款与公司的战略目标紧密相连，比如作为提升企业形象的公共手段，用来改善与利益团体和政府监管者的关系，赞助特定研究项目帮助公司利用大学教授及其研究成果，也有助于公司从学生中招聘员工。商界和大学间的关系过于紧密有可

---

❶ Drezner N. D. Recessions and tax-cuts: Economic cycles' impact on individual giving, philanthropy, and higher education [J]. International Journal of Educational Advancement, 2006, 6 (4): 289-305.

能导致利益冲突，或者使公司过多地左右大学。❶

西尔斯将1919年至今的这一阶段概括为"大型的私人基金会"，他指出这些基金会代表着资助其存在的某些人的观念和热情，没有了教学或宗教信义甚至创建者的主导，仅仅受到公众观念和州及联邦公司法的制约，这些基金会进入高等教育领域并产生深刻的影响，无论是在私立还是在州立或者教会的大学，高等教育的整个商业和财政在某种意义上都成了捐赠所操控的对象。大学课程更显著地区别于高中，学业成就的标准更清晰；数百万被增加到高等教育的一般性捐赠基金之中；医学、法律和工程教育在财政支持下成为巨大的获益者；教育的科学研究不仅被极大地激发，而且通过实验和调查取得成就；知识的界限在许多方向被广泛而昂贵的研究向前推进。与此同时，一些怀疑和担心也伴随着尖锐的批评声到来，唯恐这些强有力的机构误入歧视教育和错误的社会、政治或商业观念之中，许多人严厉批评那些拥有特权者企图用慈善捐赠的办法来影响美国社会和高等教育。西尔斯强调人们不能对这些推动高等院校持续受益的资源视而不见，但又必须坚持正确地控制它们，提醒教会、州政府、大学和教授以及一般公众要继续甄别有见解的批评与流言蜚语，牢记明智地管理捐赠有赖于合作和心存感激的受益人。唯有如此，曾经是教育慈善的最伟大实验的尝试才会继续证明其对社会的价值。❷

慈善基金会是回应现代慈善公益事业发展需求的产物，具有规模化、组织化和专业化等特点，这种模式使相对零散的私人教育捐赠更加集中，通过相对完善的运作机制和管理规范，将资助高等教育发展的行为更多地建立在科学的、理性的基础之上。富有的捐赠者建立基金会来管理巨额捐款，资助现代研究型大学，推进其快速发展，策划知识重组以使美国国力跻身于世界强国之列。一些改革者设计了无声却又不断进步的法律革命，以授予受托人扩大捐赠者意图的权力，可以根据条件改变而调整策略。19

---

❶ ［美］弗兰克·H. 奥利弗. 象牙塔里的乞丐——美国高等教育筹款史［M］. 许东黎，陈峰译校. 桂林：广西师范大学出版社，2011：86-91.

❷ Sears J. B. Philanthropy in the history of American higher education［M］. New Brunswick, NJ and Landon：Transaction Publishers, 1922：108-109.

世纪末 20 世纪初，绝大多数州对慈善事业都采取了宽容的态度。许多法律，特别是有关慈善捐赠免税的规定，都显示出处理慈善问题的灵活性和鼓励慈善事业发展的趋势。法庭对慈善用途和公共利益的解释比以前更宽泛，近似原则本身也是一种灵活性的体现。同时，对慈善资金的滥用或被认定为滥用的行为将受到严格的监管和严厉的处罚。20 世纪 60 年代慈善基金会受到史上最严厉的一次调查，即众议院财政立法委员会和参议院财政委员会在 1965 年要求财政部对基金会展开独立调查，其结果是直接导致 1969 年《税收改革法案》的出台。这个法案首次对基金会征税（对净投资收入征收 4% 的特种税，1972 年降到 2%）；并且要求基金会在 1 年内捐出所有的投资所得或者以赠款形式捐出至少 6% 的资产，两者不相等时，按数额较高的方式捐款（1972 年降到 5%）。同时，该法还禁止基金会进行内部交易，监管基金会对个人的赠款，限制基金会持有公司，并且限制基金会影响立法和参与政治运动。❶ 时至今日，高等院校的全面筹款运动所引发的争议和丑闻也引致对大学这类公共慈善机构更加严格的立法和监管，以及高等教育界在筹款和管理方面制定更完善的行业标准和伦理规范。

法律的变革往往源于实践中解决问题的现实需要以及就此所展开的诸多观点交锋。就理论层面而言，西尔斯认为美国大学在建立之初几乎没有在教育捐赠或慈善领域做出多少理论贡献，甚至连英国本土也没有特别关注这一论题，直到哈佛学院一百周年纪念时才引发实质性的讨论。法国的雅克（Turgot）、英国的亚当·斯密（Adam Smith）和德国的威廉·洪堡特（William von Humboldt）都是早期的理论代表，他们均主张教育不应当由国家来资助，而应当在与其他利益主体之间的竞争中获得一席之地。1833 年，多科特·查尔莫斯（Doctor Chalmers）和约翰·穆勒（John Stuart Mill）提出"食物的需要"与"教育的需要"存在重要的区别，由此得出自由贸易原则不能适用于教育领域。由于当时英国教育捐赠的状况不佳，这一讨论转向了另一个问题，即国家控制捐赠的权利。批评者宣称

❶ ［美］弗兰克·H. 奥利弗. 象牙塔里的乞丐——美国高等教育筹款史［M］. 许东黎，陈峰译校. 桂林：广西师范大学出版社，2011：109.

这种失败恰恰是由于教育捐赠所适用的特殊原则，穆勒等经济学家却争辩说这仅仅是国家试图控制它们而导致的失败。其他的讨论如捐赠基金的价值，涉及对遗产处分权利的质疑以及强调国家作为此类捐赠真正的受益人的权利。尽管早期美国并没有对理论探讨做出多大贡献，但随着时间的推移和自由的公立教育理念开始生根，美国逐渐面临一系列学校支持方面的问题。各州政府开始通过干预来刺激和支持高等教育的第一次尝试。在马萨诸塞州，州政府和教会在教育领域的影响明显不同于其他地方（后者教会所控制的比例要大于州政府），双方似乎并不存在对立，教会和政府完全独立地控制着各自所属的领域，直到由谁来支持学校的责任问题被提出来之后。修建大学的成本由教会、政府和私人慈善分担，但管理的责任则主要落在教会身上，这种状况一直延续殖民地晚期。到了19世纪中叶，州政府支持高等教育的观念已经被广泛付诸实践，既没有将教会或私人慈善排除在外，也没有有意识地去干预它们。相反，州政府在这两种教育控制的观念之间建立起竞争，导致出现相当数量的研究文献讨论这一主题，即对教会和州政府在高等教育领域相对独立的功能进行区分。范围如此广泛的州政府捐赠和私人慈善给学院和大学可能带来的好处或坏处就成了值得讨论的问题。当时高等教育的实践始终围绕以下两点：一是国家与教会控制权的冲突，二是富人慈善家通过发起大型竞争性大学或投入巨额资金建立捐赠基金、补偿和调查等对旧式和小型机构造成压力。这是近现代以前美国对捐赠基金或教育慈善理论的一大贡献。❶ 最终，国家资助高等教育的观念得以确立，而私人捐赠的大学与教会也在实践中找到各自恰当的位置，继续争论国家、教会或私人慈善谁应当分担高等教育成本已经失去原来的意义，已有的立法和判例明确地回答上述问题，比如达特茅斯学院案例确立了私人捐赠建立高等教育机构的财产自治权；《莫里尔土地赠予法》确立了联邦对高等教育资助的新模式，也改变了民众对高等教育的态度。由于美国高等教育捐赠实践不断地创新与发展，法律规制的对象、行

---

❶ Sears J. B. Philanthropy in the history of American higher education ［M］. New Brunswick, NJ and Landon: Transaction Publishers, 1922: 103-104.

为及范围也日渐延展，条文规定略显繁冗、庞杂，后文将对美国高等教育捐赠现行法律体系作详尽分析，在此不赘。

第二节　中国高等教育捐赠的法律制度变迁

中国有着独特的慈善捐赠文化和悠久的捐资兴学传统。近现代高等教育产生于清末民初，以政府鼓励民间捐资举办私立大学为主要特征，民国政府制定了一系列鼓励和规范民间捐建高等院校的政策和法律。中华人民共和国成立后，国家财政拨款成为高等院校办学经费的唯一来源。改革开放以后，在高等教育财政体制改革的推动下，大学多渠道筹措办学经费已渐成趋势，但目前社会捐赠收入占普通高等学校整体经费结构的比例仍然偏低。2016 年《慈善法》及其配套法规的颁布标志着新的慈善法律制度体系业已构建，高等教育捐赠领域也要适应相关法律规定的调整和变化。

一、古代慈善传统与捐资助学

中国素来就有"恻隐之心""仁者好施""积善行德""扶危济困"等思想观念，它们以儒家的"仁义"、墨家的"兼爱"等为基础，又受到强烈的宗亲意识和乡土情结的影响。春秋战国时期，孔子从"仁"的观点出发，提倡济众助人，把"博施于民而能济众"作为至高美德加以推广；孟子希望天下之人达到"老吾老以及人之老，幼吾幼以及人之幼"的道德境界，注重对鳏寡孤独特殊群体的救济；老子云"天道无亲，常与善人"，表达了善有善报、因果报应的看法；管仲提出"九惠之教""一曰老老，二曰慈幼，三曰恤孤，四曰养疾，五曰合独，六曰问疾，七曰通穷，八曰振困，九曰接绝"，构建了较完整的古代社会福利制度方案；墨子主张"兼爱""非攻"，主张通过培养"有力者疾以助人，有财者勉以分人，有道者劝以教人"的"兼士"来管理国家和社会，建立一个"兼爱"的社会。汉武帝时期以"民惟邦本"为治国思想，灾荒救济、医疗救助、养老慈幼等几乎都由政府主持。到了魏晋南北朝时期，佛教传入中国并逐渐与本土文化融合，使得济贫思想和行善功德论深入人心。隋唐宋元时期是我国传统社会慈善文化的成熟期，佛教的兴盛为寺院施善提供了经济条件，程朱理学注重风俗教化功能，统治者对上实行以"仁义"为中心的王政，对"下"要求民众行善积德，整个国家对慈善事业的重视唤起了民间慈善救济意识的觉醒。例如，范仲淹在家乡吴县创立了我国最早的一处私人义庄，宋元以后富有之家设义庄逐渐演变成一种社会风俗。明清时期是向现代意义慈善文化转型的过渡期，善书盛行对民间慈善活动产生巨大影响，乾隆时期以后勃兴的善堂反映了儒家的核心价值取向。此时的慈善文化，下有慈善经济作为支撑，中有慈善制度的管理，上有慈善思想的维系，对近代社会慈善文化的发展产生直接影响。❶

中国传统教育慈善的主要特征可以概括为"捐资兴学、官倡民助"。从齐国的"稷下学官"，到汉代的太学、唐代的国子监，这些古代官学中最高层次的教育基本上实行的是免费教育，即所有的教育经费都由国家负担，学生甚至还能获得一定的生活补助，其目的是为统治阶级培养高级官吏以治理国家。但是，民间对官学尤其是地方官学的捐赠由来已久。北宋初期建立的大部分孔庙，均没有单独依靠朝廷拨款或以地方政府的财政支出作为唯一的经费来源，而是采用朝廷拨款、地方政府负担、官出俸禄和士民捐资以及挪用绝户和寺庙的财产等多种筹资形式办学。

捐资兴学对古代私学的兴盛意义尤为重大。早在春秋战国时期就有孔子募资兴办私学，各国诸侯与达官贵族的资助是孔子办学的主要经费来源之一。《史记·孔子世家》记载，楚昭王以书社地七百里封孔子，齐景公欲以足溪田孔子，孔子弟子中富裕者也经常资助财物供师生日常之用。书院肇始于唐，成熟于宋，元明清时期发展并开始逐步转型。自书院创建之日起，作为"乡党之学"，书院经费的来源主要依靠来自社会各界方方面面的捐赠以及自身积极的筹措。历朝历代众多人士热心书院事业，积极创设及修复书院，为书院捐赠钱物、学田、书籍等，官员乡绅的捐赠是书院办学经费最稳定、最重要的来源。从法律和政策角度来讲，宋朝政府给予了书院免税优待，如天圣六年（1028 年）地方官吏免除了应天府书院的地基税钱。❷ 咸淳七年（1271 年）："魏君椠等因请于郡太守刘公黼，得

---

❶ 杨丹. 中美高等教育捐赠比较研究 [D]. 南京：南京师范大学，2008：15-16.

❷ （宋）李焘. 续资治通鉴长编（卷十一）[M]. 北京：中华书局，1978：2437.

酒坊废基，创岱山书院以祠先圣而讲求其说。刘公既捐布帑以为助，又岁减酒息钱，距今五年，而书院大概成矣。"❶ 雍正、乾隆皇帝大力支持书院的发展，明令各级政府可以动用"公银"资助书院，"各地的总督巡抚、封疆大吏对省会的大书院均给以经费支持，地方政府也闻风而动，多途径筹措经费扶持书院"。❷ 书院也采取把捐资者的名字载入书院志或立碑铭记的方式来回报捐资者，民众自发捐赠兴建书院乃为振兴地方文教之善事，一般能够得到各级官府的积极倡导，官府对捐资办书院者进行嘉奖。书院除了利用捐赠资金，也开始经营利用其生成的资金来应付书院的日常开支，主要形式有三种：一是学田的经营和租金，将拨付和捐赠的学田经营或出租，获得收入和租金；二是社会各界直接捐赠的资金形成基本金，俗称生息银，即书院的放贷钱款，其发商生息成为利息收入；三是利用捐赠经营印书和售书业务。印书收取"板资"，售书加息定价，成为书院自营业务的经济来源。通过运用捐赠物资，发商生息、买扑、拨置铺屋、刻印书籍等经营增加收入。❸

二、高等教育的近现代化过程

20 世纪上半叶，中国高等教育从几千年来自给自足的封建农业经济基础上与各封建专制政体相适应的传统教育，逐步向与近代大工业生产和商品经济的发达相适应的近代新式教育转变。除了教会大学外，由国人和外国基金会仿西制所创办的具有大学性质的私立学校蓬勃发展。有学者将近代中国私立大学的发展历程分为四个阶段，即萌芽（1896~1911 年）、初步发展（1912~1927 年）、渐趋规范（1928~1937 年）和调整发展与终结（1938~1951 年）。1896 年，盛宣怀奏请设立南洋公学，它是我国近代第一所国人自办的具有私立性质的高等学校。随后，中国公学于 1904 年创办、复旦公学于 1905 年创办、广州光华医学堂于 1908 年创办，还出现中外合办、外资独办的学校。20 世纪初，清政府颁布了一系列兴学章程，规定了奖励私人捐资设学或助学的方式，比如"或红花，或匾额；其学堂

---

❶ 陈谷嘉，邓洪波．中国书院史资料 [M]．杭州：浙江教育出版社，1998：141.
❷ 赵连稳．清代北京书院经费筹措途径及演变 [J]．中国经济史研究，2009（2）：69-73.
❸ 吕旭峰．我国教育捐赠问题研究 [D]．开封：河南大学，2011：66-69.

规模较大者，禀请督抚奖给匾额；一人捐资较巨者，禀请督抚奏明给奖"。❶ 清代北京书院经费筹措主要有官府拨付、民间捐输和书院自主经营三种途径。

中华民国建立后，政府考虑到科教救国的迫切性，同时针对民间兴学的现实情况，于1913年7月17日推出由教育部草拟的《捐资兴学褒奖条例》。该条例共9条，旨在充分调动社会参与教育的积极性，在政策上给予私人自筹经费办学以支持和奖励，努力营造私人捐资兴学的良好氛围。该条例明确规定："人民以私财创立学校或捐入学校，准由地方长官开列事实，呈请褒奖。"同时对民间私人或团体捐助图书馆、博物馆、美术馆等教育类馆所，同样予以褒奖。按不同的捐赠数额分别给予捐资者不同等级勋章奖励。该条例是民国政府成立后公布的第一个规范教育慈善捐赠的法规，后来又进行了多次修订和完善，例如1914年增补了关于华侨、团体和遗产捐赠的规定；1929年规定"凡捐资者，无论用个人名义或私人团体名义，一律按照其捐资多寡，依规定分别授予各等褒奖"。为了推动条例的顺利实施，民国政府还采取了一系列具体办法，比如设置捐资兴学的专门机构和人员，"地方行政机关和地方长官负责褒奖案的登记受理，教育部为核准、办法机构"，"有关捐资兴学褒奖事项归总务厅秘书掌管"；为了解决地方记录捐赠账目混乱的问题，政府专门设置了表格的形式，包括捐赠人姓名、年龄、机关、捐赠类型以及捐赠额度等以进一步规范捐资助学应给予的表彰、匾额等。❷ 20世纪二三十年代风起云涌，军阀混战、政权更迭、社会经济和教育发展历经沉浮。由于国民政府财政资金常年被庞大的军费开支所占用，除维持基本的公立大学经费开支外，难以满足国民对高等教育的需求。当时民族资本主义的发展为私立大学提供了一定的经费来源，在一批爱国教育人士的带动和努力下，私立大学异军突起，争取社会捐助成为各私立大学维系生存与发展的关键。此外，1915～1938年，国民政府还先后公布《遗产税条例草案》《遗产税暂行条例》

---

❶ 朱有瓛. 中国近代学制史料（下册）[M]. 上海：华东师范大学出版社，1989：175.
❷ 宋恩荣，章咸. 中华民国教育法规选编（修订版）[M]. 江苏：江苏教育出版社，2005：54-58.

及其施行条例，为课税财产、减免税范围、税率、征收程序等制定了规范章程。条例第 7 条第 5 款指出 "捐赠教育文化或慈善公益事业之财产未超过五十万元者" 予以免纳遗产税。

民国初期对捐资兴学的奖励政策与规范指引，明确了私立大学社会捐赠的途径和程序，提高了民众对教育捐赠的接受度和认可度，使得民间捐资兴学的热情和规模有了长远发展的可能。1917~1927 年政府核准立案的私立大学达 30 所，到 1936 年私立高校已发展到 53 所。❶ 当时的公立大学仅有清末建立的北京大学、直隶北洋大学、山西大学 3 所，而私立大学共有 7 所，加上未立案的达到十余所，在数量上明显超过公立大学，且不乏办学质量优秀的近代著名高校，如张伯苓创办的南开大学、张謇创办的南通大学、陈嘉庚兴办的集美专科学校和厦门大学等。1913 年全国私立高校（含教会大学）得到的捐款达全国公私立高校所得捐款的 78.3%，在私立高校全部教育经费收入中占 49.8%。据统计，1929~1938 年捐资兴学的人数达约 636 人，捐资总数 32 317 735 元，其中兴办专科以上学校捐资 24 490 900 元，兴办中等学校 4 575 307 元，兴办小学 4 114 178 元，兴办社会教育 111 840 元，存作贫寒学生补助金 9 900 元，捐作助学基金 451 090 元，捐作讲学基金 22 420 元，其他 17 300 元。❷ 1937 年抗日战争爆发，许多私立大学在战火中，人、财、物丧失殆尽。部分私立大学迁至相对稳定的西部地区，保存了一批有较高办学质量的私立大学，国民党教育部在给予一定资助的同时也加强了思想控制，颁布私人讲学机关设立办法，压迫民主运动，防止进步思想传播。经过短暂的改善阶段，国民政府重新挑起内战，私立大学再次陷入财源枯竭的境地，其中许多大学被迫寻求国民党政府的资助而被国有化。至 1946 年，私立南开大学、厦门大学、复旦大学、北京中法大学、焦作工学院等，先后因经费问题被迫改为国立。那些未被国民党政府归化的私立大学，也是惨淡经营、难以维系，教

---

❶ 金忠明. 中国民办教育史 [M]. 北京：中国社会科学出版社，2003：341-348.

❷ 陈华亭. 中国教育筹资问题研究 [M]. 北京：中国财政经济出版社，2006：100.

育质量有所下降。❶

在近代捐助教育者中，开明大义的绅商和思想活跃的政客是主要的社会力量，代表人物有盛宣怀、张謇、经元善、徐世昌、李纯、梁士诒、张学良等。例如，经元善于 1897 年年底在慈善界同人的支持下，捐资创办了中国近代第一所女学堂。1905 年马相伯创办复旦公学（复旦大学的前身）之初，无经费、无场地，幸得地方督抚的支持和部分士绅的捐款，学校才得以维持。实业家张謇于 1907 年用企业的部分盈余以及个人的捐资在南通等地相继创办通州师范、女子师范、幼稚园等十余所教育机构。江西都督李纯以 1/4 遗产捐助南开大学。1919 年 1 月，美国基督教长老会传教士司徒雷登被聘为燕京大学校长，自 1922 年起他连续 10 次赴美为燕京大学募捐筹款，截至 1936 年 10 月共募集捐款达到 2 000 万美元。1921年，著名爱国华侨、实业家陈嘉庚提供 100 万元开办费，建立起福建省第一所大学——厦门大学，并提供常年经费 300 万元，分 25 年交清。1926~1934 年，陈氏公司破产期间，陈嘉庚宁可企业收盘，也不使学校停办。为了厦门大学的生存，他放弃了企业复兴的机会，不惜变卖和出租家产来维持学校生存，并不遗余力帮助厦门大学向海外募集经费。他独立兴办厦门大学 16 年，耗资 400 万元，厦门大学成为我国最早由海外华侨独立兴办的大学，陈嘉庚也成为企业家和社会人士捐资兴学的典范。南开大学可能是中国自近代以来在争取社会捐赠方面最成功的高校，捐赠收入在南开自筹经费中占有相当大的比重，从 1931~1934 年南开大学的总收入来看，社会捐助占 29.8%，是南开大学经费的重要来源之一。然而，由于当时整个中国社会经济不发达，社会力量的资本和财富有限，高等教育又耗资巨大，因此，近代中国社会力量的社会捐赠行为有着相当大的局限性，这也是近代中国的私立高校逐渐被淘汰或者转为国立或公立大学的重要原因。❷

---

❶ 陈桃兰. 私立大学与中国高等教育近代化——以复旦大学（1905~1941）为中心的研究 [D]. 上海：复旦大学，2005：4-8.

❷ 蒋国河. 推进高等教育捐赠事业：价值传承和制度创新 [J]. 江苏高教，2005 (6)：27-28.

三、中华人民共和国建立至改革开放初期

1949 年中华人民共和国成立后，中央实行了高度集中的计划经济体制，相应地建立起高度集中的财政体制，包括教育经费在内的各项经费均由国家财政统一列支。教育经费列入国家预算，实行中央统一领导，省（直辖市、自治区）、县分级管理的体制。1949 ~ 1980 年，高等教育经费拨款体制经历了两个历史阶段：1950 ~ 1953 年实行中央统一财政、三级管理体制，各类高等学校的经费开支按其行政隶属关系"纵"向划分；1954 ~ 1979 年实行"条块"结合、以"块"为主的管理体制，即财政部根据教育部、国家计委提供的教育事业发展计划，按照定员定额的核算方法分别给地方、各部门核定教育经费，然后根据财政部下达的经费指标，各级人民政府负责各级预算的编制和执行，地方政府有权结合自己的财力对高等学校经费进行统筹安排。另外，高校的招生培养制度实行"统包、统分、免费入学、毕业分配"，学生上学不需要缴纳学杂费、家庭困难者还可以申请享受人民助学金，在职职工考入大学者还可以带薪入学，个人受教育的花费极小。❶ 在此期间，1966 年陷入"文化大革命"的动乱局面，国民经济到了崩溃的边缘，高等教育事业也遭到严重破坏，高等教育事业费的管理和使用都处于极度混乱状态。

由于国家计划成为解决资源配置、收入分配以及个人消费的基本途径或手段，个人没有多余的财产，私有经济和私立学校也就失去了生存的土壤。随着私立学校不断被接管和 1952 年高等学校院系大调整，私立学校随着私有经济一起销声匿迹，学校全部转为公办。1980 年以前政府的财政拨款一直是教育经费的唯一来源，一系列的政治改造运动使民间社会团体基本瓦解，种种原因导致人们对社会责任一度迷失，认为举办教育事业全是政府的责任，是提供给大众的教育福利，只需且仅需政府出面承担教育筹资责任即可。中国悠久的慈善捐赠文化出现断层，企业家和社会各界对教育的捐赠也几乎不存在了。❷

1980 年我国实行中央与地方分级管理财政收入与支出，中央与地方

---

❶ 吴清华. 我国高校筹资变迁研究 [D]. 武汉：中南民族大学，2008：14.

❷ 吕旭峰. 我国教育捐赠问题研究 [D]. 开封：河南大学，2011：72.

分级负责的新财政体制。除中央院校仍由中央政府负责外，全国各省的地方高校所需经费由各省财政部门负责计划拨款，这有利于调动地方投资办高等教育的积极性。1985年，随着教育费附加的开征以及各种鼓励社会集资办学等优惠政策的出台，我国高等教育经费来源开始逐步呈现出多元化的趋势，提出了高等教育经费的6条主要来源渠道，即以财政拨款为主，辅之以征收用于教育的税（费），对高校学生收取学费，发展校办产业，支持社会集资办学和捐资助学，建立教育基金等。❶ 1986年4月12日颁布的《义务教育法》第12条明确规定："国家鼓励各种社会力量以及个人自愿捐资助学"，充分肯定了教育捐赠的合法地位。高等学校逐步推行委培生、代培生和自费生制度，从1989年起开始对除师范生之外的其他按国家计划招生的学生收取学杂费和住宿费，标志着受教育者分担高等教育成本的开始。

改革开放后，中国特色社会主义市场经济得到迅速发展，国家逐渐放开高等教育经费投入的限制，鼓励社会资本以多种形式支持高等院校发展，重要渠道之一即是社会捐赠。例如，包玉刚先生1984年一次性捐资5 000万元，创办宁波大学，并游说60多位海内外"宁波帮"人士先后向宁波大学捐资近4亿元用于学校的各项建设，他偕同亲属、同乡捐资兴建中兴中学、兆龙学校、上海交通大学包兆龙图书馆，设立包兆龙、包玉刚留学生奖学金。该时期港澳台同胞、华人华侨以及来自国际组织和发达国家的捐赠成为中坚力量，2005年李嘉诚向香港大学捐助10亿港元，创下香港历史上最大笔教育捐赠，霍英东捐资8亿港元给香港科技大学，恒基地产李兆基基金会捐赠3 300万港元给香港科技大学，新鸿基地产郭氏兄弟也以其先父名义捐4 000万港元给公开大学，邵逸夫基金会从1985年至今已累计捐赠32亿港元。

四、1993年至今

根据中民慈善捐助信息中心近年的信息监测，发现教育、救灾和医疗健康、社会服务等领域是国内最吸引捐赠资源的慈善领域，其中教育尤其

---

❶ 吴清华. 我国高校筹资变迁研究 [D]. 武汉：中南民族大学，2008：15-16.

是高等教育领域捐赠总额和占比均相当显著，2004~2009年高校吸收的社会捐赠收入占整个教育捐赠总收入的比例维持在22%~29%。大学基金会也已经成为我国高等院校接受社会捐赠的主要组织形式。"我国的经济转型与高等教育财政体制改革，扩大了高等学校的办学自主权，也极大地增强了高等学校多渠道筹集教育资金的自觉性和主动性，而市场经济的发展和民间财富的积累又在客观上提供了这种可能性。在这样的社会经济条件下，大学基金会应运而生，反映了一种历史必然性，呈现出捐赠金额不断突破、校友捐赠不断增多、捐赠形式和用途日趋多元、组织机构不断完善、筹款专业化程度逐步提高的局面"。❶ 截至2017年年初，大学基金会数量已达到458家，占全国基金会总数的8%，净资产总额达到2 863 586.51万元，占全国基金会净资产总额的24%，清华大学教育基金会和北京大学教育基金会分别以净资产517 273万元和402 478万元位居2015年全国基金会净资产排行榜的第一、第二位。

尽管高等教育的社会捐赠总量持续上升，但社会捐赠收入在高等院校的经费来源结构中所占比例偏低，1997~2001年社会捐赠、集资办学经费分别占高教经费总额的1.42%、1.98%、2.14%、1.56%、1.40%，2009年甚至出现下降，仅占0.55%。此外，我国高等教育捐赠还存在不少问题：捐赠种类和方式单一，主要是现金和实物，大多属于专项募集；高校对筹资和募捐的重视程度不够，缺乏开发社会资本和校友捐赠的动力，捐赠基金的管理也缺乏专业化和规范化；捐赠资金使用缺乏透明度，难以建立社会公信力；国家相关法律政策制定不完善，缺乏有效激励措施；适应现代社会的慈善文化与捐赠伦理亟待构建和发展等。

1993年至今，我国高等教育捐赠有关的法律与政策经历了二十余年的演进。1993年2月13日中共中央、国务院颁布的《中国教育改革和发展纲要》第47条提出："改革和完善教育投资体制，增加教育经费。目前教育经费相当紧缺，不仅不能适应加快改革开放和现代化建设对人才的需求，而且难以满足教育事业发展的基本需要。增加教育投资是落实教育

---

❶ 邓娅. 我国高等教育财政体制改革与大学基金会的兴起 [J]. 北京大学教育评论，2011(1)：94-106.

战略地位的根本措施，各级政府、社会各方面和个人都要增加教育的投入，确保教育事业优先发展。要逐步建立以国家财政拨款为主，辅之以征收用于教育的税费，收取非义务教育阶段学生学杂费、校办产业收入、社会捐资集资和设立教育基金等多种渠道筹措教育经费的体制。通过立法，保证教育经费的稳定来源和增长。"第48条关于筹措教育经费的主要措施中指出："鼓励和提倡厂矿企业、事业单位、社会团体和个人根据自愿、量力原则捐资助学、集资办学，不征税。欢迎港澳台同胞、海外侨胞、外籍团体和友好人士对教育提供资助和捐赠。"1993年前后，国家教委进行部分高校试点，实行新生全部缴费上学。1995年《中华人民共和国教育法》明确规定，以各级财政拨款为主，依法征收教育费附加，发展校办产业以增加校办产业对学校财政的支持，鼓励社会捐资集资，实行成本补偿、合理收取学杂费等多种渠道筹措教育经费为辅的教育投资体制。

为满足社会公众日益增长的高等教育需求，解决高等教育经费投入不足的问题，国家陆续出台一系列法律和政策以推进高等教育财政体制改革。1998年颁布的《高等教育法》明确"国家建立以财政拨款为主、其他多种渠道筹措高等教育经费为辅的体制"。1999年大学扩招之后，高等院校办学成本持续上涨，办学经费需求急剧增加，尽管国家不断加大对高校资金的投入，引入和强化经费竞争机制，但仍然难以满足规模庞大的高等教育发展之需。除了政府拨款、学生学费、校办产业以外，社会捐赠成为缓解高校财政危机的重要突破口。

2010年，国家发布《中长期教育改革和发展规划纲要（2010～2020年）》，其中规定"高等教育实行以举办者投入为主、受教育者合理分担培养成本、学校设立基金接受社会捐赠等多渠道筹措经费的投入机制"。2015年修订的《高等教育法》第61条第1款规定，"高等教育实行以举办者投入为主、受教育者合理分担培养成本、高等学校多种渠道筹措经费的机制"。2016年12月28日，李克强总理主持召开国务院常务会议，通过国家教育事业发展"十三五"规划，提出要扩大教育开放合作，鼓励社会力量和民间资本举办学校和教育机构，探索对非营利性和营利性民办学校实行差别化扶持，依法完善中外合作办学办法，提高教育国际交流合作水平。这意味着未来几年中国教育市场的开放力度会更大，引入国内外资本势必推动中国教育资源的全球化竞争。高等院校的教育质量、科研水平与社会声誉等将愈加依赖办学经费的投入规模和效益。2017 年 1 月 10 日，国务院印发《国家教育事业发展"十三五"规划》，指出"非义务教育实行以政府投入为主、受教育者合理分担、其他多种渠道筹措经费的投入机制"，再次重申高等教育成本由举办者、受教育者、高等学校三方分担的原则，在财政拨款和学费收入相对稳固的情形之下，如何增加社会捐赠收入尤其是非固定性捐赠，通过资本运作保值增值，从而为高等院校提供灵活而充足的资金支持及其他社会资本，将成为院校竞争力的基础和保障。

第二章 中美高等教育捐赠的法律制度体系

中美两国高等教育捐赠的法律制度体系有着完全不同的特点和背景。本章将从立法模式、制度框架和法律渊源三个层面分析美国的高等教育捐赠法律制度体系，总体上体现出注重技术性规范和实用主义的倾向，经过长期的积累和沉淀已经形成较稳定的规则体系，并且在推陈出新和技术发展的推动下能够适时出台新的规则补充到已有的法律体系中，具有较强的开放性、灵活性和适应性。2016年，《慈善法》及其一系列配套法规的颁布实施，对我国整个慈善领域及行业的影响广泛而深刻。在现行慈善法律制度框架之下，我国对慈善组织及其慈善活动的法律规制趋于完善与规范。新的慈善法律制度体系对大学基金会带来一系列调整和变化，这些都对促进我国高等教育捐赠法律制度的发展具有重要意义。

第一节 美国高等教育捐赠的法律制度体系

一、立法模式

立法模式又称立法体例，指一个国家或地区立法所采取的方法、结构、体例及形态，一般指法律以何种形态作为其表现方式。如果严格按照法律部门的层级划分，美国大学捐赠基金的相关法律法规应从属于高等教育捐赠的法律制度，而后者的上一级法律部门理论上则是慈善法或称慈善捐赠法。从这个意义上讲，美国大学捐赠基金的立法模式实际上受制于慈善法的立法模式。综观当今世界范围内的慈善立法模式，主要有以下两种。

　　第一种，集中型立法模式。它是指一个国家或地区立法机关制定一部慈善法作为基本法，比较全面、综合地规定关于慈善组织和慈善活动各项制度，也可能同时辅以分散的多部法律法规，内容一般包括慈善的定义、慈善组织的法律性质、登记注册制度、内部治理结构、慈善监管机构、税收优惠、法律责任和罚则等，法律名称通常为"慈善法""慈善事业法""慈善活动和慈善组织法""慈善与慈善组织法""慈善事业和慈善活动法"等，代表性国家主要有英国、俄罗斯、新加坡、新西兰、乌克兰等。

　　第二种，分散型立法模式。它是指没有一部比较全面的法律作为慈善基本法，而是在多部法律中分别规定慈善组织和慈善活动各方面的制度，由于每部法律的内容均不够全面，一般一部法律只涉及对慈善法某一方面或几个方面制度的规定，只有把多部法律的内容综合起来，才能够得到关于慈善法比较全面的制度，相关内容一般被分别规定于或适用于诸如"社团法""社团登记法""基金法""非营利组织法""财团法""个人所得税法""企业所得税法""不动产税法""遗产与赠予税法""信托法"等名称命名的法律中，代表性国家和地区主要有美国、加拿大、德国、日本、韩国、印度、越南以及我国台湾地区等。

　　这两种立法模式的形成原因比较复杂，根本上取决于一个国家或地区的经济社会文化发展状况及其对慈善事业的立法观念与技术。直到20世纪90年代，综合性慈善基本法才得以出现，它标志着集中型立法模式的形成，这主要源自于非营利部门对社会治理广泛参与的现实，国家对慈善组织和慈善活动加强监督与管理的需要，以及法律自身不断完善发展的规律，因此，它是未来世界各国慈善立法的主流趋势。受制于各自的历史、国情和立法传统的差异，这两种立法模式仍将长期并存且逐步融合。

　　美国慈善立法采取的是分散型模式，没有专门的、独立的关于慈善事业的联邦制定法或成文法典，与慈善相关的法律规定都散见于各类规范性法律文件中。联邦法层面以《国内税法典》为主体，界定"慈善"的法律定义，慈善组织的分类及其活动范围，以及具体的税收优惠条款。另外，联邦层面还制定了一些特别法或其中的个别条款来规范慈善领域的相关活动。各州一般都制定有适用于本州的慈善组织及其活动的规范性法律文件。这种分散型的立法模式不仅符合美国法律制度的传统与现实，能够将大学捐赠基金所涉及的法律关系尽可能囊括到不同层次的规范性法律文件中，而且体现出较大的开放性和灵活性特征，能够顺应时代的变化，需要不断地补充和完善。

从法系上讲，美国是典型的英美法系或称判例法系、普通法系国家，其现代法律制度的总体特征表现为普通法（判例法）与制定法（成文法）的并行不悖，"先例"具有不同于普通意义上的司法判决的功能，不仅可以用于解决当前争议，而且成为一种法律规则，在日后相似的案件中得到适用。按照法律制度体系的历史传统和显著特点，一般分为大陆法法系与普通法法系，或称成文法系与判例法系，前者以成文法典构成法律制度的主要形式，后者则以"遵循先例"作为整个法律体系的核心原则。随着两大法系的不断发展与相互借鉴，在保留基本样貌的同时，两大法系也呈现出一些趋同的特征，比如制定法在大陆法系国家虽然构成法的主要渊源，但判例也具有重要的补充作用；在普通法系国家，尽管判例法占据主导地位，但立法机关制定的成文法也必须遵循。❶ 因此，在考察美国大学捐赠基金法律制度时，不能不考虑其判例法的传统和现实。

综上，就广义的"立法"而言，美国大学捐赠基金法律制度的整体框架是由普通法与制定法两个部分共同构成的：前者指的是联邦和各州的判例所形成的普通法如关于"慈善""慈善目的""免税资格""捐赠基金""大学捐赠基金"等的法律解释，后者则是联邦和各州立法机关按照特定程序制定的关于慈善组织及其活动以及与大学捐赠基金相关的规范性法律文件，例如在联邦法层面有国内税收法典、非营利组织示范法、信托

---

❶ 关于普通法（判例法）与制定法（成文法）的概念辨析，波斯纳在其《法理学问题》一书中指出，"普通法和制定法似乎有深刻的差异，最根本的区别就在于一个是概念系统，而另一个是文本系统"。"普通法原则都是从某个司法意见中推论出来的，或更常见地，是从一系列司法意见中推论出来的，但该原则又并非这些司法意见本身，也不用这些意见中的特定语言来表述"。"制定法颁发的一些标准与普通法的标准不相上下，事实上，许多制定法的术语都是从普通法中来的。但是，在制定法中，这些术语的表述程式从来不像它作为普通法一部分时那样有很大的可塑性，因为你总是必须考虑在文本中这些制定法表述程式的含义，而文本对法官来说具有规范性"。参见〔美〕理查德·A.波斯纳.法理学问题〔M〕.苏力译.北京：中国政法大学出版社，2001：311-313.

法等，在州法层面有各州的非营利组织法、税收条令、募捐和筹款相关法律等。

二、制度框架

理论上，慈善法是大学捐赠基金法律制度的上位法，构建了比后者更宏大的制度框架。联邦和各州制定的法律法规与各级法院作出的司法判例共同形成美国慈善法非系统化的法律制度框架，主要涉及以下主题：（1）慈善、慈善目的、慈善活动的定义；（2）慈善法的原则；（3）慈善事业监管机构及其职责；（4）慈善组织的定义和种类；（5）慈善组织的注册登记制度；（6）慈善组织的税收优惠制度；（7）慈善组织的内部治理结构；（8）慈善组织的财产制度；（9）慈善组织的财务管理与审计监督制度；（10）慈善组织的信息披露制度；（11）慈善组织的变更、撤销或终止制度；（12）慈善基金的设立、运营和监管制度；（13）慈善信托制度；（14）政府对慈善组织的财政支持及其他辅助政策；（15）慈善组织境外活动的相关制度；等等。

美国是通过税法这种技术性规范来界定慈善、慈善目的、慈善组织等基本法律概念的，这固然与慈善捐赠的税法改革历史有关，但实质上体现的是美国法的实用主义倾向，客观上起到了有效地衔接慈善法与税法，落实税收减免优惠以鼓励和保护慈善捐赠的作用。具体来讲，美国宪法从根本上保证了公民私人财产的所有权及其自由捐赠的权利；为了激励慈善捐赠，美国给予慈善组织及捐赠人减免税收的优惠待遇，税法改革后改由国税局行使免税组织的资格认定与审核要求等职责，于是对"慈善""慈善目的""慈善组织"等关键术语的法律定义主要依据的是《国内税法典》第 501 条（c）款第（3）项规定。

除了税法以外，联邦法层面还制定有《非营利法人示范法》《统一非法人非营利社团法》《统一机构基金管理法》《统一谨慎投资者法》《慈善目的信托受托人监管统一法》《投资顾问伦理准则》和《统一机构基金谨慎管理法》等文件来规范非营利组织所牵涉的各类法律行为及其关系。《非营利法人示范法》规定了非营利法人的内部治理结构制度、名称制度、注册制度、成员制度、合并制度、财产制度、分配制度、解散制度、档案制度、报告制度等；《统一非法人非营利社团法》明确了非法人非营利社团的相关概念和立法原则，从实体到程序全面界定了非营利社团作为遗产受赠人、接收遗赠者、受益人的财产权利制度、侵权责任和合同责任制度、个人财产处置制度、起诉和辩护的资格及管辖等诉讼救济制度；《统一机构基金管理法》解决了机构基金（包括大学捐赠基金在内）在投资范围和管理上的法律权限和职责等问题，设计了一套适用于机构基金的谨慎投资者规则，如投资基金增值的谨慎投资标准、特定投资权限、代理作出投资管理决定的授权、董事会依据该法其他条款履行义务的商业注意和谨慎标准等；《慈善目的信托受托人监管统一法》规定了慈善信托制度、慈善信托强制等级制度、慈善组织所控制的投资性不动产的管理和使用制度、基金管理制度、慈善活动税收优惠制度、免税主体注册制度、公共资金资助制度等。

延伸到州法层面，各州不仅通过采纳了联邦制定的《非营利法人示范法》《统一机构基金谨慎管理法》《投资顾问伦理准则》等法律外，也制定了适用于本州的非营利法人法、慈善募捐法和相关的实施细则等，适用于其管辖区域内的慈善组织和个人。比如，各州通过制定慈善募捐法对在本州管辖范围内的筹款与募捐行为进行规范，承认地域差异性所导致的法律适用之不同，比如规定在本州从事筹款和募捐行为的人或组织须履行注册与报告义务，前置审批、豁免注册、信息披露、可得性记录、筹资成本限制、合同备案、注册代理、禁止性行为、违法禁令、互惠协议、募捐公告、州检察长的权限等。尽管各州用以规范慈善机构的法律文本名称及内容各异，如北卡来罗纳州《非营利法人法》、密苏里州《慈善基金——教育、惩戒机构》、爱达荷州法典《私人基金会和捐赠》、阿拉斯加州《统一共同信托基金法案》、加利福尼亚州《非营利完整性法》等，归纳起来大致有以下要求：（1）公益性原则，指要保证募集到的资金能够根据捐赠人的意向，用于公益或慈善的目的；（2）知情权，即要保证公众能够获得对使用捐赠的有关决定的准确可靠的信息；（3）财务信息披露制度，要求大学捐赠的资金管理和运作具有相当高的透明度，并且通过相关网站向公众公布年度财政报告，接受社会大众和媒体的舆论监督。值得一提的是，新近的加利福尼亚州《非营利完整性法》规定了应为大的慈善组织雇用审计员和任命审计委员会的专门条款，有关职业基金管理者的条款，以及要求董事赔偿合同必须经股东会审议和通过的条款等一系列应对慈善领域新问题的法律规范。

除了联邦和州层面的立法外，联邦和州各级法院通过判例所确立的法律概念、原则甚至处理意见经过适当的程序后即产生普通法意义上的法律效力，如关于"慈善""慈善目的""公共政策要求""政治活动""免税资格"等在判例法上的司法解释。早期的典型案例如 1819 年新罕布什尔州的达特茅斯学院诉伍德沃德案（Dartmouth College V. Woodward），联邦最高法院否决了新罕布什尔州的判决，确保达特茅斯学院的章程不被改变，其理由是：如果改变章程，将违背捐赠人的意愿，从而挫伤捐赠人的积极性，给慈善的发展带来消极影响。该案的判决结果表明美国联邦最高法院承认了慈善捐赠的合法性。1830 年马萨诸塞州最高法院在哈佛学院诉艾默利案（Harvard College V. Amory）的裁决中确立了"谨慎人"（prudent man）规则，初步建立捐赠基金受托人的谨慎管理规则等。

与慈善法的制度框架类似，不同表现形式的制定法渊源和法院判例共同构成高等教育捐赠的法律制度框架。例如，大学捐赠基金是以慈善公益为目的的，其管理机构可以依照税法申请获得免税组织的资格而享有相应的税收优惠待遇；就组织设立的条件和程序而言，以独立法人的组织形式建立并运作的大学捐赠基金，必须在各州检察长办公室进行登记注册方可成立，即取得非营利法人的法律主体资格，其组织治理和日常活动均须严格依照所在州的法律进行。再如，大学捐赠基金的内部治理适用非营利组织法的相关规定，重点是强调基金管理组织的法人治理结构和董事义务，如果采取慈善信托的形式管理捐赠基金则须适用信托法的受托人法定义务等规则。另外，大学捐赠基金的投资行为被纳入机构基金的投资管理法律中适用谨慎投资者规则，等等。

按照与高等院校捐赠有关的法律行为类型，可以将具体法律规则分为 6 个方面：（1）法律主体资格；（2）筹款募捐规则；（3）内部治理规则；（4）投资运作规则；（5）分配支出政策；（6）财务报告与审计标准。具体包括如何获得或撤销法律主体资格，如何开展筹款与募捐活动，依托何种管理机构、人员和方式有效地运营，如何进行投资以保持捐赠基金的购买力，怎样的分配与支出政策能够最大限度地满足所有利益相关者的诉求，以及如何按照联邦和州法的规定披露必要的信息，以保证公众的知情权和落实法律问责的需要。

除了成文的法律规则外，美国大学及其捐赠基金的管理机构也制定有自己的内部治理规则（有的也称为"政策"，但其含义显然不同于政府部门所制定的具有行政执行力的政策），其目的是确保捐赠基金管理者在更高的标准下规范而高效地运作。此外，政府监管机构和独立的专业评估机构、行业协会也定期收集和分析大学捐赠基金的数据形成研究报告或政策建议。虽然这些规定并不具备法律意义上的强制执行力，但由于对大学捐赠基金的社会声誉和运作能力足以产生直接或间接的影响，也在客观上起到了某种程度的规范和制约作用。

三、法律渊源

"法律渊源"一词专指法律形式，指那些来源不同却具有法的不同效力意义和作用的法的外在表现形式。根据是否表现为立法机关制定的规范性法律文件或条款为标准，可分为正式渊源（如宪法、法律、法规等）和非正式渊源，后者是指尚未在正式法律中得到权威性认可的，但在实践中具有法律意义的准则和习惯，如正义标准、理性原则、公序良俗、道德信念等。

由美国宪法所确立的三权分立体制所致，联邦法可划分为国会（两院制的立法机关，由众议院和参议院构成）、行政部门和联邦法院系统所制定的规范性法律文件和判例。就制定法而言，与高等教育捐赠有关的法律包括国会制定的法律（见表2-1）和行政部门制定的法规、规章、条例、法令等。

行政部门的功能是管理和执行国会颁布的法律，由部门及其代理机构以及"独立的"监管委员会来执行。另外一项功能是颁布法律规定，通常由美国政府在联邦法规中颁布，当被采纳时，法规就被印制在联邦公报上。隶属于财政部的国税局（IRS）是承担国内税收职能的行政机构，其

表 2-1 美国联邦层面规范性法律文本名称及核心内容

法律文本	英文名称	核心内容
《关税法》（1894）	Tariff Act	规定了非营利性的慈善、宗教和教育组织的免税，公司相应慈善捐赠的减税
《联邦所得税法》（1913）	The Federal Income Tax Act	引入了美国现行的联邦所得税制度，形成由国税局管理慈善组织的行政管理体系
《国内税收条例》（1954）	Internal Revenue Code	首次将有关慈善免税的法律条款统一纳入第501条的规定中
《税收改革法》（1969）	Tax Reform Act	引入了针对私人非运营基金会资助 IRS 注册免税组织的投资收益税免除制度
《统一机构基金管理法》（1972）	The Uniform Management of Institutional Funds Act	由统一州法委员会全国大会起草的旨在规范慈善组织所控制的投资性不动产的管理和使用，该法以不同形式为绝大多数州和哥伦比亚特区所接收，但被排除适用于慈善信托
《税收改革法》（1986）	Tax Reform Act	对非现金捐赠物进行了规制，但该限制性规定于1990年被国会部分撤销，最终于1993年被完全撤销
《非营利法人示范法》（1987）	The Model Nonprofit Corporation Act	该法在联邦层面引入非营利组织的治理结构和法律规制模型，包括非营利法人的内部治理结构、名称、注册、成员、合并、财产、分配、解散、档案、报告等制度
《统一谨慎投资者法》（1994）	Uniform Prudent Investor Act	该法规范了慈善信托受托人的投资责任，已被引入44个州
《统一非法人非营利社团法》（1996）	The Uniform Unincorporated Nonprofit Association Act	该法就非法人非营利社团的相关概念和立法原则，从实体到程序全面界定非营利社团作为遗产受赠人、接收遗赠者、受益人的财产权利制度、侵权责任和合同责任制度、个人财产处置制度、起诉和辩护的资格及管辖等诉讼救济制度
《慈善目的信托受托人监管统一法》（1996）	Uniform Supervision of Trustees for Charitable Purposes Act	该法要求所有慈善受托人必须到总检察长办公室注册，同时赋予总检察长为调查潜在违法行为而传唤证人和索取相关文件的权力
《投资顾问伦理准则》（2004）	Investment Adviser Codes of Ethics	由《投资顾问法》（The Investment Advisers Act，1940）204A-1规则及一系列修正案构成，包括记录保留规则、经修订的投资顾问注册表格，以及《投资公司法》（The Investment Company Act，1940）17j-1规则等

续表

法律文本	英文名称	核心内容
《统一机构基金谨慎管理法》(2006)	Uniform Prudent Management of Institutional Funds Act	由统一州法委员会全国大会制定，旨在修订1972年的《机构基金管理统一示范法》，解决了包括大学捐赠基金在内的机构管理者的投资范围和管理上的法律权限和职责等问题，确立"谨慎投资者规则"，即投资基金管理人的谨慎标准、特定投资权限、代理做出投资管理决定的授权以及董事会依据该法其他条款履行义务的商业注意和谨慎标准（义务），为机构基金的管理原则、组织、投资、支出、风险控制等提供较全面的行动指南

资料来源：民政部政策法规司编. 中国慈善立法课题研究报告选编 [M]. 北京：中国社会出版社，2009：137-138.

总部设在华盛顿特区，但地区性的办事处遍布全国，它关于税收法及其规则的解释和指引、关于法律的决定（税收裁定）和程序性规则（税收程序）都具有法律强制力。❶ 例如，国税局 1954 年根据《国内税法典》（IRC）第 501 条（c）款第（3）项的规定制定了国库法规，对"慈善"及与慈善目的有关的诸多术语进行界定；2007 年还就哪些慈善组织可以从事党派政治活动而在相关行政法规中予以明确规定。

联邦法院系统分为三个层次：初审法院、上诉法院和最高法院。初审法院包括各类联邦地区法院（每州至少一个，包括哥伦比亚特区），税务法院和索赔法院。上诉法院共有 13 个，除了第一到第十一巡回上诉法院外，还包括哥伦比亚特区上诉法院和联邦巡回上诉法院。联邦法对各级法院有权管辖的范围及案件都有明确的规定和要求。法院作出的判例经由特定程序被确认为具有"先例"的法律效力，实际上起到"立法"的效果。

州法层面也相应地分为州立法机关制定的成文法规范，州行政部门及其代理或类似机构制定的解释性法规、规章和条例，以及由州司法系统（通常仿效联邦司法系统建立三层体系）审理慈善捐赠的案件而形成的判例。

---

❶ Bruce R. Hopkins. The tax law of charitable giving [M]. John Wiley & Sons, Inc., 2010: 725-738.

第二节　中国高等教育捐赠的现行法律框架

2016 年 9 月 1 日《慈善法》正式实施，标志着我国慈善法律制度体系的修订与重构由文本真正进入操作层面。紧随其后，一系列法规和政策也相继出台和施行，有力地补充和落实了新的慈善法律制度体系。作为一部综合性、基础性的法律，《慈善法》通过明确界定慈善组织与慈善行为等基本概念，规范慈善组织的设立条件、组织结构和管理运作，强化信息披露义务与责任，构建政府、公众和媒体共同参与的社会监督体系等，为包括大学基金会在内的所有慈善组织提供了方向性指引，有助于引导整个社会对现代慈善事业形成正确的认识、判断以及参与意识。新的慈善法律制度体系对高等教育捐赠的影响是全方位的：（1）慈善法律监管层面的观念变革，规范与透明是此次慈善法调整的主旋律，是所有慈善组织及其开展慈善活动的行动指南，强化了法律监管机构的职责和社会监督体系的构建，明确了整个慈善行业的行为规范和发展方向；（2）法律制度方面的结构性调整，对慈善组织、慈善募捐与捐赠、慈善信托、慈善财产管理使用、慈善服务、信息公开、促进措施和监督管理等几乎所有活动和关系制定了法律规范，属于典型的集中型立法模式，这有助于系统性地规范慈善活动与行业、培育慈善精神与文化、加强慈善组织治理与社会监督。就组织形态而言，慈善法律调整对大学基金会的影响最为深刻，关于慈善组织身份、公开募捐资格、慈善信托行为、年度支出与管理费用标准等新的变化和要求，都需要大学基金会的管理者适时跟进并付诸实践，通过完善内部治理结构、加强财务管理、积极募捐筹款、规范投资行为、合理使用捐赠、履行信息披露义务，在资金使用和运作，项目管理、实施、反馈和监督，捐赠人服务等诸多方面更加规范化，才能更好地回应立法者、捐赠者、社会媒体和广大公众以及其他利益相关者多样化的诉求。

一、法律体系的结构性调整

《慈善法》颁行之前，规范慈善活动的法律文件按照法律效力层次的高低可以分为：（1）法律，包括《公益事业捐赠法》以及《高等教育法》

和税法中与捐赠有关的规定；（2）行政法规，包括规范社会组织的"三大条例"（《基金会管理条例》《社会团体注册管理条例》《民办非企业单位登记管理暂行条例》）和税法实施细则中与捐赠有关的规定，以及一些地方性法规；（3）部门规章，包括《关于规范基金会行为的若干规定（试行）》《基金会信息公布办法》《关于公益性捐赠税前扣除有关问题的通知》《公益慈善捐助信息披露指引》，等等。大学基金会除了要遵循上述法律法规外，还有一些特别适用的法律规定，例如《高等教育法》和教育主管部门专门就大学基金会颁布的办法、通知等规章以及政策性文件，后者如《中央级普通高校捐赠收入财政配比资金管理暂行办法》和《加强中央部属高等学校教育基金会财务管理的办法》等。与大学基金会直接相关的慈善法律制度体系前后变化如图 2-1、图 2-2 所示。

```
《高等教育法》（1998）
《公益事业捐赠法》（1999）
《企业所得税法》（2008）
《个人所得税法》（1994，2011 年修订）
```

```
《基金会管理条例》（2004，2016 年修订）
《企业所得税法实施条例》（2008）
《个人所得税法实施条例》（1994，2011 年修订）
《关于促进慈善事业健康发展的指导意见》（2014）
```

```
《关于规范基金会行为的若干规定（试行）》（2012）
《基金会信息公布办法》（2006）
《关于公益性捐赠税前扣除有关问题的通知》（2008）
《国家外汇管理局关于境内机构捐赠外汇管理有关问题的通知》（2009）
《中央级普通高校捐赠收入财政配比资金管理暂行办法》（2009）
《公益慈善捐助信息披露指引》（2011）
《加强中央部属高等学校教育基金会财务管理的办法》（2014）
```

图 2-1 《慈善法》实施前与大学基金会有关的法律制度体系

2016 年 9 月 1 日起，《慈善法》及其配套法律法规陆续颁布实施，标志着以《慈善法》为核心的新的现代慈善法律制度体系已经基本建立。如图 2-2 所示，围绕《慈善法》各部分的主要制度如慈善组织的主体资格、慈善募捐活动、慈善信托、慈善财产、信息公开以及法律责任等内容，都做出相应的补充或修订，有些已经颁布实施，如《慈善组织认定办

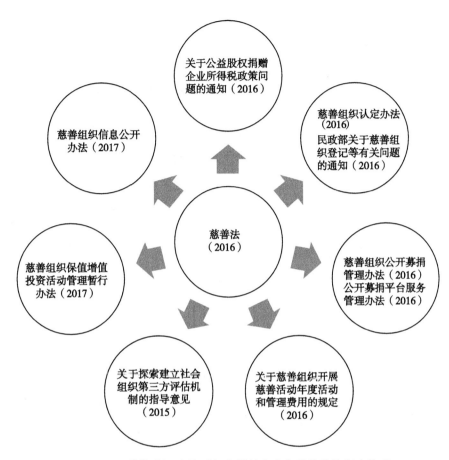

图 2-2 《慈善法》实施后与大学基金会有关的法律制度体系

法》《社会团体登记管理条例》《基金会管理条例》《民办非企业单位登记管理暂行条例》《民政部关于慈善组织登记等有关问题的通知》《慈善组织公开募捐管理办法》《公开募捐平台服务管理办法》《关于做好慈善信托备案有关工作的通知》《关于慈善组织开展慈善活动年度支出和管理费用的规定》《关于公益股权捐赠企业所得税政策问题的通知》《慈善组织保值增值投资活动管理暂行办法》《慈善组织信息公开办法》等。整体上讲，法律制度不断完备、立法层次明显提升、立法技术日渐成熟，这些都体现了国家和社会对现代慈善事业的鼓励与支持，但同时也强调了在规范中促发展的法律监管立场。

二、大学基金会面临的问题

1. 法律主体资格认定

《慈善法》明确界定了慈善组织的定义与成立条件，并采取民政部门登记核准的制度，对获得慈善组织资格设计了两条途径，即新的登记、旧的认定。2016 年 9 月 1 日，民政部制定的《慈善组织认定办法》正式颁布实施，规定了《慈善法》公布前已经设立的基金会、社会团体、社会服务机构等非营利性组织申请认定为慈善组织的条件及程序，而新设立的社会组织可以直接注册为慈善组织，也就是说组织登记和慈善组织身份获得合并为一个程序。就慈善组织主体资格的法律监管而言，申请认定或设立慈善组织的法定条件更加清晰、程序相对简化，有利于统一管理和规范化。另外，将是否认定为慈善组织的决定权交给社会组织自身，也体现了立法者对法律主体自由的尊重，即由社会组织权衡慈善组织属性给自身发展带来的利弊之后再做出选择。

就基金会而言，慈善组织的法律主体资格并非自然获得，同样需要向民政部门申请认定或注册。摆在大学基金会面前的第一道选择题即是否应当申请认定或者注册为慈善组织，这个问题的答案似乎是肯定的。首先，依照《基金会管理条例》的定义和大学基金会的章程和主要从事的活动来看，完全符合慈善组织认定的诸项条件，最核心的是"非营利性""非分配性"和"近似原则"等；其次，慈善组织的认定制意在划清慈善组织与其他组织的边界，构建慈善组织统一的制度和管理平台，因此慈善组织的法律主体身份与公开募捐资格、支出管理费用、信息披露义务、慈善信托行为甚至税收优惠规定等均捆绑在一起，如果不主动申请认定或注册为慈善组织，将对大学基金会未来的行为性质、活动范围和法律责任造成困扰甚至不便。

2. 公开募捐活动资格

《慈善法》将慈善募捐区分为面向社会公众的公开募捐和面向特定对象的定向募捐，并以开展募捐活动的慈善组织是否具有公开募捐资格作为判定的依据。第 22 条规定："慈善组织开展公开募捐，应当取得公开募捐资格。依法登记满两年的慈善组织，可以向其登记的民政部门申请公开募捐资格。"《基金会管理条例（修订草案征求意见稿）》为配合此条亦规定："基金会开展公开募捐，应当依法取得公开募捐资格。未取得公开募捐资格的基金会，可以在发起人、理事会成员等特定对象范围内开展定向募捐。"2016年8月31日，民政部发布《慈善组织公开募捐管理办法》，规定了申请公开募捐资格的要求和程序，包括依法登记或者认定为慈善组织满二年，建立规范的内部治理结构等，还特别指出，"《慈善法》公布前设立的非公募基金会、具有公益性捐赠税前扣除资格的社会团体，登记满二年，经认定为慈善组织的，可以申请公开募捐资格"。这就意味着目前占总体数量绝大多数的非公募型大学基金会，今后只能开展范围相当有限的定向募捐活动，而且要以已经取得慈善组织资格为前提。这显然不利于大学基金会尽可能多地吸纳慈善资源，为高等院校的永续发展积累资金基础。实际上，大学捐赠基金的来源除了发起人、理事会成员，更多的是广大校友，也可能是不特定的社会公众，如果将募捐对象仅限定于发起人、理事会成员等，无疑会极大地限制大学现在及未来的捐赠渠道和资金来源。尽管《慈善法》第26条也规定"不具有公开募捐资格的组织或者个人基于慈善目的，可以与具有公开募捐资格的慈善组织合作，由该慈善组织开展公开募捐并管理募得款物"，即为非公募基金会提供了一条变相地开展公开募捐活动的通道，但在实际操作中有必要厘清合作双方的权利义务关系，否则可能会引起不必要的纠纷。《慈善组织公开募捐管理办法》就制定募捐方案及其内容，备案登记的时间和要求，公开募捐信息、捐赠财产管理及相应法律责任等均作出了细致的规定。对大学基金会而言，虽然选择非公募的性质在法律监管层面（如信息披露、支出管理费用、税收优惠等）所承担的义务较之于公募基金会要低一些，但从长远来看势必带来更多的限制。当然，要申请获得公开募捐资格，大学基金会也需要进一步规范资金使用的透明、公平和高效，在项目管理的实施、反馈和监督以及捐赠者服务方面做得更加专业化和规范化。

　　公开募捐的方式除了传统在公共场所设置募捐箱、举办义演义卖慈善晚会等，还包括新型的互联网募捐行为。以往关于"线上"募捐的法律规定较少，在一定程度上造成募捐主体资格不明确、募捐信息发布平台监管缺失等问题。《慈善法》第 23 条明确规定："慈善组织通过互联网开展公开募捐的，应当在国务院民政部门统一或者指定的慈善信息平台发布募捐信息，并可以同时在其网站发布募捐信息。"《慈善组织公开募捐管理办法》做了进一步补充，"慈善组织通过互联网开展公开募捐活动的，应当在民政部统一或者指定的慈善信息平台发布公开募捐信息，并可以同时在以本慈善组织名义开通的门户网站、官方微博、官方微信、移动客户端等网络平台发布公开募捐信息"。众所周知，许多大学及其基金会为了吸引捐赠，均在学校官网或者基金会主页上发布募捐公告及相关渠道，通过移动客户端发布募捐信息近来则更为普遍，此类行为的合法性随即遭到质疑，尤其是对非公募型的大学基金会而言，以至于民政部相关部门提出要求撤销此类募捐信息。2016 年 9 月 1 日，由民政部、工业和信息化部、新闻出版广电总局、国家互联网信息办公室联合发布实施《公开募捐平台服务管理办法》，明确公开募捐平台服务的定义及其提供者的资质、行为标准和审查义务，强化协同监管机制。随着现代慈善活动的不断创新和信息技术的广泛覆盖，以及公开募捐平台服务被纳入统一的法律监管体系，互联网募捐的便捷与高效等优势将更加突出甚至成为未来主流的募捐方式，缺乏公开募捐资格不仅阻碍大学基金会目前所开展的线上募捐与筹款活动，还会使之脱离即将到来的慈善资源竞争市场。

3. 慈善信托行为规范

《慈善法》第五章将慈善信托作为公益信托的一种类型做了专门规定，"指委托人基于慈善目的，依法将其财产委托给受托人，由受托人按照委托人意愿以受托人名义进行管理和处分，开展慈善活动的行为"。一方面，受托人对信托财产仅享有管理和处分的权利，即受限制的所有权；另一方面，信托财产及其收益不得用于非慈善目的，即受托人在为信托财产进行保值增值等操作时也必须满足慈善的目的。慈善信托制度最大的优势在于信托财产具有独立性，能够保证被有效、安全地运用于慈善目的。对此，《信托法》有明确的规定："信托存续期间，信托财产独立于所有信托当事人，即信托财产独立于委托人，又独立于受托人的所有固有财产及其管理的其他信托财产，同时也独立于受益人。"因此，慈善信托财产不得被强制执行和被当作受托人固有财产进行破产清算，也不得作为债务被抵消、混同或作为遗产被继承。这种独立性保证了慈善信托财产不会因为当事人的个人原因而受到损失，保障其能够得到妥善地管理和运用。另外，慈善信托还具有简便、灵活的特点，能够更加高效地管理和利用慈善财产，从而满足不同资金规模和不同委托人的慈善需求，为公众参与慈善事业提供多样化的选择。《慈善法》设专章规定了慈善信托的定义、受托人的资质和权利义务、慈善信托备案、慈善信托监察人制度等，建立慈善信托的基本法律框架；《关于做好慈善信托备案有关工作的通知》进一步细化了备案要求和操作运行的相关规定；《北京市慈善信托管理办法》作为第一部地方性法规，要求委托人审慎选择具备管理信托事务能力的受托人，对受托人的信息公开义务和事项等也做了详细规定，等等。

关于慈善信托对大学基金会的意义，依据《慈善法》，只有两种组织可以担任慈善受托人，即慈善组织和信托公司。由委托人信赖的慈善组织担任受托人，可以降低慈善信托的道德风险，而信托公司作为专业信托机构，在风险隔离、资金保值增值、流动性安排等方面更加专业和规范。因此，对捐赠者而言，除了选择大学基金会之外，又多了一项选择的路径，即通过其他慈善组织或信托公司设立慈善信托对信托财产进行管理包括投资运作，这对大学基金会而言可能会形成一种竞争压力。反之，大学基金会一旦取得慈善组织资格，也可以充分运用慈善信托这种模式，通过提升资本运作的专业化水平和操作透明度而更加高效地管理和利用慈善财产。

4. 年度支出与管理费用标准

《慈善法》第60条明确规定："具有公开募捐资格的基金会开展慈善活动的年度支出，不得低于上一年总收入的百分之七十或者前三年收入平均数额的百分之七十；年度管理费用不得超过当年总支出的百分之十，"并强调了"管理费用最必要原则"。2016年9月1日，民政部、财政部、国家税务总局联合印发《关于慈善组织开展慈善活动年度支出和管理费用的规定》，对具有公开募捐资格的基金会以外的慈善组织开展慈善活动的慈善组织支出和管理费用做出了更细致的规定。

该规定对支出和管理费用的内涵界定与《民间非营利组织会计准则》的会计核算标准保持一致，并充分考虑了基金会、社会团体、社会服务机构在组织性质、活动特点、资产规模和构成等方面的差异，根据慈善组织业务活动的实际情况以净资产规模为基数给出了不同的管控比例，符合支出额度与机构规模呈正比而管理费占比与机构规模呈反比的客观规律，还从促进发展的角度恰当地给予了慈善组织灵活调整的空间。比如规定在计算中允许用"前三年收入平均数额"代替"上一年总收入"，用"前三年年末净资产平均数"代替"上年末净资产"，这样有利于保障慈善组织维持运转的最低需求；再如规定当管理费的绝对值低于 20 万元时，不受任何比例限制，这符合小规模慈善组织运转的实际特点尤其是给予了初创慈善组织的生存空间。该规定还列举了支出和管理费用的范围，慈善活动、其他业务活动与管理活动共同发生费用的分配原则，会计核算和信息披露要求等。

原《基金会管理条例》第 29 条规定："公募基金会每年用于从事章程规定的公益事业支出，不得低于上一年总收入的 70%；非公募基金会每年用于从事章程规定的公益事业支出，不得低于上一年基金余额的 8%。基金会工作人员工资福利和行政办公支出不得超过当年总支出的 10%。"新规定对绝大多数非公募的大学基金会而言，不仅明确了慈善支出和管理费用的定义、范围及计算方式，而且按照上年末净资产规模加以区别对待，较之于旧规定更加宽松合理且易于操作。从民政部最近开通的"全国慈善信息公开平台"已有 21 家大学基金会年度报告数据显示，2015 年的慈善支出均大大高于 6% 的标准，而管理费用则均远低于 12%。这一方面说明新规对大学基金会的影响不大甚至没有影响，另一方面反映出大学基金会的管理费用存在部分隐性支出实际由大学承担，尤其是行政管理人员的薪资报酬无法达到市场化水平而难以实现专业化、职业化。如果大学基金会取得公开募捐资格，则年度慈善支出的比例将提升至上年总收入的 70% 以上，管理费用最高为当年总支出的 10%，则会出现另一个问题，捐赠基金大量用于当年慈善活动而得不到积累沉淀，留本基金进行投资运作增值保值的功能将大大受限。因此，大学基金会的年度支出与管理费用适用哪一种比例，不仅与其上年末净资产有关，也取决于是否具有公开募捐资格，不同规模的大学基金会应根据自身发展的战略定位和操作实际进行恰当选择。

第三章　中美高等教育捐赠的法律主体制度

　　与高等教育捐赠有关的任何一种法律行为和法律关系，必然牵涉一个或多个法律主体，法律主体即在法律上享有权利并承担义务的自然人或组织，法律确认和保护他们彼此之间的权利义务关系，前提是他们具有法律主体资格，然后才适用与之相对应的法律规范，包括组织形式、财产关系、行为规则和法律责任等。无论是大陆法系的财团法人制度，还是英美法系的慈善基金会制度，产生的根源都是民事法律行为——捐赠。法律赋予财团法人和慈善基金会以法律人格，依据的法理是私法自治，既体现了对个人意思自治的尊重，也是出于对公民结社自由的保护。❶

　　美国高等教育体系的复杂性和市场化同样反映在捐赠领域，与捐赠有关的利益相关者群体数量庞大且种类多样，内部利益相关者包括在校学生、教职员工，外部利益相关者包括校友、家长、志愿者、基金会、媒体、公众、立法者和竞争对手，以及特殊的利益相关者即董事和捐赠管理团队，他们在其他利益相关者群体面前是组织的代表。在中国，大学基金会已经成为高等教育捐赠行为的核心载体。对获得法律主体资格的条件和程序予以界定体现出两国高等教育捐赠法律理念与机制的不同。

---

　　❶ "基金会（财团）提供了使一个人的意思（同时往往还有捐赠者的姓名）永垂不朽的可能性。在基金会中，确定捐助行为的宗旨，可不受时间方面的限制。只有在实现捐赠宗旨已成为不可能，或者实现捐赠宗旨有损于公共利益的情况下，才能对'宗旨'作出变更。即使在作这种变更时，也应当尽可能考虑捐赠人本来的意图。"引自［德］迪特尔·梅迪库斯.德国民法总论［M］.邵建东译.北京：法律出版社，2000：865.

第一节　美国高等教育捐赠的法律主体形态

美国无疑是现代高等教育捐赠走向组织化、专业化的先驱，各高等院校在实践中探索出符合自身需求和特点的管理模式，与之相对应的组织形态及其法律适用也有所不同。由学院和大学自行管理捐赠的，即使设有相对独立的内部管理机构，也并不具备法律意义上的主体身份，其行为和责任的主体仍是高等院校，它们属于法定的公共慈善组织，享有免税优惠待遇。更常见的是独立于高等院校的捐赠管理组织，尤其是法人形式，设立的目的和功能是专门负责管理与捐赠有关的业务（有的仅负责投资），但由于资金的来源主要是公众捐赠，取得的收益也主要用于大学的日常运营和特殊项目，因此属于更广泛的非营利组织范畴，比如常见的"支持型组织"与"关联基金会"，前者直接附属于大学，后者与大学也存在直接或间接的控制关系，但二者要获得捐赠的免税资格还必须满足《国内税法典》第 501 条（c）款第（3）项的要求，依照法定程序提交相应表格和通过相关测试。总体上看，美国对慈善捐赠的法律主体采用何种组织形式并不在意，只要其符合联邦税法所规定的慈善目的并以此行事，就可以依法获得税法所赋予的税收优惠待遇，这样既达到了法律监管的目的，也体现了国家对慈善捐赠的激励，并且具有很强的可操作性和灵活性。

一、公共慈善组织❶

《美国国内税法典》170（b）（1）（A）（i）-（v）规定了 5 类法定的公共慈善组织：❷

（A）一般规定

任何向下列各类组织捐出的慈善捐款的总额，不得超过纳税人该纳税年度缴税基数的 50%。

（i）教会或教会联合会、协会等。

---

❶　［美］贝希·布查尔特·艾德勒，大卫·艾维特，英格里德·米特梅尔. 通行规则：美国慈善法指南 ［M］. 金锦萍，朱卫国，周虹译. 北京：中国社会出版社，2007：7.

❷　褚蓥. 美国公共慈善组织法律规则 ［M］. 北京：知识产权出版社，2015：27.

（ⅱ）教育组织，有正规的教师和课程设置，招收有一定人数的学生，在某地固定开展教学活动。

（ⅲ）组织的主要目的或职能是提供医药、医院护理、医学教育、医学研究等服务；该组织为（1）医院，或（2）医学研究组织，并与医院合作，长期直接从事医学研究，且承诺将每年收到的捐款在第15年后的1月1日前全部用于此类研究。

（ⅳ）组织的收入［除按照501（a）条的规定来自组织慈善、教育或其他免税活动的收入之外］主要来自美国政府、州政府或其他政府部门，或直接或间接地来自公众；该组织的设立与运作是专为接受、保管、运营和管理上述财产并付交给上述（ⅱ）规定的学院或大学；且该学院或大学应为州或其他政府部门的附属机构或机关，或是州或其他政府部门及一个或多个州或其他政府部门下设的附属机构或机关拥有所有权的大学或学院。

（ⅴ）170（c）（1）条下的政府部门。

其中第（ⅱ）项涵盖高等院校，包括公立院校和非营利性私立院校，第（ⅳ）项最典型的代表就是大学捐赠基金（College and University Endowments）。❶ 简单来讲，学院和大学将获得的非限定性捐赠放入"捐赠基金"中，通过基金的有效管理和投资运作赚取收益，收益部分用于支持所属学院和大学的日常运营需要。目前，大学捐赠基金及其收益在美国高等院校尤其是私立大学的各种收入来源中所占比重呈上升趋势，对大学运营预算的贡献率也越来越大，并且表现出强劲的规模优势和结构特色。

美国政府问责办公室（United States Government Accountability Office，

---

❶ 捐赠基金（endowments, endowment fund, endowment funds）是指由已注册的组织持有，用于某些特定的非营利目的财产，它们靠一个或多个赞助人捐赠来融资，并通常由教育、文化和慈善机构以及那些专门为实现基金的特别目的而设立的机构来管理。捐赠基金的投资目标是产生一个稳定的收入流，且仅仅愿意承受一个较小的风险，但是捐赠基金的受托人也可以根据投资环境的不同，制定其他投资目标。据此，法律上将"捐赠基金"定义为"投资资金或资金池的一种形式"。Bruce R. Hopkins, Virginia C. Gross, Thomas J. Schenkelberg. Nonprofit Law for Colleges and Universities: Essential Questions and Answers for Officers, Directors, and Advisors ［M］. John Wiley & Sons, 2011: 260.

GAO) 在 2010 年的研究报告中给大学捐赠基金下了一个定义, 即 "通常是由捐赠人建立的, 目的在于为大学提供稳定的收入来源, 而大学可以投资其本金或捐赠原额, 并支出其收益部分用于支持大学的运营"。❶ 其存在两种形式: 第一种是捐赠人限制基金 (Donor-restricted Endowments), 由永久性捐赠基金 (True Endowment) 和期限性捐赠基金 (Term endowment) 组合而成, 两者的根本区别在于捐赠的本金能否被花费, 永久性捐赠基金的本金必须被永久保持且不能被花费, 而期限性捐赠基金在规定期限届满或特定事件发生之时, 其本金是允许被花费的; 第二种是董事会指定捐赠 (Board-designated Endowments), 也称准捐赠基金 (Quasi-Endowments), 是指由机构董事会创建的主要以投资和支出为目的的捐赠基金, 机构保留该基金的本金在任何时间全部或部分被花费的决定权。如今, 这种分类标准和定义已被美国社会各界广泛认可并使用, 除上述国税局 (Internal Revenue Service, IRS) 和政府问责办公室 (GAO) 外, 还有财务会计准则委员会 (FASB)、教育部 (Department of Education)、全美高等院校行政事务官员理事会 (National Association of College and University Business Officers, NACUBO) 等, 它们在要求大学捐赠基金上报或提供相关数据时均按此进行分类整理。

作为法律监管机构, 国税局 (IRS) 则将大学捐赠基金分为三类: 真正的捐赠基金 (true endowment funds)、附期限的捐赠基金 (term endowment funds) 和准捐赠基金 (quasi endowment funds)。真正的捐赠基金是指 "本金永久性地保留在机构的捐赠基金池中进行投资, 只有投资本金后的回报可以被支出"; 附期限的捐赠基金是指本金可以在规定期限届满后被支出; 这两者仍然受限于捐赠人的意愿, 即当捐赠人建立捐赠基金时, 限制将收入或本金用于特定的用途, 比如奖学金或者教师补偿。准捐赠基金的本金可以由机构的受托人自行决定用于支出, 且不附带任何期限或条件。这一分类来源于国税局的一项专门针对学院和大学的合规性调查项

---

❶ United States Government Accountability Office. Postsecondary Education: College and University Endowments Have Shown Long-term Growth, While Size, Restrictions, and Distributions Vary [R]. 2010: 2-3.

目，它要求被调查的学院和大学提供所拥有真正的捐赠基金、附期限的捐赠基金以及准捐赠基金的具体数额及比例。❶另外，国税局在免税资格的年度审查时，要求学院和大学及其他类型的免税组织提供年度信息反馈表（990 表格），其中目录 D 第五部分即是捐赠基金，学院和大学必须提供由董事会指定或准捐赠基金、永久性捐赠基金和附期限的捐赠基金的年末收支平衡的预估比例，必须指明是否有不属于本组织而由相关或不相关组织所持有并管理的捐赠基金，同时还要报告所拥有的捐赠基金在该财年始末的收支平衡状况、期间所得到的捐赠收入、投资收益或者损失、期间从基金支出的资助以及其他设施和项目支出、行政管理费用等。❷

大学捐赠基金的含义远远超越了捐赠资金本身，后者仅为不同捐赠者基于不同动机进行捐赠的资金总和，而前者则是作为一种资产的集合形式得到法律的认可和保护，捐赠基金由于有专门的组织机构和专业人士管理、投资、支出和分配，用以实现捐赠者的目的和支持学院或大学的运营发展，不仅符合法律规定的慈善目的，而且更具有实现捐赠资产保值增值的经济功能。然而，这种财产集合形式的法律性质如何、由谁管理、怎样使用、如何保值增值、行为人的权利义务如何界分等都需要法律予以规范，以防范或厘清可能产生的法律纠纷并提供适当的法律救济。从法律形式上讲，捐赠基金可以是某个组织的一部分，也可以是一个独立的组织。比如许多学院和大学经常直接或间接地控制自己的捐赠基金，所谓"直接"是指学院和大学特别是公立院校拥有税法上的公共慈善组织身份，直接隶属于学院和大学的捐赠基金管理部门也构成其中的一部分；所谓"间接"是指即使捐赠基金独立于学院和大学，但学院和大学仍可以受益者的身份或者通过关联基金会来控制捐赠基金的运作和使用情况。实践中，大学捐赠基金的名目相当繁杂，学院和大学甚至同时拥有多个不同类型的捐赠基金，这些捐赠基金按照捐赠人的意向和机构自身管理的需要可以采取

❶ IRS. Colleges and Universties Compliance Project Interim Report ［R/OL］. May 7, 2010. http：//www. irs. gov/pub/irs-tege/cucp_ interimrpt_ 052010. pdf.

❷ Bruce R. Hopkins, Virginia C. Gross, Thomas J. Schenkelberg. Nonprofit Law for Colleges and U-niversities：Essential Questions and Answers for Officers, Directors, and Advisors ［M］. John Wiley & Sons, 2011：262.

各种不同的组织形式进行管理运营，除了最常见的基金管理公司（独立的非营利性法人）和慈善信托以外，还存在信托基金、终身入息基金等。❶这种多样化的管理和运作形态极易造成概念上的模糊和混乱，但无论采取何种组织形式，大学捐赠基金的核心目的和支出用途主要是改善学校教学设施和办学条件、支持基础学科研究、资助教师深造、奖励优秀学生和教师等。

二、非营利法人

非营利组织是相对于营利组织而言的，根本区别在于是否以营利为目的，后者一般指典型的商业性公司或企业。在美国，非营利组织曾经有过四种类型的法律形式：法人、信托、非法人团体和免税非营利有限责任公司。❷法人指的是采取法人治理结构的具有独立法律人格的非营利组织，与非法人团体相对应，后者不采取法人治理结构且其法律人格与团体成员并不完全分离，前者由《非营利法人示范法》（*Model Nonprofit Corporation Act*, 3 rd Edition, 2008）规范，后者由《统一非法人非营利社团法》（*Revised Uniform Unincorporated Nonprofit Associations Act*, 2008）规范。信托关系则由《信托法》（*Uniform Trust Code*, 2010）、《慈善目的信托受托人监管统一法》（*Uniform Supervision of Trustees for Charitable Purposes Act*, 1996）以及《信托法重述》（*Restatement of the Law of Trusts*）等法律调整。第四种免税非营利有限责任公司目前已经很少见。大学捐赠基金目前最常见的组织形式就是非营利法人（The Corporate Form for Charities/Nonprofit Corporation）和信托（The Trust Form for Charities）这两种类型。

法人是相对于自然人而言的概念，属于法律拟制的人格，当一个社会组织或实体得到法律的承认后，就可以以自己的名义实施法律行为、享有法律权益和承担法律责任，独立于其成员或者第三人。采取法人的形式设立和管理非营利组织，有利于明晰法律关系和责任，促进经济发展和稳定

---

❶　终身入息基金，是指捐赠给院校的基金，但是需要院校向捐赠者提供一部分投资收入，直到捐赠者去世，学校才能获得基金的全部所有权。

❷　Jack B. Siegel. A Desktop Guide for Nonprofit Directors, Officers, and Advisors ［M］. John Wiley & Sons, Inc., 2006：24.

社会秩序，也有助于治理结构的法人化，提高管理效率和促进组织目标。就非营利性法人而言，它与营利性法人最根本的区别在于设立法人的目的——是否为了"营利"，至于如何判断法律也有明确的标准。由于二者在活动目的和对社会的价值与意义方面存在不同，因此法律在对它们进行监管时能够介入而且应当介入的范围、程度与方式也有所区别。比如，非营利法人中以慈善为目的的组织可以依法享有税收减免的待遇，而营利法人在大多数情况下是不能减免税的。采取法人的形式设立和管理非营利组织，有利于明晰法律关系和责任，也有助于治理结构的法人化，提高管理效率和促进组织目标。例如，非营利法人的注册登记，起到了按照法定程序取得法人资格的作用，一方面可以向社会公众公开宣告其成立与性质，另一方面可以通过合法性审查和信息备案方便政府监管和公众监督。

判断是否构成"非营利"有两项最基本的原则。

（1）禁止私人分配原则。禁止私人分配（Private Inurement）指的是将组织的部分或全部资源（包括收益或资产）转移到个人的法律术语，该概念产生于营利性组织，即以将利润或净收益从组织转移给私人（通常是组织的所有者）为目的。相比较而言，非营利组织是不允许进行任何形式的私人分配的，这是"非营利"一词的本质所在。因此，禁止私人分配原则是划分营利组织和非营利组织最基本的界线，对于像教育、慈善和类似获得免税地位的组织尤为严格。传统上的禁止私人分配原则被表述为：一个免税组织必须按此规则行事，即"组织净收益的任何部分都不能为任何私人股东或个人利益而分配"。经过多年的演化，如今，禁止私人分配原则是指一个免税组织的任何收入或资产都不允许直接或间接地不适当地为个人或其他人的利益而分配，即使这些个体或实体与组织存在紧密的关系，比如处于控制免税组织达到显著程度的地位的情况下也是如此。判断是否存在私人分配的标准要看是否符合组织的最终目的，如果不是，那么该组织就不满足免税组织或非营利组织的要求。禁止私人分配原则并不禁止组织与所谓的"内部人"交易，以私立大学为例，它作为非营利组织可以支付内部人薪酬、租金和贷款利息及其他类似的利益，但同时支付的数额必须是合理的，即必须与商业性的类似支付具有可比性。"内部人"通常包括董事、受托人、高级行政官员，有的情况下也包括承担类似职责的关键员工。

（2）近似原则。近似原则的历史可追溯至 11 世纪，是法律关于允许组织永久存续问题的回应，传统上仅在以下三项条件同时满足时方可适用：①存在有效的慈善信托或法人，或者以有效的慈善信托为目的的捐赠；②实现捐赠人原始的目的是不可能或不实际的；③捐赠人有一般的慈善目的和指定的有益于特殊慈善对象的目的。如果这些条件被满足，法院将授权修正目的，即选择那些尽可能接近捐赠人原始目的的目的以适应当前的需要。除了阿拉斯加州和北达科他州目前还没有采纳近似原则外，其他各州几乎都通过普通法或制定法认可了近似原则，尽管认可方式不尽相同，比如夏威夷州和内华达州采用的是法官附带意见，而南卡罗莱纳州采用的是"偏差原则"取而代之。《统一信托法》和《信托法重述（三）》也对该规则做出了明确的界定。

美国慈善事业尤其是私人基金会的缔造者们使用其熟悉的法人运作模式使非营利法人这种形式得以普及，非营利法人制度也随之逐步规范和成熟。几乎所有的州都依据《非营利法人示范法》进行立法来规范非营利法人的创建与运作。该法最大的变化是将非营利法人分为三类：公众利益、互惠互利和宗教法人，并强化了州检察长的强制执行权。该法还借鉴商业公司示范法中的董事义务标准，但对非营利法人的董事提出了更高的要求以避免利益冲突。截至 2003 年 1 月，美国已有 48 个州和哥伦比亚特区颁布了非营利法人法，尽管名称不一，有 23 个州采用经修订的示范法版本，7 个州采用原始的示范法条款，特拉华州和堪萨斯州还没有颁布非营利法人法，其慈善法人由商业法人法规范，但要求非营利组织的组织章程必须明确注明组织建立不是为了私人利益以及禁止将股息分配给股东等内容。总的来说，各州非营利法人法的核心内容包括：创建非营利法人、修订法人章程、禁止控制、持续期、更改、合并与解散、收入积累、内部组织、董事的责任（含委托、保留和呈递会计账目及其他）、董事的权利、董事的自由裁量权、董事的薪酬、超越权限签订合同的责任等，以及为管理慈善信托而成立的公司、不适用于法人的信托规则与

报告规定。❶

筹款基金会（Fundraising foundation）是高等院校一种典型的"支持型组织"，它在法律上是一个独立实体，但设立目的是为学院或大学筹款以提供财政支持，因而也符合慈善目的。基金管理公司通常负责学院或大学捐赠资金的管理、使用尤其是投资，获得的收益用于满足学校的经费需求如运营成本、资助学生、改善教学和促进研究等，但往往因为投资收入规模巨大或者经济活动性质复杂而可能无法通过国税局的相关测试，通常学院或大学作为被支持的组织会采取控制或监督等手段，比如在管理团队中占据重要或多数席位，选任董事或高级管理人员直接参与组织的运营管理、投资决策和政策制定。

三、慈善信托

信托是一种处理财产的制度设计，是指授权受托人负责管理委托人的财产并将之用于指定的受益人。私人信托的法律原则源于普通法的判例，旨在调整委托人、受托人和受益人之间的权利义务关系。由于采取信托形式的社会捐赠涉及公共利益或慈善目的，法律逐渐发展出慈善信托或公益信托的概念，并将其纳入立法规范和政府监管的范围。以慈善信托的方式为学院或大学筹款和募捐以及开展其他活动，该组织依法也能获得免税资格。

慈善信托与私人信托在受托人掌控和管理财产方面类似，但前者不是为了特定的个体的利益，而是为了广泛的公众利益。《信托法重述（二）》［The Restatement（Second）of Trusts］指出创立慈善信托必须满足三项要求：（1）成为信托标的物的财产；（2）有意创建信托的证据，通常是一份书面的声明或契约，称为信托证书或信托契约；（3）建立信托所在的州法院承认其目的为慈善。各州信托法的重点是强加给受托人特殊责任的法律规则，包括管理信托的责任（包括掌握和保留财产、请求强制执行、应诉、保持信托财产的购买力、保持信托财产独立、保持信托财产与受托人个人财产分离、谨慎地选择一家银行存管信

---

❶ Marion R. Fremont-Smith. Governing nonprofit organizations: federal and state law and regulation [M]. The Belknap Press of Harvard University Press, 2004: 49-55.

托基金并适当预留银行存款等），留存和呈递清晰、完整和精确的账目及相关记录的责任，免责条款和第三人责任，以及各州检察长的强制执行权和法院对信托的监督等，目的在于保证受托人忠实地履行职责（包含忠诚义务和谨慎义务）。受托人只要不违反法律和公共政策，可以执行信托条款明确赋予他的任何权利，并允许因在管理信托过程中提供服务而获得合理的薪酬。

四、免税资格审查

1. 一般性审查与测试

法律之所以赋予慈善组织免税的地位和身份，主要是基于对慈善的"公益性"考虑。正如布鲁斯·霍普金斯所说，"税法这方面的规定是以大量远离税收政策的考虑为根据的，而是基于以适当的方式建设公民社会有关的政治哲学"。[1] 立法者鼓励捐赠或类似的慈善行为，理由在于它分担了本该由政府承担的公共责任，节约了政府财政开支，有助于促进民主社会和社会福祉，所以应当通过税法给予其免税待遇。

美国早期受到《英格兰慈善用途法规》界定的影响，将慈善或慈善目的分为扶贫、促进教育、促进宗教和其他有益社会日的的四个类别。随着社会发展和慈善目的及组织的多样化，传统的"慈善"与"慈善组织"的定义逐渐被税法层面的技术性规范所取代。目前美国主要适用《国内税法典》划分慈善组织的类型，国税局也成为监管免税的慈善组织的主责机构。这一方面反映了美国法律适应形势变化的灵活性和创造性，也体现了美国在立法上偏好技术性规范和注重可操作性的实用主义取向。这种做法有两个前提：（1）成熟而谨慎的立法技术；（2）国税局对申请主体是否符合免税资格进行严格的实质性与程序性审查（见图3-1）。[2]

国税局是美国财政部的下属机构，负责评估和征收联邦收入所得税和其他税，其下设的免税组织部负责免税组织相关的政策制定和执法，对所

---

[1] Bruce R. Hopkins. The Tax Law of Charitable Giving [M]. New York: John Wiley & Sons, Inc., Hoboken, New Jersey, 2010: 8.

[2] ［美］阿德勒. 美国慈善法指南 [M]. NPO信息咨询中心译. 北京：中国社会科学出版社，2002: 5.

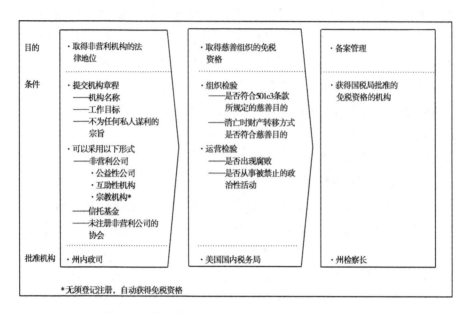

目的	·取得非营利机构的法律地位	·取得慈善组织的免税资格	·备案管理
条件	·提交机构章程 ——机构名称 ——工作目标 ——不为任何私人谋利的宗旨 ·可以采用以下形式 ——非营利公司 ·公益性公司 ·互助性机构 ·宗教机构* ——信托基金 ——未注册非营利公司的协会	·组织检验 ——是否符合501c3条款所规定的慈善目的 ——消亡时财产转移方式是符合慈善目的 ·运营检验 ——是否出现腐败 ——是否从事被禁止的政治性活动	·获得国税局批准的免税资格的机构
批准机构	·州内政司	·美国国内税务局	·州检察长

*无须登记注册，自动获得免税资格

图 3-1　美国免税的慈善组织注册程序与监管机构

资料来源：民政部政策法规司编．中国慈善立法课题研究报告选编［M］．北京：中国社会出版社，2009：70.

有申请免税的个人或组织进行严格的实质性与程序性审查。它根据免税组织提交的年度信息报告或特定的审查项目，对免税组织进行检查以确保其合规性，检查既可以是全面的，也可以基于一项具有针对性的独立议题，既可以是常规性的，也可以因媒体报道、州检察长质询或第三方举报涉嫌不当行为而发起。❶ 近年来，国税局对免税组织的审查呈现出逐渐加强的趋势，因此，了解国税局审查内容和标准的重点及变化对免税组织管理层尤为重要。一般来讲，对申请免税的慈善组织要进行八项测试：

（1）主要目的测试，即一个组织的主要目的决定了它是否有资格成为一个免税组织，如果有，那么适用哪一种类型的豁免资格。

（2）组织测试，即慈善组织对设立的目的或解散的条款等有无必要

---

❶ ［美］阿德勒．美国慈善法指南［M］．NPO信息咨询中心译．北京：中国社会科学出版社，2002：5.

性的说明与解释。

（3）运营测试，关注的是慈善组织的功能是否满足免税地位的要求，原则上要求避免内部人分配、实质性立法活动和政治竞选活动等。

（4）内部人分配原则。它是所有免税组织豁免联邦收入税的法定标准和重要规则，要求一个免税组织在建立和运营过程中，"净收益的任何部分……不得以任何私人股东或个人为受益人"。该原则意味着免税组织的任何收入或资产都不允许直接或间接地使内部人或其他与组织有密切关系的人"过度"受益，尤其是当这个人明显处于控制该组织的位置时。❶

（5）私人利益原则。如果发现一个免税组织服务于私人而非公共利益时，该组织的慈善地位可能被撤销。为了免税，一个慈善组织必须证明其建立或运营不是为了谋取私人利益，私人包括指定的个人、组织的创始人及其家庭成员、组织的股东或者直接或间接被上述人所控制的人，不限于内部人。违反私人利益原则的法律制裁是撤销所涉组织的免税地位或拒绝其申请成为免税组织。

（6）中间制裁规则。该规则强调的是对那些从事非允许私人交易的"不适格的人"征税，而不是撤销免税组织的地位。通过这种方式，税法制裁——例如惩罚性消费税——可能被强加在那些不恰当地从交易中获利的人身上，以及参与交易并知晓其为不恰当的特定的组织管理者身上。其核心是禁止超额利益交易，即免税组织所提供的经济利益的价值超过接受提供利益的对价，之间的差价为超额利益，比如不合理或过度的薪酬，这里采用"可比性"作为衡量合理与否的标准。如果不及时支付或交易不被适当地及时矫正，那么将招致另一项额外的税收，即超额利益的200%。

（7）相称性测试，即国税局可以评估一个慈善组织是否在与其财政

---

❶ 设置该原则的目的是确保免税组织服务于其所宣称的免税目的而非个人利益，避免免税组织被内部人或在组织活动中获取私人利益的其他人所控制，所谓的"内部人"通常是组织的创始人、受托人、董事、高级管理人员及其家庭成员。强调"过度"利益，意味着该原则并不禁止免税组织和那些与组织有密切关系的人之间进行交易，但要求这些交易能够经得起"合理性"标准的检测，如果是双方利益大致相等的交换是合理的，其目的在于劝阻不成比例的利益分摊流向内部人。该原则也不禁止付薪给组织的雇员，但提供的薪酬必须是合理的，通常采用可比性的数据作为衡量是否合理的标准，也就是说，类似的组织在类似情况下为类似服务所支付的一般报酬数额。违反内部人分配原则的法律制裁是撤销所涉及组织的免税地位或拒绝其申请。

资源相称的范围内持续活动。

（8）公共政策原则，是指慈善组织只有在符合联邦公共政策的前提下运营才可以得到税收豁免，如果一所私立学校在对学生录取时存在种族歧视政策，那么它就不能免税。

此外，国税局还要求免税组织提交年度信息报告和不相关收入所得税报告。大多数免税组织需要提交的年度信息报告即 990 表格，私人基金会是 990-FT 表格，政府组织是 990 表格或 1120-POL。规模非常小的机构可以电子方式提交 990-N 表格（电子明信片）。国税局要求免税组织提交不相关商业收入所得税报告（990-T 表格），报告收入、支出和任何应税项。国税局还要求慈善组织自接受捐赠之日起 3 年内向其提交处理赠予财产的交易报告（8282 表格）。非营利法人需要向所在州提交年度报告，并向从事筹款活动所在的州提交慈善募捐报告。更重要的是，免税组织被要求向公众披露其申请成为免税组织的文件副本及支持性文件，还要披露最近三年的年度信息报告和不相关商业收入所得税报告。❶

2. 专项调查及程序

由于大学及其捐赠基金是美国免税慈善组织中具有相当规模和影响的一类主体，1994 年国税局专门发布《学院和大学审查指南》，就国税局及其代理机构审查高等院校的免税资格提供了全面指导，内容涉及高等院校的分类和定义、初始章程条款、财务报告、相关方交易、附加福利、薪酬安排、筹款募捐、研究合同、奖学金、游说立法和政治性活动及费用、书店、其他不相关商业收入所得税、相关实体等。该指南旨在为税务稽查部门提供一个框架性的审查标准，提供应当考虑的各种因素，如会计方法和财务信息等。❷ 在相关实体部分有三项审查内容与大学捐赠基金直接有关：

（1）判断由高等院校管理的任何独立的资金，例如指定席位的捐赠

---

❶ Bruce R. Hopkins and Virginia C. Gross. Nonprofit governance: law, practices and trends [M]. John Wiley & Sons, Inc. , 2009: 199-202, 206-207.

❷ IRS. Exempt organizations: final examination guidelines regarding colleges and universities, IRS college and university examination guidelines announcement [R/OL]. 1994-37 I. R. B. 36. http: // www.federaltaxissues.com/docs/IRS-announce-94-112.pdf.

基金或者独立的奖学金，决定这些资金是否用于促进免税目的而运作。

（2）高等院校所拥有的资产可能涵盖由其他实体控制的特定资金，这些资金类似于单一信托。如果高等院校存在这样的账目，需要判断这些资金的实质和相关的条款。焦点是捐赠者和高等院校的关系以及是否捐赠者扣减了适当数额的税收。

（3）高等院校可能拥有大量的基金会，通过这些基金会开展活动，其中一些并不是高等院校直接控制和管理的。这些活动可能包括为私人公司开展研究，而这些研究是州法禁止私立学校进行的商业性研究。高等院校也通过基金会获得巨大的捐赠。

此外，关于高等院校的捐赠、筹款和债务结构部分也涉及一些慈善募捐和筹款活动的问题。可见，在厘清大学与管理其捐赠基金的组织之间的关系，对于确定后者是否享有免税资格具有至关重要的意义，也对大学能否顺利通过政府监管部门尤其是税务机关的审查影响重大。

2008 年末，国税局发起一项合规性项目调查，通过对 400 余所学院和大学发放调查问卷的方式进行审查，问题集中在高等院校的管理实践、捐赠基金管理、雇员薪酬、不相关商业收入活动等几个方面。国税局要求高等院校根据 2006 财年的情况回答问卷所提出的问题，例如如何在年度信息报告中表明收入和支出，如何计算不相关商业收入所得税，如何投资和使用捐赠基金，以及如何采取可比性数据决定高级管理人员的薪酬政策等。针对捐赠基金提出的问题如下：

（1）捐赠基金是否由其他组织所管理。问卷要求高等院校回答是否拥有由另一个组织代表自己而管理或持有的捐赠基金。超过一半以上的院校由另一个代表自己的组织来管理捐赠基金，而且基金规模越大的院校采取这种做法的比例越高。

（2）投资政策和基金管理人。几乎所有拥有捐赠基金的各种类型的高等院校都制定了捐赠基金投资政策，使用外部的基金管理人是最常用的方式，而基金管理人的类型多样。

（3）投资委员会、内外部管理人与外部投资顾问。该问题涉及投资委员会的职能、构成和相关活动。大多数高等院校回答设有投资委员会来监管捐赠基金资产，而且规模越大的使用的投资委员会人数越多，使用个人或雇员主要从事投资委员会工作的情况很少见，大部分院校都选择外部团体管理捐赠基金投资或聘请外部顾问征求投资意见。内部和外部投资经理人的薪酬种类多样且存在较大差异，工资或薪金是最常见的形式，外部投资经理人的其他薪酬（包括管理费用或其他补偿）较之于内部投资经理人使用得更多，而且一般都经由投资委员会的董事会审查和批准。

（4）捐赠基金价值和目标支出率。问卷要求被调查的高等院校回答2006财年结束时全日制学生人均拥有的捐赠基金资产的公平市场价值，结果显示比往年有所提高。大多数高等院校都制定和达到了其目标支出率，接近于5%。

（5）捐赠基金类型。鉴于大学可能拥有复杂类型的捐赠基金，问卷将之分为三种：准捐赠基金、限制性捐赠基金和永久性捐赠基金。准捐赠基金被界定为捐赠基金集合，其投资的本金根据信托人的指定可以被使用；限制性捐赠基金被界定为捐赠基金集合，其投资的本金可以在限定的期限过去后被使用，该期限可以是一段时间、事件或者本金增长的基准；永久性捐赠基金被界定为捐赠的财产集合，仅本金的投资回报可以被使用。根据调查数据，永久性捐赠基金的比例最高，其次是准捐赠基金，再次是限制性捐赠基金，然而平均公平市场价值以限制性捐赠基金最高。

（6）生活收入基金。该问题是关于高等院校或相关组织是否有特定的生活收入基金——慈善礼物年金、慈善剩余信托以及汇集收益基金等，结果是这三种基金都存在，但汇集收益基金比例最少。

（7）国外投资。大型高等院校经常通过投资组织进行国外投资，比如公司、合作伙伴、信托或有限责任公司。

（8）投资种类及比例，包括另类投资、固定收益投资、股票型基金、房地产、国际基金、现金和其他种类，其中另类投资还分为对冲基金、私募股权投资、风险投资、自然资源和其他等。

（9）捐赠基金分配。问卷要求高等院校提供关于从捐赠基金中分配的详细类别及占总分配的比例和数额，以及被捐赠者或董事会限制的分配比例等信息，种类涉及奖学金、奖励和贷款，公共服务、研究、行政支持、一般教育支持或图书馆、一般大学运营、教授席位和其他。各类大学一般都设监管捐赠基金的分配政策和程序以确保它们被用于捐赠者的目的，监管的方法主要是通过每个月或季度或年度报告上报分配的财务审计情况，一般当年未使用的分配数额被用于来年使用或回流到捐赠基金，很少进入到一般的运营预算中。❶

　　根据国税局合规性项目调查的总结性报告，几乎所有高等院校都对其捐赠基金实施了"合理"的管理，表现在投资方面，99%的高等院校都制定有正式的投资政策，94%设立了投资委员会监管捐赠基金；投资委员会普遍雇用了经挑选的外部投资经理人。对于社会公众关注的焦点——分配与支出问题，报告显示大学捐赠基金普遍考虑支出规则并将之作为投资政策的一部分，支出率一般为捐赠基金市场价值的3年移动平均数；大学捐赠基金的分配情况被"谨慎地"监管和报告，97%的高等院校上报的目标支出率达到4%，70%的高校甚至达到5%或更高。捐赠基金最常见的支出是用于资助学生。❷

　　总之，美国的学院或大学为了更好地实现捐赠基金的价值和功能，一般会选择通过恰当的方式对捐赠基金进行管理，无论是何种管理模式和组织形式，学院或大学都希望直接或间接地控制和监督捐赠基金的管理运作，以确保捐赠基金足以支持学院或大学的运营预算和长远发展，而且不偏离高等教育捐赠的价值取向和治理规则。这不仅是出于现实利益的考量，也体现了高等院校对其社会声誉、捐赠者和公众负责的态度。无论是自行管理还是委托专业机构，大学捐赠基金的管理组织都可以依法申请获得免税组织资格，但前提是必须证明符合税法界定的慈善目的，并且定期或不定期地接受实质性和程序性的审查与测试。

---

　　❶　IRS. Exempt organizations colleges and universities compliance project interim report［R/OL］. 2010. http：//www.irs.gov/pub/irs-tege/cucp_ interimrpt_ 052010. pdf.

　　❷　Internal Revenue Service. Colleges and universities compliance questionnaire analysis：a report of governing boards of universities and colleges and national association of college and university business officers［R］. Ernst & Young, 2009.

第二节　中国高等教育捐赠的法律主体资格

随着我国高等教育财政体制改革的推进，高校多渠道筹集办学经费的意识不断增强，开始组建专门的机构开展与捐赠有关的工作。1986 年，暨南大学在香港设立教育基金会办事处，1988 年安徽大学校董会成立，这可能是改革开放以后高校成立最早的社会捐赠专门机构。清华大学教育基金会（1994）和北京大学教育基金会（1995）的成立开启了我国高等学校基金会勃兴的大门。大学基金会拥有独立法人资格，在筹款、捐赠资金的管理和使用、投资运作等方面更加专业和灵活，已经成为拓宽高校社会捐赠收入的重要载体。《基金会管理条例》首次明确基金会的法律主体地位为非营利性法人，《慈善法》将基金会列为慈善组织的三种类型之一，同时《基金会管理条例》修订意见稿仍保留了"非营利性法人"的提法。在实践中，我国大学基金会却面临独立法律人格的困境，最根本的原因在于其与大学之间存在"准行政依附型"关系，主要体现在经费、管理和人事等交互关系和运行过程中，如何破解高校管理体制行政化所造成的制度性阻碍，是激发大学基金会的积极性和活力的关键。

一、从社会团体到非营利性法人

20 世纪 80 年代，我国立法上一直将基金会作为社会团体的一种进行规范，源于民事基本法《民法通则》对法人的分类。1988 年 9 月，国务院颁布首部关于基金会的行政法规——《基金会管理办法》，全文只有简单的 14 条，其中第 2 条将基金会定位为社会团体法人，第 11 条确定了业务主管单位、民政部门、人民银行三重管理的模式。由于基金会被定位为社会团体法人，故当时的基金会同时要遵守社会团体管理的相关法规，比如 1989 年颁布的《社会团体登记管理条例》第 2 条确立了基金会管理办法中的双重管理原则，还规定在同一个行政区域内不允许重复成立相同或者相似的社会团体，这就在很大程度上保证了官办社会团体的垄断地位，限制了民间自发设立社团的发展。这种立法反映了当时我国政府虽然摒弃了全面禁止民间社团的做法，但仍坚持严格管制或"有控制地发展"的思路，在保护和推动公民结社自由的同时也采取了多重管理、限制竞争等法律监管手段，使得这一时期的基金会等社会团体受到极大的限制。这种局面一直持续到 1998 年新的社会团体管理条例出台，才将基金会分离出来加以区别对待。

1998 年，国务院决定将基金会的审批、登记管理两项工作统归民政部门，人民银行不再参与基金会管理，三重管理体制不再适用。同年颁布的《社会团体登记管理条例》不再具体列举社会团体包含的组织类型，基金会也不再被明确包含其中。2004 年新的《基金会管理条例》颁布，改变了原先法规对基金会的定位，其中第 2 条规定："本条例所称基金会，是指利用自然人、法人或者其他组织捐赠的财产，以从事公益事业为目的，按照本条例的规定成立的非营利性法人。"由此，包括大学基金会在内的所有基金会享有独立法律人格的身份和地位得到确认。该条例构建了较完整的基金会法人制度的基本架构，涵盖基金会的定义、性质和分类；设立、变更和注销的要件、程序和组织机构的设立；基金会财产；基金会的监督管理；税收优惠及基金会的相关法律责任等多方面内容。明确的法规和可操作性的条文极大地丰富了基金会法人的制度设计，为实践中的基金会提供了行为规范和准则。❶

下面这段话充分阐释了在当时法律制度环境下我国大学基金会法律人格的变化过程及其影响。

我国成立最早的高校基金会为清华大学教育基金会（1994 年）和北京大学教育基金会（1995 年）。它们在申请成立之初经历了较长的审批过程。当时基金会的登记管理主要依据的是 1988 年国务院颁发的《基金会管理办法》和 1989 年经国务院常务会议通过的《社会团体登记管理条例》两项法规。高校基金会成立必须首先经过业务主管部门，即教育部（当时的国家教育委员会）批准，然后送中国人民银行审查批准，获得批准同意后向民政部申请登记注册。高校基金会被视为非银行金融机构，接受教育部、中国人民银行和民政部的三

---

❶ 韦祎. 中国慈善基金会法人的人格困境及其突破 [J]. 私法研究, 2010 (2)：204-238.

重领导和监督。由于高校基金会在我国属于新生事物，在出现之初，政府有关部门对其持审慎的态度，相当长一段时间内国家民政部对高校教育基金会的成立几乎处于冻结状态。……1999 年开始，中国人民银行不再参与对基金会的管理，基金会的登记管理统一归口民政部。……《基金会管理条例》对基金会的注册成立给予了更加宽松的政策和更加明确的支持。同时政府也调整了与慈善事业关系密切的税收政策，纳税人通过大学基金会向教育事业的捐赠，准予在企业所得税和个人所得税税前扣除。这些政策举措有力地推动着高等学校基金会的成立，高等学校教育基金会的数量呈现了爆炸式的增长。❶

尽管《基金会管理条例》明确不再将基金会归入社会团体法人的范畴，但只是笼统地称为非营利性法人，实际上并没有对基金会的法律主体资格进行严格的界定。这是由于我国民法法人制度尚未明确未来的分类与称谓，所以该条例也没有直接规定基金会的法律主体性质到底是财团法人抑或捐助法人。另外，至今仍招致诟病的立法缺憾是保留了"双重管理体制"，❷ 它长期以来被视为设立基金会或基金会取得法人资格的体制性障碍。具体来讲，成立基金会一般要经过下列程序：（1）满足《基金会管理条例》第 8 条规定的条件；（2）应当经其业务主管单位审查同意；（3）申请人向登记管理机关申请设立；（4）登记管理机关审查并作出准予或不予登记的决定。也就是说，业务主管单位的审查同意和登记部门的审查同意缺一不可。但具体如何区分登记管理机关与业务主管单位的审查事项和权力范围，以及究竟属于形式性审查还是实质性审查，都不甚清晰。根据民政部的相关解释：在登记环节，登记管理机关负责基金会、基金会分支机构、基金会代表机构、境外基金会代表机构的最终审批登记；业务主管机关负责基金会及其分支机构、代表机构、境外基金会代表机构

---

❶　邓娅. 我国高等教育财政体制改革与大学基金会的兴起［J］. 北京大学教育评论，2011（1）：97.

❷　所谓双重管理体制，是指在基金会成立和活动过程中，既需要登记管理机关的审查、管理，也需要业务主管单位的审查、管理。这种管理模式并非基金法人的独创，基本上适用于我国所有正式的非政府组织。

的初审。在管理环节，登记管理机关负责对基金会、境外基金会代表机构实施年度审查；对基金会、境外基金会代表机构依照条例及其章程开展活动的情况进行日常监督管理；对各机构违反条例的问题依法进行处罚。业务主管机关负责指导、监督基金会、境外基金会代表机构依据法律和章程开展公益活动，负责基金会、境外基金会代表机构年度审查的初审；配合登记管理机关、其他执法部门查处基金会、境外基金会代表机构的违法行为。❶ 双重管理体制之所以得以承继，体现了立法的时代局限性特别是国家对基金会施行严格管制的思路，即认为民政登记机关和业务主管机关严把两道关等于上双保险，这无形中就扶持了官办基金会而扼杀了民间或草根基金会的生存发展空间，特别是赋予业务主管部门审查权和监管责任，使业务主管部门成为很多基金会设立者无法跨越的门槛，基金会设立申请人难以找到业务主管单位，即使找到，也可能难以取得业务主管的许可，更严重的是，实践中要设立基金会往往要动用大量的私人关系甚至通过"权力寻租"才能经过层层审查。此外，两次审批、两头监督，徒增了设立基金会申请者的程序和成本。就日常活动接受业务主管部门监管而言，其弊端在于业务主管机关可能为了规避风险而拒绝开展某些工作或者因为复杂的报批流程而耽搁了时间降低工作效率。因此，在我国业务主管机关的存在大大降低了慈善组织的自主性，使得慈善组织更像是政府部门的一部分而非介于政府和市场之间的独立法律主体。

从基金会获得法人资格的要件而言，《基金会管理条例》在第二章"设立、变更和注销"中用 7 个条文规定了具体要求。逐一分析可以发现，首先登记管理机关享有的是"实质性"审查权。从国际立法趋势来看，从"许可"到"认可"一字之差反映了法律理念的本质差异，"认可主义"体现了结社自由——公民设立民间基金会具有先在的合法性，这种合法性来自宪法和民法的明确规定，而不依赖于行政权力的"给予"，因此行政机关所做的认可工作倾向于形式性审查尤其是信息备案，登记行为只是实现国家管理基金会的必要手段，使政府了解和掌握基金会的目的、

---

❶ 民政部解答《基金会管理条例》[N]. 人民日报（海外版），2004-04-20.

资金状况、组织机构等情况从而便于统一治理，同时又以一种公开的方式将基金会法人的法律地位和内部组织等重要信息进行公示，保护相关民事主体的知情权和监督权。然而，我国登记管理机关和业务主管单位对设立基金会的申请审查事实上都是实质性审查甚至可以说是审批，实践中极易造成重复审查和重事前审批、轻事后监管的现象。近年来，有的地方政府率先尝试对双重管理体制做了局部的修正，以解决实践中民间基金会难以取得法人资格的问题。❶

　　其次是设立基金会的原始基金数额或者资金门槛的问题。《基金会管理条例》第 8 条详细列举了设立基金会的必要条件，其中第 2 项规定："全国性公募基金会的原始基金不低于 800 万元人民币，地方性公募基金会的原始基金不低于 400 万元人民币，非公募基金会的原始基金不低于 200 万元人民币；原始基金必须为到账货币资金。"综观世界上大多数国家和地区的立法均没有为设立基金会规定明确的资金门槛，这是出于私法自治理念和鼓励民间组织积极参与社会治理的立场。那么，我国之所以要设置最低原始基金额度，根据相关人士的解释：第一，限制公募基金会数量的过多增长，鼓励非公募基金会的设立；第二，确保基金会有能力积极开展公益活动，并维持自身日常运转；第三，充分考虑当时现有基金会资金规模的状况。在严格的审批制下，规定明确的最低原始基金有利于避免行政机关滥用权力，从长远来看却背离了现代慈善事业法律发展的方向。另外存疑的一点是规定原始资金只能是到账货币资金，却将其他形式的财产排除在外。这显然阻碍了多样化形式的社会财富转化为慈善基金的可能性。由于立法所规定的出资方式过于单一和僵化，导致实践中有的捐赠者欲以其他出资方式如不动产物权、动产物权、股权、债券、知识产权等设立基金会遭遇制度性障碍，以至于可能丧失接受社会捐赠的机会。最低 200 万元的规定可能符合当时民间财富积累和慈善发展的状况，货币相比

---

　　❶ 广东省民间组织管理部门在全国率先打破慈善基金会的"注册之忧"，为了鼓励慈善基金会的设立，解决基金会难以找到主管单位的问题，对广东省地方性的非公募基金会，广东省民政厅决定担任公益慈善类基金会主管单位，同时承担基金会的许可与设立登记两项职责。根本上应当废除业务主管部门的设立审批权，将设立审批制转化为准则制，由民政部门履行登记职责。

之下是一种具有确定的价值衡量标准的财产形式，但是这种规定显然缺乏与社会经济发展与时俱进的弹性和适应性，也未能充分考虑客观存在的地域差异以及不同基金会的活动范围与慈善目的的差异，从侧面反映出我国立法者对基金会管理和运作水平的担忧，后者对货币以外的财产形式缺乏管理的经验和兴趣。

二、从非营利法人到慈善组织

《慈善法》明确界定了慈善组织的定义与设立条件，规定由民政部门负责登记核准，对慈善组织资格获得设计了两条途径，即新的登记、旧的认定。对于新成立的组织而言，可以直接注册为慈善组织，组织登记和慈善身份获得合并为一个程序。所谓"旧的认定"，即指慈善法生效前已经注册成立的非营利组织（包括基金会、社会团体和社会服务组织三种主要类型），可以向其登记的民政部门申请认定为慈善组织。民政部于2016年9月1日颁布实施《慈善组织认定办法》，第4条规定："基金会、社会团体、社会服务机构申请认定为慈善组织，应当符合下列条件：（一）申请时具备相应的社会组织法人登记条件；（二）以开展慈善活动为宗旨，业务范围符合《慈善法》第三条的规定；申请时的上一年度慈善活动的年度支出和管理费用符合国务院民政部门关于慈善组织的规定；（三）不以营利为目的，收益和营运结余全部用于章程规定的慈善目的；财产及其孳息没有在发起人、捐赠人或者本组织成员中分配；章程中有关于剩余财产转给目的相同或者相近的其他慈善组织的规定；（四）有健全的财务制度和合理的薪酬制度；（五）法律、行政法规规定的其他条件。"另外，该办法第6条还规定："申请认定为慈善组织，社会团体应当经会员（代表）大会表决通过，基金会、社会服务机构应当经理事会表决通过；有业务主管单位的，还应当经业务主管单位同意。"前一款明确了慈善组织必须遵循非营利性、非分配和近似原则等；后一款则为"业务主管单位"保留了是否认定为慈善组织的决定权。同年9月2日，民政部向首批认定的中国残疾人福利基金会、中国儿童少年基金会等16家慈善组织颁发了标明慈善组织属性的登记证书。总之，申请认定或成立慈善组织的法定条件更加清晰，程序相对简化，这样有利于慈善组织的统一管理和规范化。

《慈善法》颁布前，曾有争论说基金会是否自动取得慈善组织的身份，但最终慈善法采取了一视同仁的态度，即基金会并不具有慈善组织的天然属性，同样需要向民政部门申请登记或认定为慈善组织。理由很简单，因为被认定为慈善组织后将受到慈善法律制度体系更严格的监管，由组织来权衡慈善属性给自身发展带来的利弊之后再做出选择，这体现了立法者对法律主体权利和自由意志的尊重。

就大学基金会而言，已经注册成立的大学基金会被纳入需要进行慈善认定的范围，拟新设立的大学基金会则必须满足慈善法规定的设立条件，向民政部门提出申请经审核登记后才能取得合法资格而开展活动。大学基金会是否应当主动申请获得慈善组织的身份和地位，是摆在众多大学基金会管理者甚至高校领导面前的第一道选择题。

这里不得不提到《基金会管理条例》修订意见稿，它是规范基金会行为最基本的一部行政法规。该条例的修订版共 8 章 82 条，主要修改的内容如下。❶

（1）针对基金会属于慈善组织的基本属性，要求基金会应当"以开展公益慈善活动为宗旨"，规定基金会应当在登记证书中载明其慈善组织属性，明确基金会应当适用慈善法的有关规定。

（2）规定了直接登记和双重管理"混合"的登记管理体制，并降低基金会准入门槛，理由是鼓励基金会的发展，特别是基金会在基层的发展。具体体现为三点：①设立基金会依《慈善法》可直接向县级以上人民政府民政部门申请登记；只提及"有业务主管单位的，登记事项还应当包括业务主管单位"，可以理解为基金会登记时无须征得业务主管单位的审查同意，但这并不排除那些具有特殊背景或宗旨的基金会，如政治法律类、宗教类和涉外事务类基金会仍需取得业务主管部门的同意，其在设立后仍要接受业务主管单位的管理。②将基金会的登记管理权限由部、省两级拓展为部、省、市、县四级。③对市、县级登记的基金会规定了较低的注册资金标准。

---

❶ 小编告诉你《基金会管理条例》（修订草案）究竟改了啥？［EB/OL］.（2016-05-26）［2016-06-21］. http://www.gongyishibao.com/html/zhengcefagui/9815.html.

（3）按照放管结合，加强事中事后监管的原则，规定了行业自律、社会监督、政府监管相结合的综合监管制度。①将现行的年检制度改为年度报告制度；②加强对基金会的信用约束，探索建立信用记录、活动异常名录等制度；③明确登记管理机关应当履行的监督管理职责和可以采取的有关措施；④规定业务主管单位和有关部门应当履行的监督管理职责；⑤规定社会公众、新闻媒体对基金会的监督，建立了基金会的行业自律。

（4）按照权责明确、运转协调、制衡有效的原则，完善基金会组织机构和内部治理的一系列制度，保障基金会的依法自治。①明确基金会应当根据实际设立中国共产党的组织；②补充完善基金会的决策、监督、执行机制；③对具有公开募捐资格的基金会规定了高于一般基金会的治理要求。

（5）将原条例第四章"财产的管理和使用"更名为"活动准则"，对基金会开展公益慈善活动进行了全面规制。①不再区分公募和非公募基金会，新成立的基金会应当在发起人、理事会成员等特定对象范围内开展定向募捐；成立满两年后可以依法申请公开募捐资格。②对突发事件公开募捐、接受非现金捐赠等加强规范。③基金会开展公益慈善活动的年度支出和管理费用的标准、保值增值行为，统一执行慈善法的配套规章。④取消基金会分支机构、代表机构登记，强化基金会对专项基金等分支机构的主体责任。

（6）增设第五章"信息公开"，对条例中有关信息公开的内容进行整合，建立全面的基金会信息公开制度。①按照年度公开、随时公开和定期公开，分类规定基金会的信息公开义务；②规定登记管理机关和其他政府部门的信息公开义务。

总体而言，《基金会管理条例》修订意见稿建构了与新的慈善法律制度体系相一致的基金会法人制度体系，明确的规定有利于指引基金会法人的行为，鼓励和保障基金会法律关系各方主体的权利义务，体现了与时俱进的立法观念和技术。然而，也有学者指出新规与基金会的实际运作仍存在距离，建议予以修改和补充。（1）注册资金问题，对不同层级登记的基金会提出了不同的注册资金要求，但总体来讲注册资金的额度下限仍然偏高，不利于动员基层的慈善资源，尤其是社区和中西部地区。对于在国务院民政部门登记的基金会而言，要求其注册资金达到8 000万元，意味着其为保证每年的公益支出比例和年度资产余量，筹款压力将日愈增加以至不堪重负。（2）人事选派方面，监事由主要捐赠人、业务主管单位选派，也可以由登记管理机关选派。监事的来源构成应属于基金会资助决定的事项，加以干涉会削弱基金会的内部治理能力，而且监管部门选派的人能够胜任或适合担任监事，容易产生裁判员兼运动员的问题。（3）章程是基金会作为一类社会组织的基本制度规定，体现组织的结构、运行、自律等情况，属于基金会理事会的重要决策活动，在事先征求业务主管单位、登记管理机关的意见后，只报二者备案即可。（4）意见稿始终未提及基金会行业组织参与管理、服务与监督的作用。（5）意见稿中也没有对基金会的年度支出和管理费用标准作出具体规定。（6）意见稿中罗列大量的基金会接受处罚的条款，但未涉及权利救济，如基金会对登记管理机关、业务主管单位的行为如有异议的，则应有权依法提出行政复议或者向法院起诉。❶

对大学基金会而言，修订意见稿仍保留了对基金会的法律性质界定，即"利用自然人、法人或者其他组织捐赠的财产，以开展公益慈善活动为目的，按照本条例的规定成立的非营利性法人"。从目前已经设立的大学基金会制定的章程内容及其所开展的活动来看，是符合慈善组织的认定条件及标准的。根据慈善法对慈善募捐的定义，只有慈善组织才能面向社会公众或特定对象开展基于慈善宗旨募集财产的活动，如果大学基金会不依法取得慈善组织资格，那么其所开展的募捐活动就不属于慈善募捐，况且实践中绝大多数大学基金会都是面向社会公众公开募集捐款的，本来就与其非公募基金会的性质不符，如果没有取得慈善组织资格进而取得公开募捐资格，大学基金会未来将不能"合法"开展任何公开募捐活动。

三、大学基金会法人人格困境

民事主体法理论认为，法人的设立意味着法人独立人格之取得，法人

❶ 徐家良.《基金会管理条例（修订草案征求意见稿）》修改补充建议［J］. 中国社会组织，2016（12）：15-16.

的人格独立主要体现在以自己的名义参加民事活动、独立的财产、独立的责任等方面。❶ 依据现行法律，大学基金会在依法登记设立之后即成为独立的非营利性法人，自主从事民事活动，并用其财产对外承担独立的民事责任。然而，实践中大学基金会往往名义上获得了独立的法人人格，实际上却对所属高等院校甚至教育主管部门具有较高的依附性，主要体现在经费、活动、人事等方面。❷

首先是经费上的依附。大学基金会的注册资金和活动经费主要来源于所属大学，有的甚至连日常开支也长期依靠大学的拨款来维持。根据2017 年年初基金会中心网的统计，有少量大学基金会的净资产总额和捐赠收入甚至为零，设想其多年来如何得以维持运转。如果日常运行都只能依靠大学拨款，那么可想而知这些基金会离开大学的资助根本无法生存。

其次是人事上的依附。大学基金会成立后，所属大学对其人事安排有很大的决定权，一些岗位直接选派具有事业单位编制的行政管理人员担任，许多工作人员还是"两头"或"多头"兼职，不仅影响工作效率，而且权力过于集中，结果导致过度依赖个人而运行不畅。有学者访谈了几个大学基金会的工作人员，记录如下：

> 秘书长出差并不经常，但如果出差的话一定会影响到基金会，因为很多事情必须往后推，有时候会把一些机会给推掉。对于基金会来说，需要的就是劝募更多的捐赠资金，可有时秘书长不在，我们又做不了主，只好让机会流失！秘书长工作太忙了，又是基金会的，又是党政的，人的时间和精力都是有限的，肯定会影响基金会的工作的。

再次是活动能力上的依附。其一，大学基金会的领导人多是学校的行政领导人，关键的劝募活动主要依赖领导人的个人影响力，一旦领导人换届或离职，基金会的政策和运转就会受到影响甚至可能丧失稍纵即逝的筹资良机。

R 大学教育基金会在刚成立不久就获得 1 亿元的社会捐赠。对于

---

❶　彭万林. 民法学 ［M］. 北京：中国政法大学出版社，1997：85.
❷　陈秀峰. 当代中国大学教育基金会研究 ［M］. 北京：中国社会科学出版社，2010：55-78.

如何获取这笔高额捐赠资金，很是让人感兴趣，可在采访中令我们失望的是它的办事人员只清楚这笔资金的来源及使用情况，而对于整个劝募过程并不清楚。整个劝募过程是由他们基金会高层的一位理事成员，也就是他们的校长出面完成的，很多详细细节及过程他们都没有参加。对于这笔捐赠资金的到账程序、使用方案他们都没有参与讨论，他们的工作只是在协议签署之后负责资金的到账情况及使用分配情况。

最近我们学校在更换领导班子，党委副书记要调离。现在党委副书记老是定不了，以前党委书记在时定下的一些政策现在不知道还是否继续，因为有些东西要涉及他的签字和需要他出面，而新的政策又无法制定下来。

其二，大学基金会在开展活动时往往需要借助学校有关职能部门的力量来协调解决。例如，P大学基金会负责人说道："由于我们基金会只负责资金的筹集和分配管理工作，具体的使用情况还是得归学工部来负责。而资金如何使用偏偏又是捐赠人最重视的环节，每一个捐赠人都希望他所捐赠的每一笔资金能够得到最大效用的使用。如果我们筹集到的资金得不到很好的使用，我们基金会将失去信用。所以学工部对捐赠资金的使用承诺是非常重要的。"因此，P大学基金会根据贫困生奖助学金的要求设立了大致的筹资方案，包括具体数额、可能的捐赠人、资金使用方案、对捐赠人的答谢方式等，然后再与学校的学工部进行具体协商，制订具体的筹资方案。

最后是思想上的依附。大学基金会的运作机构以及模式与大学高度相似，打下了深深的官僚化烙印，大学基金会活动的宗旨和动机在很大程度上是政府对大学管控思想的衍生，在大学与大学基金会的关系中，大学仍处于动员资源和控制治理的强势地位，大学行政力量的干涉导致大学基金会的独立性弱化。

在世界多数国家，尽管政府依然是大学经费主要且稳定的"供给者"，但是"没有一所大学特别是研究型大学仅靠政府资助就能够维持其竞争力"，建立在高等教育成本分担多元化理论基础上的高等教育捐赠势必进入慈善资源全球化竞争与市场化主导模式，因此有必要按照与之相适应的行为逻辑来设计相关制度。上述依附性导致我国大学基金会的身份极为尴尬，即介乎官办慈善组织与民间慈善组织之间，具有"准行政服从型"特征，缺乏独立性和自主性，容易滋生依赖性和惰性。因此，破解这种困境的基本思路是转变教育主管部门和大学对大学基金会严格监管的态度，回归大学基金会法人制度设计的初衷，解决制约甚至阻碍我国大学基金会功能最大化的"行政化"体制机制痼疾。大学基金会要想获得生存和发展的空间，也必须摆脱现实中"单向度"的过度依赖，加强自身治理能力建设，主动推动制度创新，通过积极的政策、理论、价值观、文化对制度产生影响，从而获得社会认同和制度资源。

第四章 中美高等教育捐赠的
筹款募捐规则

在美国高等教育的历史上，筹款发挥了重要作用。在过去的 400 年间，担负这项重任的领导人角色也不断演变，从当地的牧师、校长、财务人员、理事、高级教员到校友会秘书长、学校发展事务主管等。随着全面筹款运动的兴起，高等院校纷纷建立自己的筹款机构并招募专业人士，雇用外部的职业募捐者、专业筹款顾问、商业筹款及咨询公司等开展大额筹款活动，由此产生的复杂利益和职业标准引起立法者和社会公众的警惕与关注。在美国，以慈善为目的而进行的筹款是一个受到严格法律监管的活动，其立法复杂多样，表现在联邦、州和地方政府各个层面。尽管执法的范围和强度差异极大，但几乎所有州都制定了慈善募捐法对募捐行为进行较严格的法律监管。我国大学基金会成立于 20 世纪 90 年代初，随着治理能力和专业化程度的不断提升，筹款或募捐活动也逐渐被社会公众所接纳并引起大学管理层的重视，如何更好地筹集慈善资源用于支持高校的发展，筹款行为需要遵循哪些法律规定以及伦理准则，募捐过程中存在何种法律权利义务关系等，这些问题都需要立法予以明确。

第一节　美国高等院校筹款活动法律规制

美国最早的筹款活动可以追溯到马萨诸塞湾殖民地时期，当时的殖民地雇用代理人为新建学院筹集资金，最初筹款活动带有极大的宗教热诚，学校通常会按一定比例将筹款总数的一部分支付给代理人作为佣金。20

世纪早期，随着首次有组织的大额筹款活动的开展，高等教育领域的筹款活动开始日益组织化。"一战"后，专业的筹款顾问开始为大学筹款活动提供建议甚至承办整个筹款活动，20年代，立足于高等院校专司筹资活动的职业筹款人首次出现。30年代，首位负责筹款的副校长在部分私立大学出现。在"二战"后校园扩张的影响下，越来越多的高等教育机构开始招聘自己的筹款人员，随着筹款专业化的呼声高涨，美国校友理事会、高校公共关系协会等组织提议高校专设一名与其他高级管理人员权责相当的且负责公共关系、筹资与校友事务的副校长，随后高等教育机构发展事务的概念产生并引起热议。50年代，各类专业组织包括行业协会应运而生，为筹款人及其筹款活动提供培训和信息来源以及职业伦理标准，大学也开始建立自己的筹款组织并招募专业人员，推动了全面筹款运动的发展和大学捐赠基金的迅速扩张。目前，教育进步与支持委员会（Council for Advancement and Support of Education，CASE）已经成为该领域最专业的机构。其后的35年间，随着私立和公立高校成功地完成若干全面筹款运动，筹款团队的规模、目标和成本也在成倍地增长。80年代末90年代初，由于公共慈善组织的一系列丑闻被媒体曝光，商业化的筹款活动与职业筹款人、筹款公司的介入也引发了社会公众和政府监管机构对大学筹款资金去向、支付开支方式以及馈赠的计算提出质疑，加上筹款行业普遍滋生蔓延的违法和不道德行为，以及一些主要的研究型大学以不当方式向政府收取公共赠款费用，使得联邦和州立法机关加大了对大学筹款活动的法律规制。❶ 筹款立法发展至今，在一定程度上反映了美国政府对筹款和募捐行为不断强化法律监管的态度，目的在于确保慈善筹款与捐赠的目的真正得以实现，这体现了立法者维护慈善行业良性发展的基本立场。时至今日，随着高等院校筹款活动不断推陈出新，大学捐赠基金的总体规模越来越庞大，新的问题层出不穷，这种强化立法监管的呼声和趋势依旧存在。

一、筹款法律概况

联邦法层面关于筹款的规定散见于各类规范性法律文件之中，主要涉

---

❶ ［美］弗兰克·H. 奥利弗. 象牙塔里的乞丐——美国高等教育筹款史［M］. 许东黎，陈峰译校. 桂林：广西师范大学出版社，2011：156-162.

及慈善组织的筹款信息披露、捐赠证据规则、交换条件捐赠、非慈善组织捐赠的信息披露、中间制裁、不相关业务规则、报告要求、游说限制、公共慈善类型、记录保留要求、筹款补偿安排、慈善扣税、对应测试、特殊事件和企业赞助、评估师及罚则、筹款和保险计划等内容。各州慈善募捐法的名称虽然各异，但内容一般都涉及一系列法律定义，如慈善组织与慈善目的、募捐、捐赠、职业筹款人、职业募捐人、商业合作企业等，重点是要求慈善组织和职业筹款人、募捐者在从事筹款募捐活动之前向所在州注册，并提交具有明确内容的报告，其他还包括信息披露、筹资成本限制、可得性记录、禁止性行为和募捐公告要求等。联邦层面主要由税法来规范免税的慈善组织，要求它们提交关于筹款和捐赠方面详细的报告和履行信息披露义务，还特别针对学院和大学的免税审查提供指南，其中包括接受捐赠是否符合慈善目的（是否任何个人从中获利）、捐赠的财产如何处置尤其是估价是否公平、捐赠财产产生的任何收益，以及捐赠的信息披露和筹款成本是否合理等。筹款立法发展至今，旨在加强对筹款和募捐行为的法律监管，保证慈善捐赠和捐赠人的目的能够实现，这符合法律鼓励慈善和维护公平正义的精髓。另外，慈善募捐领域有一些重要的法律议题，如是否应当限制筹款成本和费用，由谁来监管慈善组织和专业筹款人的注册和报告，如何防范和处罚筹款欺诈行为，以及近年来立法者对互联网筹款行为的关注等。

（一）立法历程

传统上，慈善组织的筹款活动原本由最基层的地方政府来管理。"二战"以后，人们越来越明显地意识到这类活动需要在州法层面予以规范。到 20 世纪 60 年代中期，26 个州进行立法，其中 17 个州都要求筹款组织提供年度或特定的财务报告，要求付酬的筹款人或发起者提供独立的报告。21 个州要求在筹款开展之前去取得执照或注册。地方政府一般还要求"挨家挨户"的筹款人在实施任何筹款行动前进行注册并获得许可。

从历史上看，高校的筹款活动一直都是不受监管的。但 20 世纪 80 年代末 90 年代初所发生的一系列公共筹款丑闻，尤其是美国著名的研究型大学斯坦福大学和麻省理工学院在政府赠款申报的会计方法也被爆出存在问题，媒体、教师、筹款专业人士开始监督和批评高等教育筹款活动。这些事件引起联邦和各州立法者的关注，进而推动了针对整个筹款行业及活动的立法进程。1986 年，全国州检察长协会（The National Association of Attorneys General）提出一部示范法（*A Model Act Concerning the Solicitation of Funds for Charitable Purposes*），在州一级规范职业筹款活动。该法几乎涵盖当时所有州的法律实施模式，要求免税的慈善组织详尽地登记和汇报筹款活动细节，且手续相当烦琐，适用的对象当然也包括高等教育机构。教育促进与支持委员会（CASE）试图游说全国州检察长协会，希望协会可以按照长期以来的做法，免除对高校的注册要求。但是，各州对此做法并不一致，马萨诸塞州和俄亥俄州在通过该法时就没有给予高校豁免待遇，而康涅狄格州和俄勒冈州在其监管筹款活动的法律中向高校提供了豁免待遇。教育促进与支持委员会和高等教育界的其他组织继续进行游说，希望为其成员争取豁免，而其他免税组织则开始批评高等教育界寻求特殊待遇。❶

90 年代初，"针对筹款的法案和法规里正在出现一个新的词——控制，例如'对募捐活动的控制'和'对捐赠和银行账户的控制'。过去几个月在宾夕法尼亚州、马里兰州和威斯康星州通过新的法律，明确了慈善团体董事会原来没有阐明的责任，延续了各州对筹款活动监管的趋势以及非营利团体和职业筹款人员之间的关系"。❷ 这一时期的立法对高校筹款和汇报程序产生深远影响，也促使教育促进与支持委员会开始介入高等教育筹款活动并为之制定标准，早期主要针对的是年度捐赠和筹款开支问题。

这种加强法律监管的态势持续至今。截至 2003 年，已有 39 个州在积极地就慈善筹款活动进行立法，管理这些项目的责任被分配到不同的州行

---

❶ ［美］弗兰克·H. 奥利弗. 象牙塔里的乞丐——美国高等教育筹款史 ［M］. 许东黎，陈峰译校.桂林：广西师范大学出版社，2011：142-150.

❷ Bush B. H. Regulations seek greater control of fund raising practices ［J］. Nonprofit Times, 1992：6-8.

政长官身上，有 16 个州将筹款活动报告提交给州检察长，而有 15 个州提交给州务卿（尽管强制执行权仍属于州检察长），还有 8 个州提交给被赋予行政职责的消费者保护机构（其中 5 个州的检察长还保留有普通法上的强制执行权）。最近的提案是纽约总检察长在 2003 年春天向众议院筹款委员会提交的议案。他建议修改立法对慈善捐款中支付给职业筹款人的任何部分不再免税，并且要求慈善组织向潜在的捐款者披露这一比例。这项措施将通过税法强加限制，以提高宪法原则的效力，但开始执行时间尚未确定。❶ 截至 2010 年，已有 40 个州制定了所谓"全面"的慈善筹款法及相关实施细则，也有少数州没有颁布慈善筹款的法律，其余的州选择用不同的方式如信托法、消费者保护法等调整以慈善为目的的筹款行为。然而，"即使在大幅低估的情况下，各州的慈善筹款法案也是多种多样的。这些法律的内容如此不同，以至于任何有可能巧妙地概括它们的各种术语、要求、限制、例外和禁令的陈述都会产生误导。伴随这些法律而颁布和扩展的许多法规、条令和其他形式所强加的要求甚至存在更大的差异。"❷ 也就是说，各州的立法除了错综复杂外，也缺乏相当大的一致性，使得试图建立统一的立法体系变得困难，尤其是在法律、法规和规章等形式并存且有差距的情况下。尽管如此，这些立法仍然存在一些相对共性的内容和特征：一系列定义、慈善组织的注册或类似要求、慈善组织的年度报告要求、特定慈善组织依法全部或部分的税收豁免、职业筹款人的注册和报告要求、与慈善促销行为、记录保存和公众信息相关的一系列要求，涉及筹款慈善组织的合同内容要求、一系列禁止性行为、注册代理要求、互惠协议规则、授予执法人员、民事和刑事处罚以及其他制裁的调查与禁令权等。

---

❶ Marion R. Fremont-Smith. Governing Nonprofit Organizations: Federal and State Law and Regulation [R]. The President and Fellow of Harvard College, 2004: 370-376.

❷ Bruce R. Hopkins. The Law of Fundraising (4th ed) [M]. John Wiley & Sons, Inc., 2009: 47-48.

（二）主要议题

1. 限制筹款费用数额

1980~2003 年，针对州法对筹款费用数额进行限制或者要求将募集资金的特定数额用于慈善目的的规定，联邦最高法院通过对 3 个案例的判决表明其立场。它们分别是：Schaumburg V. Citizens for a Better Environment，❶ Secretary of State of Maryland V. Munson，❷ Riley V. National Federation of the Blind of North Carolina，Inc. 。❸ 在 Schaumburg 案中，法院认为对那些没有在慈善目的上花费所募集资金至少 75% 以上的"挨家挨户"筹款人适用禁止性规定是违宪的，它违反了宪法第一修正案关于保护言论自由的规定。接着在 Munson 案中，州法规定慈善组织花在筹款活动上的费用上限为募集资金的 25%，却允许州务卿搁置这一限制，如果慈善机构能够证明自己在捐款不断增加时能有效阻止这种情况发生。法院再次认定这一法规侵犯了言论自由保障且存在无法克服的缺陷。在 Riley 案中，法院否决了北卡罗来纳州筹款规则对职业筹款人的若干规定：（1）如果职业筹款人的佣金超过募集资金的 35%，法律就推定其属于不合理收入，超额部分依法被要求返还给慈善组织；（2）要求职业筹款人披露近期他所募集到的资金转移给客户即慈善机构的比例；（3）要求职业筹款人在进行筹款之前获得资质，但没有任何条款规定如果资质申请被拒绝将如何采取迅速而有效的行政或司法审查。法院认为，这些要求都违反了宪法第一修正案：（1）它在阻止欺诈方面没有细化到足以保护州的利益；（2）它侵犯了言论自由权；（3）在发生延迟和滥用自由裁量权的情况下未能提供救济措施。这 3 例联邦最高法院的裁决限制了州监管慈善筹款活动的能力，规范非营利和营利性公司所进行的筹款行为却引起了各州的关注。

2. 筹款注册与提交报告

全国检察长协会提出的示范法要求慈善组织详尽地登记和汇报筹款活动细节，且手续烦琐、复杂多样。例如，要求在州进行筹款的慈善组织必

---

❶　444 U. S. 620（1980）.

❷　467U. S. 947（1984）.

❸　487U. S. 781（1988）.

须注册和提交财务报告，筹款运动总结或年度报告二选其一；要求组织在接受超过一定数额的捐赠时提交审计报告，幅度在 10 万~25 万美元；要求职业筹款人和筹资顾问注册和提交报告，在某些情况下也包括债券文书。一些州设置了慈善组织豁免申报的最低门槛，如新墨西哥州规定仅有教育机构和为特定群体如医疗或灾难筹款可以豁免注册和报告；强制执行权被授予检察长或另一位州的行政官员（大多数情况下是州务卿），也存在两者都有的情形。由于全国检察长协会在各州立法机关备受尊重，该法得到各州的积极回应，马萨诸塞州和俄亥俄州率先通过该法案，但并没有给予高等院校豁免待遇，康涅狄格州和俄勒冈州也通过了一项监管筹款活动的法律，却给予高等院校豁免待遇。

由于这部示范法要求提交的文件复杂多样，且在豁免待遇上存在极大差异，使得慈善组织要想在大多数州开展筹款活动需要承受沉重的负担。为了回应这一问题，全国州慈善执行官协会（National Association of State Charity Officials）和全国检察长协会共同制定《统一登记声明》（*Unified Registration Statement*，URS），作为标准化报告项目的一部分，目的就是整合所有州对在其管辖区域内从事慈善募捐活动的非营利组织注册的信息和数据需求，使慈善组织在履行各州募捐法的报告要求时更加规范、简化和节俭。截至 2010 年，已有 37 个州对慈善募捐组织有注册要求并接受该声明，科罗拉多、俄克拉荷马、佛罗里达 3 个州规定有注册要求但没有接受该声明。另外，有 12 个州正参与到由国家慈善数据中心、全国检察长协会和全国州慈善执行官协会协调开展的鼓励电子申报项目之中。

3. 筹款欺诈的构成要件

Riley 案后，就各州能否要求任何形式上看起来与筹款活动有关的信息仍然一个悬而未决的问题。马里兰州、纽约州和宾夕法尼亚州为努力避免违宪的不确定性，要求所有筹款材料（包括影响慈善组织财务信息的陈述）都可供索阅，但这些要求经常难以遵守。在 Madigan V.Telemarketing Associates, Inc.案中，❶ 伊利诺伊州法院认为被告作为专业的营利筹款公司，在进

---

❶ Illinois ex reI. Madigan V. Associates, Inc. 123 S Ct. 1829 (2003).

行电话募捐中时代表慈善机构表示资金将用于慈善目的，但由于被告实际所收取的费用"超额和慈善资产不合理地被滥用"，被告没有告知捐赠者仅有15%的募集资金将捐献给慈善机构，募捐被认为是"故意欺诈和严重失实"。联邦最高法院最终撤销了伊利诺伊州最高法院的判决，指出个别案件中的欺诈行为与法律明令禁止筹款费用过高之间存在显著的差异，后者如果不是建立在欺诈行为之上，就不足以支持潜在的受赠人就自愿支付给筹款人的费用进行欺诈索赔，依据判例法和宪法第一修正案，除非筹款人做出意在欺骗捐赠者其捐款将被如何使用的虚假或误导性陈述。Madigan案的判决重燃了追诉涉及欺诈案件的兴趣，规范欺诈筹款的政策通常更多在于消费者保护方面，这也是全国各州检察长办公室普遍关注的领域。

4. 规制互联网筹款活动

在州层面，关于筹款的最近发展是利用互联网进行募款。全国检察长协会和全国慈善执行官协会在2000年就一份称为《查尔斯顿原则》的文件征求公众意见，该文件是在互联网筹款活动被认为足以纳入州法对慈善组织要求的管辖范围的情况下的一部法律汇编。

5. 独立的慈善监管机构

卡斯特（Kenneth L. Karst）曾撰文建议设立独立的州监管机构，由其负责监管慈善活动以迎合各州对慈善组织多样化的管理模式。他所列举的该机构职责为各州实际操作提供了可能的目录。包括：（1）代替州检察长的监管职位，负责在该州运营的所有慈善组织的登记注册、收集和评估被要求注册登记的慈善组织提供的年度报告（除非有例外）、对可能违反信托责任的行为进行调查、向相应的法庭请求对滥用信托责任采取补救措施；（2）建议和咨询慈善组织管理者，未来运营计划和项目选择、组织管理和投资资金；（3）负责落实运营不当或不合规范的慈善机构的重整计划；（4）负责该州管辖内的资金募集管理，协调或者取代市政的管理；（5）与州和联邦的税务官员合作，向他们报告需要撤销免税的滥用情况。❶但似乎在各州设立独立的监管机构并没有显著的公共利益。事实

---

❶ Kenneth L. Karst. The Efficiency of the Charitable Dollar: An Unfulfilled State Responsibility [J]. Harvard Law Review, 1960 (73): 433-483.

上，自从 1960 年卡斯特的建议提出后，仅有 3 个州采纳了加强州强制执行权的立法，而且其中 2 个后来被废止，仅剩的 1 个也被大大缩略。各州对加强信托责任的监管缺乏兴趣，这与对慈善资金筹款法律监管项目的日益增多形成鲜明对比。尽管如此，各州和部门代表仍努力协调州监管立法，最终的结果是各州广泛地接受《统一登记声明》，一方面是联邦政府意图扩大国税局的执法权，另一方面是为了解决各州在制定互联网筹款政策时所遇到的瓶颈。

二、联邦法层面

联邦政府对慈善筹款的监管主要借助税收制度的所得税法来实现，其他还有如邮政法、消费者贸易法、反托拉斯法、证券法、联邦贸易委员会电话销售规则、网络传播、健康保险问责法案等。其主要内容涉及慈善组织的筹款信息披露，捐赠证据规则、交换条件捐赠、非慈善组织捐赠的信息披露、中间制裁、不相关商业收入、年度报告要求、豁免认可申请、游说限制、公共慈善类型、记录保留要求、筹款补偿安排、慈善扣税、对应测试、特殊事件和企业赞助、评估师及罚则、筹款和保险计划等。

（一）慈善捐赠扣除规则

任何开展筹款活动的慈善组织，必须满足以免税为目的的慈善捐赠扣除规则所提出的四项前提：（1）慈善捐赠物记录要求；（2）慈善捐赠证明要求；（3）交换捐赠规则；（4）捐赠财产评估规则。首先，货币形式的捐赠物实际上包括现金、支票、借记卡或信用卡支付的捐款、可兑换现金的礼品卡转让、电子资金转账礼物、网上支付，或通过工资扣除的捐款等。相关保管记录指的是捐赠者持有从受赠人处获取的，作为捐款记录的银行记录或书面信函。银行记录包括来自金融机构的声明、电子资金转账凭证、已兑现支票、从银行网站获取的已兑现支票的双面扫描图像，或信用卡或借记卡对账单。书面信函包括电子邮件通信。该份文件必须在捐赠人提交捐赠发生所在年份的原始所得税申报单日期之前，或提交捐赠人当年的原始回报的到期日（包括延期）之前，送达捐赠人处。作为一个政策问题，学院、大学及其关联基金会，或其他慈善受赠人必须决定是否重申提供必要的保管记录适用于所有的货币类捐赠，而无论捐赠金额多少。

其次,根据联邦税法,250 美元以上的慈善捐款,只有在捐赠者通过由受赠人提供同期的书面确认书才能证明其捐赠行为,从而获得慈善捐赠的税收扣除,如果捐赠的是商品或服务,那么这一确认书则必须包括对商品或服务价值的诚信估计。明知实情而向捐赠人提供虚假书面证明的慈善组织,可能会因协助和教唆不充分履行税务责任而受到惩罚。慈善信托的捐赠者不需要指定一个特定的慈善组织作为受益人,因此可能没有慈善组织能够为其提供必要的书面确认书,但法律仍要求其提供证实捐助的确存在的文件。数额少于 250 美元捐赠的证明文件由慈善受赠人提供,其记录要求以及证实要求能够通过一份文件得以满足,条件是该文件必须包含上述证明所需的信息,并由捐赠人及时获得或保留可靠的记录。具体内容包括:受赠人的名称和地址、捐赠日期、对财产细节进行充分的描述,以及捐赠的有价证券发行人的名字、证券的类型以及是否公开交易。书面记录的可靠性是由某一特定情况下所有的事实和情节所决定的,比如财产在捐献日的公平市场价值、用于确定价值的方法,以及如果捐献的是衣物或日常用品,其使用的情况等。

再次,交换捐赠是指在一笔支出中,一部分作为捐款,一部分用于慈善组织提供给捐赠人的商品或服务。慈善组织必须向做出超过 75 美元交换捐赠的捐赠人提供书面披露声明:(1)所需的书面披露必须通知捐助人,为联邦所得税目的而可扣除的缴款额仅限于任何款项的超额,或任何财产的价值超出,捐赠人做出的捐赠价值要超出该慈善机构提供的商品或服务的价值。(2)披露必须向捐助人提供对捐助人所收到的商品或服务的诚信估价。(3)慈善组织必须提供有关交换捐赠的征集或收受声明。(4)披露必须以书面形式并以可能引起捐赠人注意的适当方式呈现。

最后,慈善捐赠的价值超过 5 000美元,则需满足一定的评估要求(捐赠的如果是金钱或公开交易的证券则除外),适用这一规定的财产称为慈善性支出扣除财产,其捐赠人必须拥有与该财产有关的合格评估书,并在包含相应扣除项的纳税申报表后附上一份评估综述(8283 表格)。相关法律对何为一份有效的评估及其必须包含的信息条目做了详细规定,比如与捐献的财产相关的特定信息,即对财产的适当描述、对财产(非证券）状况的说明、评估生效日期（相关价值意见适用的日期）和所捐献的财产在该日的公允市价，而且要求评估报告必须由具有资格的评估师依据公认的评估标准撰写而成，比如评估标准委员会制定的《专业评估执业统一准则》（USPAP）。

（二）提供筹款计划信息

提供筹款计划的信息是所有申请免税的慈善组织必须履行的义务。

（1）国税局要求免税组织必须描述其实际和计划的筹款计划，总结其实际使用或计划使用情况、筹款委员会、专业筹款人等。根据其募集工作的进展情况，该组织可以描述一个非常详细的筹款计划，也可以说明它尚未制定任何具体的筹资程序。若该组织已为征求捐款而编写出书面材料，则应附上副本。申请程序必须包含对组织的筹款成本的披露。根据组织存在的时间长短，此信息将反映在申请书中或与申请书一同提交的拟议财务预算中。

（2）慈善组织在年度信息申报中也必须提供与筹款计划有关的特定信息。每年的信息申报表中要求免税组织使用会计职能分析法报告其开支。这种核算方法按职能分配支出，也包括筹款费用。因此，筹款类别中包含的不仅有直接筹款成本（如专业筹款人的费用和电话营销费用），还有分配的部分用于筹款的开支（如具有共同目的邮件）。因此，慈善组织必须保存有关其筹款开支的详细记录。

（3）国税局还将筹款费用定义为与筹款相关的所有费用，包括分配的间接费用，用于宣传和开展筹款活动；征求遗赠、基金会或其他组织的赠款和政府补助；参加联合筹款活动；准备和分发筹款手册、说明书和其他材料；并进行特别筹款活动，以获得捐赠。组织必须报告它们在特殊筹款项目和活动中的收入与费用，并将每类活动的信息分开。通常这些活动包括晚宴、舞会、嘉年华、抽奖、拍卖、宾果游戏和商品上门销售活动。当然，也有一些特定的筹款项目或活动，比如每年仅进行一次的不相关商业活动、学院或大学书店中的礼品销售、捐赠物品的销售业务、法定的专利使用费、完全由志愿者举办的筹款活动以及无报酬的个人从事的业务等也免于纳税。

国税局在稽查免税组织的筹款活动时，通常将重点放在确定该组织是否有告知潜在的捐助者，其为出席活动、购买活动门票，或为获取与筹款活动相关的其他特权或利益而支付的全部金额是完全免税的，而实际上只有部分（或可能没有）付款可被适当免除；是否有任何用于请求支付的筹款活动，而支付的部分目的是作为馈赠的款项，部分是作为为参加某一活动而支付的购买价款，比如慈善舞会、集市、宴会、表演和运动项目等；以及交换捐赠的招标材料和记录、信息披露和提供的物品或服务是否具有非实质价值等，与筹款有关的任何活动是否产生不相关商业收入等。

（三）针对高校筹款项目

1994 年美国国税局专门制定了《学院和大学审查指南》，目的在于为稽查机关建立起一个审查框架和标准，重点关注的是高等教育机构的会计方法、财务信息、薪酬安排、附加福利、合资企业、奖学金和助学金以及不相关业务收入税等问题，也涉及为高等院校募款和学校自身作出的筹款努力。就筹款而言，指南要求"许多高等院校要求大额捐赠，特别是附条件或指定用途的捐赠，必须正式由董事会接受"。它建议税收稽查机关应该检查这些董事会会议记录以及所谓筹款委员会的会议记录（包括预算、财务、发展或进步），以找出任何带有"可疑"条款的附条件捐赠。例如，一项附有使用指定的建筑师或特定的建筑公司条件的校园建筑捐赠。指南指出如果捐赠人和该条件的受益人（在上例中即建筑师或建筑商）存在"不到一臂臂长的关系"的话，这类条件就意味着一项"私人利益"，从而危及慈善捐赠的免税待遇。

国税局稽查机关一般要审查高等院校的筹款项目，从而决定捐赠人是否获得了足以影响其捐赠减免税待遇的利益。机关应审查负责募捐和捐赠账目的高级雇员，获取其活动和职能的描述。另外，还应审查与捐赠相关的内部报告，尤其强调捐赠人清单、受限制的捐赠和实物捐赠，以及审查协议和书信以确定捐赠是否受到限制、被指定用途或附有提供给捐赠人好处的条件等。

国税局指示稽查机关审查捐赠的财产如何被处理，即财产如何被估价，高等院校是否保证自己的估价，以及价值是否签发在提供给捐赠人的收据上。稽查机关必须判断高等院校是否存在任何对财产的估价少于捐赠人所声称的价值的行为。

国税局还要求稽查机关检查高等院校是否完成国税局所要求的超过5 000美元以上捐赠财产必须填报的表格部分，该表格的内容涉及高等院校是否有与捐赠的财产相关的任何收益，包括销售、置换、转移、消费或其他自收到之日起两年内的处理情况。另外，稽查机关还应检查高等院校是否遵守证据要求和交换条件规则，是否在捐赠的不动产被抵押的情况下存在任何无关的债务融资收入，高等院校与金融机构之间管理各种基金的任何代理协议（检查是否存在内部人分配或私人利益行为），以及是否按联邦税法规定的减免税比例对个人捐赠进行扣减，等等。

三、州法层面

自20世纪60年代起，联邦和州开始对以教育、慈善和类似目的发起的资金筹集活动进行立法与监管。迄今为止，已有40多个州制定有"慈善募捐法"（Charitable Solicitation Acts），以便对在其管辖区域内从事募捐活动的慈善或其他的非营利组织进行法律监管。如前所述，各州立法深受1986年全国州检察长协会示范法的影响，也或多或少受到联邦最高法院统称为"莱利三部曲"（Riley trilogy）所确立的原则影响，即禁止在募捐开支的比例上设定任何固定限制，以及对募捐成本的限制性规定等。[1]

慈善募捐活动被公认为言论自由的权利而受到联邦宪法的保护，各州有权在自己辖区内规范和保护慈善募捐行为，有权要求募捐的个人和组织登记并定期报告，或在具备合理理由的情况下，授权监管机关对慈善募捐活动进行调查，并对侵权行为执行补救、罚款和监禁等指令，当然这些权力的行使必须遵循宪法所规定的言论自由、正当程序、平等保护以及成文法的限制，不得以任意方式滥用。各州制定慈善募捐法案是为了保护公众免受以欺诈或以其他方式，与其目的相违背的慈善机构的名义筹款。例如，《加利福尼亚慈善募捐法》的"序言"部分规定，"在为实现慈善目的而进行的募捐和推广，不得存在欺诈、欺骗和强加给州人民的情况"；

---

[1] Putnam Barber. Regulation of Charitable Solicitations in the United States of America［R/OL］. July 2010, http：//www.eskimo.com/-pbarber/tess/docs/istr_ draft.pdf.

科罗拉多州的立法机关指出，"欺诈性的慈善募捐是这个州普遍存在的做法，每年导致捐献者和合法慈善机构蒙受数百万美元的损失"，其"序言"部分补充说："合法的慈善机构受到这种欺诈的损害，因为可供捐款的资金不断被欺诈性的慈善机构侵吞，而且捐助者的善意和信心不断受到不法律师的破坏。"正如法院所总结的，各州的慈善募捐法案通过"消除非法慈善机构"来增强"捐助者的信心"，但也有人担忧它们在纠正和预防募捐违法行为方面可能收效甚微。

（一）一般法律术语

1. 募捐与筹款

各州法案通常以一系列定义开篇，关键术语有"慈善组织""专业筹款人""专业募捐者"和"慈善销售活动"等，大多都含有"慈善的""募捐"的字眼，较宽泛的定义几乎涵盖每一种可能的筹款类型。值得注意的是，"募捐"一词（solicitation）的使用显然要早于筹款（fundraising）的出现，但后者随着慈善募捐的专业化、职业化以及全面筹款运动的蔓延开来而得到更广泛的传播。募捐，是指"任何为了慈善目的或者有利于慈善组织的，直接或间接地请求金钱、信用、财产、经济援助或其他任何类型与价值的行为"。❶ 募捐可以"以任何方式进行"，包括口头和书面两种形式，可以通过一个面对面的请求、邮件、传真、广告、其他出版物、电视、广播、电话或其他媒介，也可以利用互联网进行（如何规制"互联网募捐"行为的相关立法正成为联邦和各州慈善募捐法眼下所关注的焦点）。法律并不要求募捐一定是成功的，也就是说实际上是否达成捐赠并不重要，判断的关键是该活动是否具有募捐的性质。

募捐，有的也称"劝募"，包括以下五项法定的构成要件：（1）劝募的主体须为慈善组织（尽管各州对慈善组织界定的范围和种类不完全重合，但总体讲要比联邦税法的规定狭窄很多，其他组织如教会、宗教组织、教育机构、图书馆与博物馆、政治组织等也可以在不受州法监管的情况下进行劝募，如有的州就将学院和大学排除在慈善募捐法所规定的注册

---

❶ Bruce R. Hopkins. The Law of Fundraising [M]. John Wiley & Sons, Inc., 2008：8.

或年度报告义务之外）；（2）劝募须以慈善为目的（各州对"慈善"的定义不一，但往往比联邦税法更加宽泛，有的州甚至还将为慈善组织参与政治或立法活动进行的募捐纳入其中，为特定个人进行的募捐通常不属于法律监管的范围）；（3）募集的标的物为财务，包括动产、不动产、知识产权、现金等；（4）劝募的对象很多，包括个人、法人、非法人社团、其他慈善组织等；（5）劝募的方式有很多种，包括向对象发邮件、举办劝募酒会、街头募捐、义卖、义演等。❶ 值得注意的两点是：第一，募捐是否包括从私人基金会和其他非营利组织尤其是政府部门及其代理机构寻求资助。有十几个州的法律明确将请求政府拨款排除在募捐之外，但也有州法囊括从私人基金会和其他非营利组织或政府部门及其代理机构寻求资助的行为。第二，"捐赠"是指捐赠人支付给慈善组织但不接收任何物质价值回报的行为，捐赠的形式包括捐款、遗赠或任何具有价值的财产形式，甚至包含对募捐所作出的承诺。比如南卡罗来纳州就规定："捐款包括任何价值和形式的承诺、赠予、抵押、贷款或者援助。"服务、会员费、借款、交换捐赠等通常不属于"捐赠"，但也有例外的规定。

2. 募捐主体类型

许多州的立法采用不同的术语来指称为慈善组织提供筹款咨询与服务的专业人士或组织，常见的有专业筹款人（Professional Fundraisers）、专业募捐者（Professional Solicitors）、专业筹款顾问（Professional Fundraising Counsel）、商业筹款公司（Commercial Fundraising Company）等。这些术语极易产生混淆，但它们在法律上有各自特殊的含义，造成这种情况的原因，除了各州法的习惯性措辞不一致外，还在于实践中这些角色和身份之间的界限日渐模糊。区别不同类型主体的法律意义在于，州法对他们的行为及法律责任有着不同的规定，主要体现在注册登记和信息披露等方面。

严格地讲，专业筹款人的法律定义是：任何通过签订书面协议，收取固定的费用，代表慈善组织或为其利益直接或间接地为募捐和捐赠相关的计划、行为、管理、执行、建议或者充当顾问的人。专业筹款人的作用是

---

❶ 褚蓥. 美国公共慈善组织法律规则［M］. 北京：知识产权出版社，2015：153-159.

为慈善组织的募捐活动提供策划、组织、建议、咨询或准备材料等服务，并不直接参与实际的募捐活动，所以一般不直接接触潜在的捐赠人或者接受和处理任何与捐赠款项有关的业务。慈善组织的雇员、志愿者、律师、投资顾问通常被排除在外，即使是在他们建议委托人或客户向慈善组织捐赠的时候。专业筹款人往往是营利性公司，可以同时为多个客户工作，提供如下列服务：设计筹款运动，制作募捐物资，雇用、监督和补偿那些直接劝募、打电话或通过其他方式劝募的个人，汇集保护和筛选收件人名单的邮件，接收和处理承诺和其他回应，分析和评估结果以及许多其他的服务。如今，专业筹款人的职能也出现分化，一部分人还是担任原来的咨询者的角色，而另一部分则开始直接从事劝募活动。

专业募捐者是指任何被慈善组织以慈善为目的的募捐而雇用或给予补偿的人，少数州也称为付酬的募捐者（Paid Solicitors）。专业募捐者为获取报酬而负责向劝募对象说明其捐赠的现金、财产、经济援助或者其他财物全部或部分将会被用于慈善组织或者其他慈善目的。专业募捐者与专业筹款人最根本的区别在于，前者是到第一线去从事劝募活动，而后者从事的是幕后的组织、咨询与策划工作。❶专业募捐者的活动范围通常在一州管辖范围内，包括三种类型：第一种是代表慈善组织募捐的个人或公司及其雇员或代理；第二种是在为慈善组织募捐的人的指导下，通过代理或雇员进行募捐的个人或公司；第三种是为慈善组织提供与募捐相关的计划、行动、管理、执行、建议或作为顾问，但不属于专业筹款人的任何个人或公司。一般来讲，专业募捐者直接从事募捐行为的方式包括挨家挨户拉票、在公共场所安置和收集捐赠物品、通过电话劝募等。

慈善组织的机构发展经理（有的也称劝募经理）是组织的职员，也是直接负责劝募活动的人。虽然其并不属于州慈善募捐法直接规制的对象，但其作用不小。一般来说，组织的劝募计划是由其负责制定的，日常的劝募活动由其负责管理，劝募对象也经常由其最终把关。另外，招募与培训志愿者和劝募人员、批准开支、制作完成劝募活动总结等事项，也属

---

❶　褚蓥. 美国公共慈善组织法律规则［M］. 北京：知识产权出版社，2015：166.

于其职责范围之内。

商业合作人（Commercial Co-venturer）指的是以营利为目的经常地直接参与慈善组织的商业活动，以及为使他人购买或者使用其提供的服务、商品、娱乐或者其他事物而进行宣传的人，但是单纯为慈善组织劝募资金的人除外。❶ 比如，有的企业通常会向公众表明，在某一特定时期内出售商品或服务所得的部分价款将捐给慈善机构，就符合"慈善促销"的法律定义，即为"广告或销售活动，由商业合营者举办，它表示购买或使用由该合营者提供的商品或服务将使慈善组织整体或部分受益，或服务其宗旨"。当零售商或其他商家通过许诺其销售的产品或服务将用于慈善目的来进行促销，那他们就属于参与慈善促销活动的商业实体。在一些辖区，商业合作需要注意与此类促销活动有关的特殊规定或者慈善募捐实例中的一些规则。

专业律师在劝募活动中的重要作用是保证劝募活动的合法性。其承担着督促劝募组织及时注册与提交年报、协助制作注册申请与年报、审查所有的协议与劝募文件、提供法律咨询等责任。会计是确保慈善组织劝募活动财务合法、公开的重要角色。其承担着制作财务报告、进行财务控制等职责。同时，鉴于慈善组织的劝募所得款账目都是需要公布的，所以，有相应资质的会计应是慈善组织的必备人员。❷

（二）主要法律规定

1. 慈善组织的注册与报告要求

目前除了佛蒙特州、印第安纳州、爱荷华州等 10 个州以外，其他的州都要求慈善组织第一次在该州募集资金开始前需要进行注册，只有通过首次注册才能获得该州的劝募资格。这样做是为了筛选掉不符合募捐资格要求的慈善组织。例如，宾夕法尼亚州要求任何组织在该州进行募集资金前向该州慈善组织管理局注册，但以下符合法律特定标准的组织可以豁免注册：（1）宗教组织、执法人员、消防员和其他保护公共安全的组织；（2）教育机构、医院、退伍军人组织、志愿者消防员组织、救护协会、救援协会、非营利性公共图书馆、老人中心、养老院和家长教师协会；

---

❶❷ 褚蓥. 美国公共慈善组织法律规则 [M]. 北京：知识产权出版社，2015：167.

（3）每年收到捐赠少于 2.5 万美元且不补偿任何进行募捐的人的组织。❶
为此，慈善组织必须缴付注册登记费，州政府监管机构通过这一过程收集
慈善组织及其募捐活动的广泛信息，并制定有必要的登记表格。首次注册
申请时需要提交的文件一般包括：（1）990 表格、990-EZ 表格或 990-PF
表格；（2）慈善机构的设立文件，即设立章程、内部章程等；（3）注册
表格；（4）其他。上述文件一般都要求由慈善机构的主要负责人和/或财
务总监联署。注册需要交注册费，各州规定的标准并不相同，也有一些州
是依据每年募得的善款数额来征收注册费，也有州不收注册费。❷

　　有很多州规定慈善组织在该州募集资金达到法定标准后，需要在每一
会计年度到期后向管理当局提交材料以供其审查（也有的州没有规定具体
的资金数额），即年度注册。如果有慈善组织违反了州法的规定，则不能
在该州进行下一年的劝募活动，这是州法对当年内开展募捐活动的慈善组
织的有效监管。关于年度注册需要提交的文件，各州的要求也不太一致。
例如，宾夕法尼亚州法要求慈善组织提交的年度报应包括确认所在地、领
导层和该组织得益于募捐的其他细节等信息，他们经常要求附上作为联邦
信息反馈的 IRS990 表格，也要求附上外部审计报告或其他资料。如果慈
善组织年度捐赠总额超过 2.5 万美元则必须上报经审阅的财务报表，如果
年度捐赠总额超过 10 万美元必须上报经审计的财务报表。这些经审计和
审阅的财务报表必须附有一份由获得许可的独立的会计师或注册会计师起
草的报告。❸ 有的州要求慈善组织在年度注册时提交一笔注册费，但标准
不一。

　　《统一登记声明》（URS），作为标准化报告项目的一部分，目的是整
合所有州对在其管辖区域内从事慈善募捐活动的非营利组织注册的信息和
数据需求，使慈善组织在履行各州慈善募捐法的注册和报告要求时更加规
范、简化和节俭。"但是，并不包括财务报告的披露。URS 表格可以在各
个接受 URS 州之间通行，但是如果州政府要求其他的信息或文件，则申

❶ Pennsylvania's Solicitation of Funds for Charitable Purposes Act, 10 P. S. § 162. 1.
❷ 褚蓥. 美国公共慈善组织法律规则 [M]. 北京：知识产权出版社，2015：172-175.
❸ Pennsylvania's Solicitation of Funds for Charitable Purposes Act, 10 P. S. § 162. 5.

请人还是要根据州的规定，提交额外的文件。在签字方式、是否需要联署等问题上，也需要根据州的规定来完成。而且，申请人提交申请文件的对象不是全国各州慈善执行官协会（NASCO）或者其他机构，而是州政府制定的机关"。❶

2. 对专业筹款人与专业募捐者的注册要求及保证金制度

专业筹款人应在其所代理的慈善组织进行募捐活动的州进行注册备案，且必须在采取募捐行为之前完成。注册通常一年期有效，如超过注册设定的某一指定日期，可以更新。在许多辖区内，专业筹款人也被要求缴纳一定数额的履约保证金，比如 2.5 万美元、2 万美元、1.5 万美元、1万美元、5 000 美元或 2 500 美元。如果专业筹款人在进行慈善募捐活动中有任何的渎职、不作为或不当行为，保证金可用于弥补该行为所造成的任何损失。法律除了要求专业筹款人提交年度报告外，还要求他们在法定期限内（通常为 3 年）保留准确的账簿和记录。职业募捐者也有登记注册、遵守章程，提交年度报告、披露相关信息等法定义务，年度报告通常要求综合以下财务信息，包括从该州居民募捐到的款项、筹款人支出和费用，以及客户清单和其他组织上的细节等；缴纳保证金的数额分别为 5 万美元、2.5 万美元、2 万美元、1.5 万美元、1 万美元或 5 000 美元。二者主要的区别是注册要求的内容不同及保证金标准有所差异。

以宾夕法尼亚州为例，专业募捐者必须在为慈善组织筹款前在该州注册，而筹款顾问（专业筹款人）必须在提供与募捐有关的服务前在该州注册。二者都必须提交年度注册报告，在开展募捐运动、事件或提供服务前至少 10 天将与慈善组织签订的合同复印件备案。募捐者注册声明必须包含以下信息：（1）募捐者主营业务地址或任何在宾夕法尼亚州的地址；（2）募捐的业务形式；（3）负责人包括所有高级职员、董事和所有者的姓名和居住地址；（4）是否任何所有者、董事、高级职员或雇员由于血缘、婚姻或收养以及合同而与任何其他的董事、高级职员、所有者或雇员有关系，或者基于合同与提供给慈善组织商品或服务的任何供应商或卖方

---

❶ 褚蓥. 美国公共慈善组织法律规则 [M]. 北京：知识产权出版社，2015：176.

有关联；(5) 所有负责募捐活动的人的名字。❶

募捐者与慈善组织订立的合同必须是书面的并包含以下内容：
(1) 慈善组织在州管理局注册的法律名称和地址；(2) 将要开展的募捐运动的慈善目的陈述；(3) 募捐者和慈善组织各自义务的声明；(4) 捐赠所得收入移交给或由慈善组织保留的最低比例的保证声明；(5) 将补偿给募捐者的收入比例声明；(6) 合同生效和终止的日期，以及募捐活动在宾夕法尼亚州开始的日期。❷

募捐者必须在开始募捐前 10 个工作日提交书面的募捐公告，该公告须交纳 25 美元费用并包含以下内容：(1) 募捐事件或运动的描述；(2) 募捐将要进行的每一个位置和电话号码；(3) 负责执行和监督募捐活动以及实施募捐行为的每个人的名字和居住地址；(4) 募捐者是否随时保管或控制捐赠的陈述；(5) 存放募捐所得的每一个银行账户号码和位置；(6) 一份关于将要开展的慈善募捐运动全面而公正的描述；(7) 募捐运动或事件将要开始或举行及终止的日期。❸

最后，募捐者必须交纳 2.5 万美元的保证金，并在每一项募捐运动结束后的 90 天内提交报告，超过 1 年的募捐运动可提交年度报告。❹ 这些报告必须详细说明募捐运动收到多少公众捐赠，扣除募捐者和所有相关费用后实际捐赠给慈善组织的总额是多少。❺

筹款顾问的声明必须包括以下信息：(1) 顾问主营业务的地址和任何在宾夕法尼亚州的地址；(2) 顾问业务的形式；(3) 顾问的主要负责人，包括所有高级职员、董事和所有者的名字和居住地址；(4) 是否任何顾问的所有者、董事、高级职员或雇员由于血缘、婚姻或收养而与任何其他的董事、高级职员、所有者或雇员有关系，或因合同而与慈善组织的职员、董事、受托人或雇员有关联，或者基于合同与任何为慈善组织提供

---

❶ Pennsylvania's Solicitation of Funds For Charitable Purposes Act, 10 P. S. § 162. 9 (a).

❷ Pennsylvania's Solicitation of Funds For Charitable Purposes Act, 10 P. S. § 162. 9 (f).

❸ Pennsylvania's Solicitation of Funds For Charitable Purposes Act, 10 P. S. § 162. 9 (e).

❹ Pennsylvania's Solicitation of Funds For Charitable Purposes Act, 10 P. S. § 162. 9 (c).

❺ Pennsylvania's Solicitation of Funds For Charitable Purposes Act, 10 P. S. § 162. 9 (i).

商品或服务的供应商或卖方有关系；（5）负责募捐活动的任何人的名字。❶

筹款顾问与慈善组织订立的合同必须是书面形式的，并包含以下基本内容：（1）向管理局注册的慈善组织的法律名称和地址；（2）关于募捐运动开展的慈善目的陈述；（3）顾问和慈善组织各自的义务声明；（4）将支付给顾问的费用的清楚陈述；（5）合同生效和终止的日期，以及与在宾夕法尼亚州进行的募捐活动相关的服务日期；（6）顾问在任何时候都不保管或控制捐赠的声明；（7）慈善组织行使控制权和批准任何募捐的内容和数量的声明。❷

3. 信息披露

各州的慈善募捐法包含大量的披露要求，并且有着日渐增多和严格的趋势。例如，"主动披露的信息包括：申请信息、年度报告、与劝募顾问及劝募人的协议、其他信息。公开的方式是将信息提交州机关，由其按法定程序公开"。而且，慈善组织提交给监管机构的注册和报告材料被视为公开文件，可以应公众的要求提供索阅。比如，"披露声明是慈善组织在公开劝募时提交的保证自身会依照规定披露与劝募相关信息的声明……应在劝募过程中及接受善款时公开展示"。❸ 以募捐公告的备案制度为例，该公告必须经过宣誓，且包括以下描述：募捐事件或运动、募捐所进行的地点和电话号码、在募捐过程中所有雇员、代理人或其他人的名字和居住地址、接收到的募捐存放的银行账户号码和地址。募捐运动文本副本（包括口头方式提出）必须附在募捐公告之后。募捐者所代表的慈善组织必须证明募捐公告及其附属材料是"真实而完整的"。有的州还要求募捐公告提供额外的信息，例如募捐者是否在任何时间保管募捐所得，一份关于所进行的慈善运动"全面而公正的"描述、所使用的筹款方法、募捐发生和终止的日期、过去6年内关于专业筹款人从事募捐活动的任何调查和诉讼信息。有的州也要求提供慈善组织和专业筹款人之间的合同作为募捐公

---

❶ Pennsylvania's Solicitation of Funds For Charitable Purposes Act, 10 P. S. §162.8（a）.
❷ Pennsylvania's Solicitation of Funds For Charitable Purposes Act, 10 P. S. §162.8（d）.
❸ 褚蓥. 美国公共慈善组织法律规则［M］. 北京：知识产权出版社，2015：177.

告的附件，或者要求专业筹款人在筹款结束后提供涉及该慈善组织的相关账目。

另外，有些州的监管机构在网上公布已注册的慈善组织和专业筹款人清单，也通过编制年度报告或多或少地突出花费在筹款活动或被专业筹款人所保留的募集资金比例。有的州监管机构还提供电话接入，有时是一个免费电话号码，允许公众成员发现某个特定组织是否已经注册和提交要求的报告，并通过将注册文件中总结性信息汇总给来电者。

目前较普遍的做法是要求公开慈善组织与其专业筹款人或专业律师之间的合同内容（通常情况下，该合同必须得到慈善组织理事会的批准），甚至要求专业筹款人或专业律师必须披露通过募捐所得到的报酬。如有的州法要求慈善组织与专业律师之间的合同必须包含足够的信息，以使监管部门能够确定专业律师所提供的服务和补偿的方式，有的要求明确说明当事各方各自的义务等，如载明提供服务所涉及的人数、提供服务的时间，以及有关服务的补偿方法和计算公式等。

4. 违禁行为

几乎所有州的慈善募捐法都列举了许多种禁止性行为，称为"违禁行为"清单。目的是让慈善组织和那些在募捐过程中帮助它们的人熟悉并回顾每一类适用的禁律。这些规则除了适用于前述几种主要的募捐主体外，同样适用于向该州的居民募集资金的其他任何人，甚至包括排除在注册或报告要求之外的个人或组织。

概括来讲，各州规定个人的违禁行为主要包括以下几种：

（1）任何人未经慈善组织的任一高级职员、董事或受托人同意，不得以其名义从事慈善募捐。这一禁令通常适用于在信笺上或在广告或小册子中使用任何个人的名字，即使他是捐赠、赞助或认可过慈善组织的人。

（2）任何人不得为了慈善募捐的目的，而使用另一慈善组织或政府机构所使用的或与之高度相似而可能引致混淆或误导公众的名称、符号或陈述。

（3）任何人不得利用或滥用在州注册的事实，来引导公众相信以任何方式注册都构成该州的认可或批准。

（4）任何人不得以任何方式、手段、做法或设置，来欺骗或误导任何人相信其所代表的正在进行募捐活动的组织，该募捐所得的收益将用于慈善目的，而情况并非如此。

（5）任何人不得表示募捐行为是为了或代表慈善组织，或者未经慈善组织的适当授权而以其他方式诱导公众作出捐赠。

有的州还规定，禁止慈善组织将从募捐中获得的总收入的实际或预估百分比大于最初向捐赠者确定的数额；有的州规定，如果个人被判犯有以虚假名义获得钱财或财产的罪行，则为该个人请求慈善捐赠也是被禁止的行为，除非公众在参加募捐之前就被告知该人有罪。

针对慈善组织的违禁行为规定（在某些情况下，也针对代表其行事的人）主要有以下内容：（1）歪曲募捐的目的；（2）歪曲慈善组织的目的或性质；（3）从事与慈善组织的免税目的无关的金融交易；（4）损害或干扰慈善组织完成其免税目的的能力；（5）将"不合理的资金"用于筹款或管理。

有些州还制定了违反"不公平或欺骗性行为和做法"的单项法律，也构成慈善募捐违禁行为的补充性规定。

5. 筹款成本限制

在慈善筹款领域最具争议的问题之一就是筹款成本。基本一致的看法是筹款成本应当是"合理的"，但具体就如何确定"合理性"还存在诸多不一致甚至误解。许多州曾努力防止慈善组织在其辖区内用"高昂的""不合理的"或"过度的"的筹款成本去募集捐赠，传统的做法是如果一个慈善组织筹款成本超过收到捐赠总额或收入的一定比例，就拒绝它在该州申请募捐的许可。这一比例上限有两种形式：（1）绝对限制，例如一个无须证明合理性的特定百分比；（2）一个可辩解的限制，即可以通过证明筹资支出比例实际上是合理的来越过法定的百分比。但是，由于慈善组织募捐的言论自由权利受到宪法的保护，所以目前很多州都已经废止了此类规定，比如禁止实际接受到募集捐赠少于90%的慈善组织、职业筹款人或职业募捐者在州注册，筹资成本超过总捐赠所得的30%被推定为不合理，禁止职业募捐者的薪酬超过总捐赠收入的25%或15%等。目前，许多州都要求慈善组织与专业筹款人或职业募捐者就合同约定的补偿比例做出声明，比如"保证从捐赠总收入中移交给慈善组织的最低百分比"和"募捐者将从募捐总收入中得到的补偿比例"。有的州设置信息披露义务，要求募捐者披露慈善组织将得到的资金比例，或应潜在的捐赠人的需求而披露，或要求在该州注册的慈善组织披露筹款成本的比例，或在募捐说明书中包含慈善组织直接从该州募捐所得的财务和其他信息。

6. 可得性记录保留

各州均要求以下信息必须备案，包括申请注册、年度报告、涉及慈善组织、专业筹款人、职业募捐者和商业合作企业之间的合同与其他文件等，尤其是募捐活动中记录的捐款人名录和财务支出信息等。上述记录属于从事募捐的慈善组织及其代理人，并由其保存，但在法律上属于公共记录，即在规定的时间和条件下对公众开放以供其查阅，通常情况下是募捐活动结束后的 3 年内。各州负责相关事务的官员在任何合理的时间内都有权要求公开查阅这些记录，且记录必须是"真实而完整的"，以确保遵守州法关于信息披露和可得性记录的规定。违反该规定的专业人员将受到惩罚，经监管机构催告仍未改正且不缴纳罚款的，情节严重者将会被停止执业资格或收到法院禁止令，禁止其在本州的区域内再开展任何的慈善募捐活动。

除了上述法律规定外，各州还详细规定了慈善募捐的监管机构及职责，负责具体的审查事项，包括合同审查、注册审查和信息披露等，对违反禁令的行为实施处罚或展开起诉调查，以及签订州际之间互惠政策协议、涉外管理等。但是，各州专门监管慈善募捐行为的机构名称不一，如明尼苏达州设立的非营利组织局（Bureau of Charitable Organization），南卡罗来纳州规定在州务卿下设一个专门管理慈善组织的部门，由州务卿直接负责，该部门的行政首长由州务卿任命，等等。

值得注意的是，各州慈善募捐法还规定了有些慈善组织可以豁免适用上述规定，如教会、医院、退伍军人组织、警察和消防员组织等，学院和大学及其关联基金会（有的甚至包括校友会等）也是最普遍的豁免对象之一。有的州对特定类型的教育机构免除了遵守该州慈善募捐法的全部责任，但更常见的做法是仅免除其注册和报告的法定要求，理由是这些机构一般在特定范围内（如学生、校友、教员和受托人及其家庭成员）募集款项，而且在筹款过程或资金使用的滥用情况很少，在已经向州或联邦充分报告的情形下再重复报告会给监管机构造成不必要的负担。当然，每所学院和大学都有责任搞清楚其募捐所在州的法律，以确定自己及其附属实体是否享有任何的豁免权。

四、行业标准

筹款活动的专业化、职业化和整个行业的迅猛发展引发美国社会各界对其职业道德标准的关注，尤其是在 20 世纪 80 年代末，一系列公共筹款丑闻的曝光以及筹款诈骗问题的频发，促使联邦和州政府通过立法加强对筹款活动的法律监管，媒体、筹款协会以及捐赠者等也纷纷提出质疑和问责。美国筹款委员会理事会（Council on America Fundraising Committee，CAFC）、全国筹款执行官协会（National Society for Fund Executives，NAFE）和全国遗产捐赠委员会（National Committee on Planned Giving，NCPG）等专业筹款协会都通过了明确的道德规范标准，以指导协会成员进行募捐和其他活动。以美国专业筹款人协会（Association of Fundraising Profeesionals，AFP）1964 年发布的《筹款道德准则》为例（该准则于 1984 年、2004 年、2007 年、2009 年、2014 年均作出过修订），主要包括四个方面的内容：（1）公共信任、透明度和利益冲突；（2）慈善基金的劝募与管理；（3）机密和专有信息的处理；（4）薪酬、奖金和中间人费用。❶ 该协会还于 2006 年发布《国际筹款伦理守则》（The International Statement of Ethical Principles in Fundrasising）并陆续翻译成多国语言，该守则提出"诚实、尊重、廉正、移情、透明"五个通用职业伦理原则以及六项筹款领域的实践准则，具体包括"筹款人在捐赠方面的责任""与利益相关者的关系""负责通信营销以及公众信息""管理报告、财务以

---

❶ AFP Code of Ethical Standards［EB/OL］. http：//www. afpnet. org/Ethics/EnforcementDetail. cfm？ItemNumber=3261.

及筹款成本""支付款项及报酬"和"符合国家法律"。❶

在高等教育领域，从20世纪60年代初斯坦福大学发起"挑战性时代行动计划"（Plan of Action for a Challenging Era，PACE运动）起，"全面筹款运动"就开始席卷高等院校成为最先进的筹款方式。后来，斯坦福大学和麻省理工学院在政府赠款申报的会计方法上被爆出存在问题，高校向超额完成筹款目标的资源发展官发放奖金、全面筹款捐赠数额的计算方式以及如何支付筹款运动开销等问题也引发争议。时任教育促进与支持委员会主席的布坎南（Buchanan）就呼吁高等教育界"反思我们的行为，重新审视筹款运动的问责制标准"，并带领筹款学术界制定筹款标准。

为了改善高等教育界在公众心目中的形象，帮助高等教育筹款行业确立行为准则，1982年、1986年教育促进与支持委员会联合全国大专院校行政事务官员协会、美国筹款委员会理事会和董事会联合会共同提出高等院校管理报告标准，主要针对的就是年度捐赠和筹款开支的问题。主要规定如下：只有在一场筹款运动规定的时间内获得的捐赠或认捐才能计入筹款总额（高校不能"回头"，将筹款运动开始前的捐赠计算在内，也不能在宣布筹款活动时段后再延长运动持续的时间）；认捐必须在5年内兑现；正式宣布之前开始的筹款运动的项目准备时间也算作整个筹款时段的一部分；捐赠和认捐只能在一场筹款活动内计算，不能重复计算；没有兑现的认捐必须从筹款总额中减去；来源于政府的资金不能算在筹款总额内；延缓支付捐赠必须是不可撤销的，才能算入筹款总额；捐赠人必须年满70岁以上才能进行遗嘱捐赠。除了这些标准以外，这份文件也介绍了一些如何确定捐赠价值的有效方法。标准适用的捐赠种类包括有价证券、私人控股公司的股份、房地产、个人资产、余额慈善信托基金、共同收入基金、慈善捐赠年金、慈善有限信托、由他人管理的信托财产、遗嘱捐赠、遗产馈赠人寿保险、赠予合同。该标准甚至还建立了一套步骤程序，专门处理筹款运动中逝世的捐赠人的遗嘱捐赠。这些标准背后的依据是："一场筹

---

❶ International Statement of Ethical Principles in Fundraising（Revised April 2017）［EB/OL］. http：//www. afpnet. org/Ethics/IntlArticleDetail. cfm? ItemNumber＝3681.

款运动的目标完成得好坏，远比筹集多少款项的目标更重要。衡量筹款运动成败的主要标准，应该是高校能否很好地满足自身的需求，完成自己的独特使命。"支持者如教育进步与支持委员会称，如果所有高校都遵守这些准则，那就较容易对不同高校的筹款运动进行比较，特别是统一捐赠价值的计算方式可以终止对捐赠承诺使用可疑的、不恰当的计算方式。当然，有一些专业人士并不赞同这些标准，他们认为这些标准剥夺了各高校自主决策的权力，例如如何确定筹款时间的长短、决定计算哪些捐赠和如何确定捐赠价值。❶

2014 年 7 月，CASE 通过《教育机构专业筹款人员实践原则》（Principles of Practice for Fundraising Professionals at Educational Institutions），旨在为教育机构专业筹款者和志愿者提供道德选择的指导。具体内容如下。（1）正直原则：公平、诚实，正直地管理自我；在专业相关活动中不维护任何没有事先充分披露和机构批准的既得利益，由此导致的个人利益或被视为一个潜在的利益冲突；尊重与潜在捐赠者、捐赠者、志愿者和员工的专业关系，不得滥用。（2）保密原则：保障和尊重捐赠者和潜在捐赠者的信息；尊重捐赠者关于如何使用或共享信息或提供历史信息的意愿；只记录和保存与潜在捐赠者培养、劝募和后续管理有关的信息；识别保留信息的来源；保障潜在捐赠者、捐赠者以及由该机构编制的其他名单，不得用于未经授权的用途或用于个人利益；尽一切努力确保有权访问捐赠者信息的志愿者、供应商和外部实体了解并统一遵守本组织的保密和公开披露政策。（3）公开信托原则：确保按照捐赠者的指示和意图使用捐赠的款项；改变受限制捐赠的使用之前应获得捐赠者的特定指令；提供及时、快速、真实的答复，供捐赠者和公众查询；机构的使命和利益高于个人利益；只追求适合或有助于推进该机构的使命或批准的优先事项的捐赠。（4）信息披露原则：城市披露机构的使命、资金使用目的以及机构有效使用捐赠的能力；主动分享与捐赠有关的评估或管理费用的信息；真实、具体地告知代表机构的筹款志愿者或雇员的身份；了解并披露自己的专长

---

❶ ［美］弗兰克・H. 奥利弗. 象牙塔里的乞丐——美国高等教育筹款史［M］. 许东黎，陈峰译校. 桂林：广西师范大学出版社，2011：151-155.

领域，并就与捐赠者有关的法律、会计、财务及税务问题做出适当的建议；帮助确保与国家标准一致的会计、预算和报告方式。（5）补偿原则：不接受以基金百分比为基础的补偿；在收到捐赠或捐赠信息后，不接受外部补偿；同意不向个人支付捐赠或捐赠信息的报酬。❶

　　尽管上述准则或政策并不具备法律的强制执行力，在实践中却得到筹款业界的广泛支持、认同和遵守。各高等院校也依据自身情况制定了与捐赠有关的规范性操作标准或政策，例如南加州大学《捐赠接收规范与程序》、加州州立大学《加利福尼亚州州立大学发展服务政策与程序（2014）》、康奈尔大学《捐赠接受政策》等。负责筹资的部门也细分了筹资业务并制定符合本校情况的筹资程序，例如市场推广与联络处负责赠予策划、企业和基金会、年度赠予及前景研究；校友与开发处负责校友关系、专项与重大赠予、捐赠者关系与联络；拓展事务处负责赠品与资金管理、信息系统和校友信息与技术支持等。美国高等教育研究会（Association for Higher Education Study，AHES）的研究报告深化和推广了高校筹资中的行为准则，主要包括：（1）大学筹资应不应该和学校整体的首要任务有关；（2）如何建立起大学与捐赠人之间恰当的关系；（3）在大学筹资这一行为中大学应提供什么样的信息，并要求捐赠人提供什么样的信息；（4）什么情况下应当果断拒绝捐赠财物；（5）筹资对大学以及更大的社区应承担什么样的社会责任。全国大专院校行政事务官员协会（全美高等院校行政事务官员理事会，NACUBO）也就大学筹款的行为方式和最终目的达成若干重要共识：筹资的大学必须以容易理解的方式向社会明确阐述自身的需求；大学必须公正、诚实地向社会公众汇报筹款目标的进展情况；如果大学不能实现在筹款运动中设置的目标，就不能宣布筹款获得成功，需要对社会做出一个明确的交代；筹款目标完成得好坏与否，并不能只看大学账户上筹集到的资金数额，而应该看大学能否很好地满足自身发展的需要，以及是否能把握住大学的精神和使命。

---

　　❶ CASE. Principles of Practice for Fundraising Professionals at Educational Institutions ［EO/BL］.（2017-12-31）. http：//www. case. org/Samples_ Research_ and_ Tools/Principles_ of_ Practice/Principles_ of_ Practice_ for_ Fundraising_ Professionals_ at_ Educational_ Institutions. html.

第二节 中国慈善募捐的一般性法律规定

募捐是大学获得慈善资源的最主要方式，对大学基金会的生存与发展至关重要。中国整个慈善领域目前对于募捐这一职业还缺乏普遍的认可，尚未孕育出专业化的筹款人及其行业组织，绝大多数慈善组织还是通过自身的资源渠道和工作人员进行募捐。从未来慈善资源竞争的全球化趋势来看，募捐行为的职业化、专业化和组织化更符合市场化主导模式的需要，但前提是必须建立在较完备的法律和监督基础之上，才能有效地保障该行业的健康有序竞争与发展。

人们在日常生活语境中往往将"募捐"与"捐赠""筹款""筹资"等概念混同使用，而在法律上则有必要从"募"与"捐"两个方面来进行分析。"募"是指"劝募"的意思，即通过劝说宣传等方式来进行慈善财产的募集，"捐"是指捐赠或者信托等转移慈善财产的方式。❶ 我国《慈善法》将"慈善募捐"与"慈善捐赠"专列两章，目的就在于明确这两种法律行为的性质及由此产生权利义务的差别。从立法的前瞻性来看，将慈善组织区分为公开募捐与定向募捐加以区别对待的监管模式符合目前中国慈善事业发展转型的阶段性特点，但未来法律监管应将重点放在对募捐行为的过程性监管而非对行为主体资格的限制，更要提前考虑建立健全募捐行业及从业人员的准入资格、行为规范和行业标准。

一、公开募捐与定向募捐的区分

（一）公开募捐资格的获取条件与程序

《基金会管理条例》将基金会划分为面向公众募捐的基金会和不得面向公众募捐的基金会，日常所说的"公募"与"私募"之称便由此而来。然而，事实上很多没有获得公开募捐资格的组织也在进行公开募捐或类似活动，例如在官网上公开募款账号、在开展慈善活动的项目宣传材料中附上募捐账号、在媒体上主动公开地推送募捐信息等。可以说，在《慈善

---

❶ 韦祎. 慈善募捐行为的法理及社会学思考 [J]. 法治研究, 2009 (6): 37-40.

法》未生效前，很多不具有公募权的组织的募捐行为处于一个规制和监管的灰色地带。

由于公开募捐行为直接面向的是社会公众，相对于定向募捐而言，捐赠人对捐赠财产的募集与使用缺乏监管的意愿和能力，且捐赠额小、零散，如果缺乏应有的规范和外部监管，防止慈善组织的不恰当行为，将可能对整个慈善部门的公信力造成损害。因此，《慈善法》第21条第2款规定慈善募捐包括面向社会公众的公开募捐和面向特定对象的定向募捐两种形式。第22条第1款明确规定："慈善组织开展公开募捐，应当取得公开募捐资格。"即慈善组织必须事先取得法律授予的公募权才能开展公开募捐活动，而非设立慈善组织之始即直接从事公开募捐行为。第28条第2款规定："慈善组织开展定向募捐，应当在发起人、理事会成员和会员等特定对象的范围内进行，并向募捐对象说明募捐目的、募得款物用途等事项。"这里更是明确指出了定向募捐对象的限定范围与告知义务。《基金会管理条例》第41条也规定："基金会开展公开募捐，应当依法取得公开募捐资格。未取得公开募捐资格的基金会，可以在发起人、理事会成员等特定对象范围内开展定向募捐。"这是一种典型的资格审核模式，在目前慈善募捐实践中做法混乱的情况下，采取如此审慎的态度较为可取。继而，《慈善法》规定了慈善组织申请公开募捐资格的申请条件和程序，实质性要件是"依法登记满二年"和"内部治理结构健全、运作规范"。对于慈善法公布前登记设立的公募基金会，法律规定可以凭其表明慈善组织属性的登记证书向登记的民政部门申领公开募捐资格证书。而判断慈善组织"内部治理结构健全、运作规范"的标准尚需要民政部门出台具体的操作细则予以确定。2016年8月31日，民政部发布《慈善组织公开募捐管理办法》，详细地规定了慈善组织申请公开募捐资格的要求和程序，以及开展公开募捐活动的相关要求。前者除了要求慈善组织已合法注册两年或以上，具有健全的内部治理架构和标准化运作，在申请公开募捐资格时需要提交相应材料，还特别强调参与民政部管理的社会组织评价并获得4A级或以上级别的慈善组织可以简化申请过程。该办法还规定任何慈善组织欲向社会公众筹集资金，必须在公开募捐活动进行前10天制订筹款计划，并向其所属的民政部门提交记录，公开募捐和资产管理行为应当遵循信息披露要求，募捐的资产必须被用于筹款的目的，否则将导致相应的处罚等。

对于不具备公开募捐资格的慈善组织，是否意味着慈善资源的来源渠道相当有限了呢？《慈善法》第 26 条规定，不具有公开募捐资格的组织或者个人基于慈善目的，可以与具有公开募捐资格的慈善组织合作，由该慈善组织开展公开募捐并管理募得款物。这一条款的立法意图是给不具有公开募捐资格的慈善组织留有余地，同时又保障面向公众公开募捐的善款由专业的、受相关法律体系监管的慈善组织进行管理。要求不具有公开募捐资格的组织或个人与具有公开募捐资格的组织合作，便可以将其纳入法律的监管体系，防止组织或个人在使用善款过程中出现滥用或侵占现象。

至于哪些行为被认定为法律上的"公开募捐"行为，《慈善法》规定："（一）在公共场所设置募捐箱；（二）举办面向社会公众的义演、义赛、义卖、义展、义拍、慈善晚会等；（三）通过广播、电视、报刊、互联网等媒体发布募捐信息；（四）其他公开募捐方式。"前两种是实地的公开募捐方式，第三种是互联网公开募捐，第四种则是兜底条款以囊括未尽的行为方式。

《慈善法》对公开募捐的地域予以了限定，要求慈善组织在开展实地的募捐活动时应当在其登记的民政部门管辖区域内进行。如果确有必要在其外进行，应当报其开展募捐活动所在地的县级以上人民政府民政部门备案。然而，实践中慈善组织的项目执行地点往往会超出组织的注册辖区，尤其是在合作开展的公开募捐情形下，要保证双方都在同一个注册辖区更加困难。限制慈善组织公开募捐的地域管辖，可能方便监管部门履行职责，但从长远来看，不利于慈善资源的市场化和优化配置，会给捐赠人和慈善组织高效利用慈善资源造成一定的障碍。

开展公开募捐活动的法定程序主要体现在募捐方案的备案和信息公开方面。《慈善法》第 24 条规定："开展公开募捐，应当制定募捐方案。募捐方案包括募捐目的、起止时间和地域、活动负责人姓名和办公地址、接受捐赠方式、银行账户、受益人、募捐款物用途、募捐成本、剩余财产的处理等。""募捐方案应当在开展募捐活动前报慈善组织登记的民政部门备案。"备案的目的在于,一方面促使慈善组织规范化自我管理募捐活动,另一方面方便民政部门提前发现募捐方案内容是否存在问题,同时也提供给专业机构、公众和捐赠人开展社会监督。第 25 条规定:"开展公开募捐,应当在募捐活动现场或者募捐活动载体的显著位置,公布募捐组织名称、公开募捐资格证书、募捐方案、联系方式、募捐信息查询方法等。"

(二) 公开募捐平台的法定资质及责任

近些年,利用互联网开展形式多样的筹款或募捐活动发展较迅速,对慈善组织和捐赠人而言都更加快捷高效,据《中国网络捐赠研究报告》(2014) 不完全统计,"截至 2013 年 9 月 10 日,中国网络捐赠平台总共筹集了超过 5.2 亿元"。但是,网络捐赠由于缺乏相应的法律监管也蕴藏较大的风险,容易滋生虚假和欺诈性的募捐信息,且传播迅速、受众广泛,近来几例影响较大的事件对网络捐赠和整个慈善行业的公信力都造成较大伤害。制定法律规则意在解决以下几点难题: (1) 如何保障捐赠人在充分了解慈善项目信息的前提下做出捐赠决定?这是慈善组织在利用互联网平台开展公开募捐活动时应予履行的信息公开义务,在公开募捐活动的具体要求中已经涉及。(2) 发布公开募捐信息的平台是否应承担审核的义务及责任?如果信息发布平台的管理人员不进行审核验证,那么用户对发布募捐信息的人的身份以及项目的真实性就难以判断,因此平台理应承担审核慈善募捐信息的义务。(3) 随着互联网技术的不断发展,新的募捐形式层出不穷,比如"打赏""众筹"、电子红包等,这些行为是否应归为公开募捐的方式?这要根据具体情形之下是否属于"利用网络服务提供商的平台开展公开募捐"的法律行为性质认定予以判断。

2016 年 9 月 1 日,由民政部、工业和信息化部、新闻出版广电总局、国家互联网信息办公室联合发布的《公开募捐平台服务管理办法》实施,对公开募捐平台服务的定义为"是指广播、电视、报刊及网络服务提供者、电信运营商为慈善组织开展公开募捐活动或者发布公开募捐信息提供的平台服务",并规定公开募捐平台服务提供者的资质和行为标准,强化协同监管机制。随着我国公益慈善事业的快速发展和信息传播方式的日益丰富，通过广播、电视、报刊、电信以及网络等渠道开展的"线上"募捐活动，特别是基于互联网平台的公开募捐活动已经成为慈善组织募集慈善资源的主要途径。然而，在我国现行的法律法规中，针对此类公开募捐行为规范监管的规定较少，在一定程度上造成公开募捐主体资格不明确、募捐信息发布平台监管缺失等问题。需要注意的是，就公众比较关心的问题即公开募捐平台服务提供者是否对公开募捐事项有审查义务，办法规定双方应当签订协议，明确双方在公开募捐信息发布、审查募捐事项真实性等方面的权利和义务。

第一，《慈善法》第23条第2款规定："慈善组织通过互联网开展公开募捐的，应当在国务院民政部门统一或者指定的慈善信息平台发布募捐信息，并可以同时在其网站发布募捐信息。"《慈善组织公开募捐管理办法》第16条规定："慈善组织通过互联网开展公开募捐活动的，应当在民政部统一或者指定的慈善信息平台发布公开募捐信息，并可以同时在以本慈善组织名义开通的门户网站、官方微博、官方微信、移动客户端等网络平台发布公开募捐信息。"后者对慈善组织在其网站发布公开募捐信息的途径予以了更详细的限定。这一规定意在集中信息发布的渠道并加强统一监管。不可否认，在方便监管部门集中管理的同时也人为地缩小了公开募捐信息的发布渠道及其带来更多捐赠资源的可能性。

第二，《慈善法》第27条规定："广播、电视、报刊以及网络服务提供者、电信运营商，应当对利用其平台开展公开募捐的慈善组织的登记证书、公开募捐资格证书进行验证。"《公开募捐平台服务管理办法》第3条进一步补充道："广播、电视、报刊以及网络服务提供者、电信运营商在提供公开募捐平台服务时，应当查验慈善组织的登记证书和公开募捐资格证书，不得代为接受慈善捐赠财产。"也就是说，平台服务提供者仅承担慈善组织及其公开募捐资格的资质审核，这样可以避免不具有公募权的慈善组织甚至其他组织或个人冒充进行网络募捐，在一定程度上降低出现虚假性、欺诈性募捐信息的风险。然而，社会公众应当如何判断公开募捐信息的真实性和有效性进而决定是否捐赠，则由发布信息的慈善组织承担相应的信息公开义务及责任。

　　另外，平台服务提供者还负有违法行为举报、记录保存信息、协助调查、提供信用评价服务等义务。需要特别强调的是，"广播、电视、报刊以及网络服务提供者、电信运营商向慈善组织提供公开募捐平台服务应当签订协议，明确双方在公开募捐信息发布、募捐事项的真实性等方面的权利和义务"。法律赋予平台服务提供者与慈善组织约定有关信息发布的自由选择权，也按照普遍适用的民法和合同法规则来处理双方可能的纠纷。

（三）大学基金会"非公募"性质取舍

　　据统计，目前国内已成立的大学基金会在组织章程和民政部门登记的性质绝大多数都是非公募基金会，如按《慈善法》的规定就只能面向发起人、理事会成员或会员等特定对象开展募捐活动。那么，已设立或即将设立的大学基金会是否应该主动选择申请获得公开募捐资格呢？首先，现实情况是大学获得社会捐赠的来源包括上述特定对象范围之外的捐赠者，例如"校友捐赠"的捐赠人有的并不是发起人、理事会成员或会员，而且大学官网上通常都会设置基金会的网页链接或直接发布捐款信息。2007年，非公募的北京大学教育基金会募资 3 亿元，位列当年基金会筹资榜第四位，几乎所有的教育类非公募基金会的最重要业务就是募款，在基金会章程的业务范围内规定"接受社会捐赠或捐助"已经成为大学基金会的共识和实践。所以，在现行法律框架下，非公募性质将极大地限制大学基金会已有的捐赠渠道和资源。其次，尽管《慈善法》为非公募基金会提供了一条变相地通过合作开展公开募捐活动的途径，但在实际操作中有必要厘清合作双方的权利义务关系，以避免引起不必要的纠纷徒增筹资成本。最后，尽管非公募的属性意味着基金会在法律监管层面，如信息披露、支出管理费用、税收减免等方面所承担的法律义务较之于公募者更加宽松，但对慈善组织的发展而言限制也更多，不利于提升内部治理和可持续发展的能力。此外，目前对非公募基金会的定向募捐行为也还没有具体而规范的细则可以依据，在实践中仍是一个相对模糊的监管地带。综合衡量上述因素，似乎申请获得公开募捐资格是眼下大学基金会的必然选择，当然也要符合法定的"内部治理结构健全、运行规范"的前提，具体标准包括规范捐赠款物使用的透明、公平和高效等财务信息，在募捐项目管理的各个环节及时有效地反馈和监督，为捐赠者提供更加专业化和规范化的服务等。

二、慈善捐赠的法律性质界定

与慈善捐赠有关的法律法规见诸《慈善法》《公益事业捐赠法》《合同法》《信托法》和民政部《基金会管理条例》《救灾捐赠管理办法》等。《慈善法》第四章专门就慈善捐赠制度进行了规定，包括慈善捐赠的法律概念、捐赠财产的法律特征和形式、慈善捐赠协议的形式与内容、慈善捐赠义务的强制履行以及慈善捐赠人的权利及救济途径等内容。

（一）慈善捐赠的法律概念

根据《慈善法》第34条的规定，慈善捐赠是指自然人、法人和其他组织基于慈善目的，自愿、无偿赠予财产的活动。区别于普通的民事赠予行为，捐赠主体除了符合民法规定的具有完全民事上行为能力的条件和对捐赠的财务具有处分权外，没有种族、国籍、地域等其他限制。捐赠人既可以通过慈善组织捐赠，也可以直接向受益人捐赠。慈善捐赠本质上是一种赠予行为，但它又是一种特别的赠予，与普通的民事赠予有显著不同。慈善捐赠表面上符合合同法上赠予行为的一般特征，捐赠人和受赠人相当于赠予合同的赠予人和受赠人，但慈善捐赠关系中还存在受益人，而赠予合同中的受赠人往往就是受益人。慈善捐赠中的受赠人却不能是受益人，而且受益人必须是不特定的多数人。因此，慈善捐赠实质上是为他人公共利益设定权利的一种合同关系。慈善捐赠的公益性决定，不能将捐赠的受益人局限于封闭的、有限的人群。

慈善捐赠具有以下法律特征：

（1）基于慈善目的。即捐赠的目的是要用于开展《慈善法》第3条所规定的扶贫济困、科教文卫等公益活动。慈善的公益性要求慈善捐赠的用途应惠及不特定的多数人，也就是说受益人是不特定的人群，能是特定的个人，也不能是特定的团体或人群。对特定人的捐赠应属于赠予行为，由合同法调整，例如个人救助行为就不属于法定的公开募捐行为。

（2）必须是自愿的。捐赠人可以自主决定捐赠的渠道、捐赠的数额、捐赠财产的形态等。行政摊派式的做法均违反自愿性的要求。

（3）无偿性。捐赠人不应以捐赠为名索取任何物质回报，尤其是不应以对价作为回报。民政部《关于规范基金会行为的若干规定（试行）》明确规定，基金会接受捐赠应当确保公益性，附加对捐赠人构成利益回报条件的赠予和不符合公益性目的的赠予，不应确认为公益捐赠，不得开具捐赠票据。

另外，捐赠行为完成后，捐赠人就失去了对捐赠财产的所有权，而由受赠人对捐赠财产依法行使占有、使用、收益、处分的权能。不过，受赠人对捐赠财产的处分和收益必须以实现慈善目的为前提条件。捐赠人拥有知情权、监督权，慈善组织的义务是根据捐赠协议的约定将受赠财产使用于慈善目的。

（二）捐赠财产的法定形式

1. 捐赠财产的种类问题

《慈善法》规定捐赠财产包括货币、实物、房屋、有价证券、股权、知识产权等有形和无形财产。这一立法回应了实践中捐赠财产种类单一（多局限于现金和实物）的问题，肯定了捐赠财产种类的多样性，但需要补充细则以指导实践中非货币形式捐赠财产的估值、变现、鉴定和税收等一系列问题。《企业所得税实施条例》明确规定，基于捐赠方式取得的固定资产、生产性生物资产和无形资产，"以该资产的公允价值和支付的相关税费为计税基础"，但并没有规范评估公允价值的方法，而且因估价数额发生异议后如何处理实物捐赠需要利用专业机构来评估实际价值，操作非常不便。我国税法规定纳税人捐赠的实物视同销售，不能享受增值税等相关的税收减免政策，甚至要为捐赠的资产缴税。这种制度抑制了捐赠者的实物捐赠行为。税法还规定捐赠者自行提供确定对于实物捐赠的价值，其结果可能导致捐赠者虚报捐赠物金额，造成税收收入流失的风险，而且规定增加了捐赠者的申请程序，加大了捐赠者的时间成本和捐赠成本。

2009年曹德旺希望能够捐赠出60%的股票设立何仁慈善基金会，就受到法律诸多限制。首先是《基金会管理条例》规定基金会的原始资金必须为到账的货币资金。其次是财政部《关于企业公益性捐赠股权有关财务问题的通知》规定，由自然人、非国有的法人及其他经济组织投资控股的企业，依法履行内部决策程序，由投资者审议决定后，其持有的股权可以用于公益性捐赠。企业捐赠股权须办理股权变更手续，不再对已捐赠股权行使股东权利，并不得要求受赠单位予以经济回报，该规定的目的是规避假慈善、真避税的行为。受赠对象必须是依法设立的公益性社会团体和公益性非营利的事业单位。企业以持有的股权进行公益性捐赠，应当以不影响企业债务清偿能力为前提。最终，曹德旺将到账资金改为 2 000 万元现金，捐赠股票的数量比例变更为 29.5%。另外，缺乏相关配套的税收优惠规定也很大程度上阻碍了大额股权捐赠。按照当时税法规定，自然人捐赠股权等同于无偿转让股权，转让方不需要缴纳个人所得税，只由受让方按接受赠予缴纳企业所得税或个人所得税。但是，企业转让股权即捐赠股权，转让方要视同销售缴纳企业所得税，受让方按照接受赠予缴纳企业所得税，转让方形成的损失不能够在企业所得税前扣除。2010 年财政部、国家税务总局下发《关于曹德旺夫妇控股企业向何仁慈善基金会捐赠股票有关企业所得税问题的通知》，特事特办允许不必立即缴纳该税款，而是在基金会设立后 5 年内缴齐。此次《慈善法》规定了企业超过扣除限额的部分可结转以后 3 年扣除，在一定程度上缓解了企业发生一次性大额捐赠或在亏损年度进行捐赠而得不到扣除的问题。2016 年 5 月，财政部、国家税务总局《关于公益股权捐赠企业所得税政策问题的通知》将使"捐赠股权视同转让股权，并按转让股权的公允价确定转让收入额"的规定成为历史，企业捐赠股权按照股权的历史成本确定捐赠额，并按税法规定享受扣除。

　　高校捐赠领域出现类似的争议性话题也不在少数。香港实业家、北京师范大学校友邱季端先生向母校捐赠了 6 000 件中国古代陶瓷藏品，而这批藏品被业内人士质疑是赝品而引起社会热议。中坤集团董事长、北京大学校友黄怒波以 160 万美元，换回挪威一家博物馆收藏的 7 根圆明园大理石柱，并将石柱捐赠给母校北京大学。厦门大学教育发展基金会"建南大会堂座椅认捐项目"中按照座椅所在区域定价，每一个座位认捐价格从 2 万元到 5 万元，4 085 张座椅总认捐价值达到 1.2 亿元，等等。那么，高等院校在接受非货币形式的捐赠财产时应当遵循何种原则和程序，除了要考虑到大学的价值取舍和捐赠伦理外，还要在捐赠财产的公平定价和决策程序上更加严谨规范。

民政部《关于规范基金会行为的若干规定（试行）》和财政部《民间非营利组织会计制度》对于非货币财产的价值认定具有指导意义，可参照执行。具体规定如下："对于民间非营利组织接受捐赠的非现金资产，如接受捐赠的短期投资、存货、长期投资、固定资产和无形资产等，应当按照以下方法确定其入账价值：（一）如果捐赠方提供了有关凭据（如发票、报关单、有关协议等）的，应当按照凭据上标明的金额，作为入账价值。如果凭据上表明的金额与受赠资产公允价值相差较大的，受赠资产应当以其公允价值作为其实际成本。（二）如果捐赠方没有提供有关凭据的，受赠资产应当以其公允价值作为入账价值。对于民间非营利组织接受的劳务捐赠，不予确认，但应当在会计报表附注中作相关披露。知识产权、遗产纠纷，原则是合法财产，意味着不存在权利纠纷。"就实物捐赠而言，我国只对个人或企业的现金捐赠做了具体规定，个人和企业等社会力量捐赠的生产设备、个人捐赠的衣物等实物，在缴纳所得税前扣除时，需要涉及价值换算。

2. 捐赠财产的管理形式

（1）专项基金。

专项基金通常是指慈善组织根据捐赠人或发起人意愿设立、实行专款专用、在本组织运作框架下有一定独立自主性的专用资金。设立专项基金是基金会动员企业、机构和慈善家参与公益捐赠事业的一个重要方式，原因在于捐赠人可以冠名专项基金并享有很高的管理权限。2015 年 12 月 24 日，民政部专门印发《关于进一步加强基金会专项基金管理工作的通知》，对基金会在专项基金管理中应当发挥的作用和承担的责任等进行了明确规定。从法律上讲，只有基金会才是专项基金的所有人，所以基金会应对专项基金负有完全的管理责任并承担全部的法律责任。专项基金对内是基金会的组成部分，要执行基金会的制度，接受基金会的监督；对外代表基金会的形象，要冠以基金会名称，纳入基金会的信息公开。尽管专项基金会通常会因捐赠人的要求而冠名，但应该使用带有基金会全称的规范名称。这样可以使公众清晰地甄别慈善行为的主体，还可以避免公众误认为专项基金是捐赠人或发起人所有的独立基金。此外，基金会在管理专项基金过程中要防止与捐赠人或发起人的关联交易和利益回报，即避免捐赠人利用专项基金这种形式为其本人、发起人或关联企业牟利的现象，首要的就是公益慈善目的的受益人不能特定化，否则就构成赠予关系而非捐赠关系。因此，基金会在接受设立专项基金的捐赠时应与捐赠人明确约定该专项基金须与基金会的慈善目的一致。

（2）慈善信托。

慈善信托（Charitable Trusts）纳入法律规制始于 1601 年《英国慈善用益法》。❶ 慈善信托作为一种非法人的法律形式，相比于其他公益组织的法律形式，具有创设和运营成本低、没有原始资金限制、灵活性强、安全永续等制度优势，能够更好地满足捐赠人的需求，丰富公众参与慈善事业的路径和模式。2001 年我国《信托法》首次规范了公益信托，但现实中受制于对应的公益事业管理机构关系不明确、设立程序烦琐等因素，公益信托难以获得有效审批，导致实践中产生准公益信托（亦称混合信托）并滋生不少问题。更严重的是，公益信托无法纳入当时的公益捐赠税收优惠体系，导致发展动力不足而制约了公益信托功能的实现。《慈善法》专章规定了"慈善信托"，明确了备案制度、受托人范围、受托人和监察人的权利义务以及税收优惠等，目的在于激活沉睡十余年的公益信托制度，更好地满足捐赠人的需求，为公众参与慈善事业提供多样化的选择。然而，七条原则性的规定显然不足以概括慈善信托的相关问题，需要相关实施细则的补充和完善。

信托财产的独立性是慈善信托制度的优势所在，因此，如何规范慈善信托财产的转移和管理是立法的重中之重。《慈善法》明确规定，"慈善信托属于公益信托，是指委托人基于慈善目的，依法将财产委托给受托人，由受托人按照委托人意愿以受托人名义进行管理和处分，开展慈善活

---

❶ 解锟．英国慈善信托制度研究 ［M］．北京：法律出版社，2011：13-27．

动的行为"。《信托法》规定："信托存续期间，信托财产独立于所有信托当事人，即信托财产独立于委托人，又独立于受托人的所有固有财产及其管理的其他信托财产，同时也独立于受益人。"这样有利于信托财产目的的实现，不得被强制执行和被当作受托人固有财产进行破产清算，也不得作为债务被抵消、混同或作为遗产被继承。这种独立性保证了慈善信托财产不会因为当事人的个人原因而受到损失，保障其能够得到妥善地管理和运用。慈善信托一旦设立，就意味着委托人应将财产所有权转移给受托人，受托人拥有对慈善信托财产只能管理、处分的受限制的所有权，受托人应建立独立的信托账户进行会计核算与管理，实现专款专用、信息透明的封闭式管理运作，才能保证慈善信托财产被有效、安全地运用。同时，这一规定还杜绝了以往存在的准公益信托或称混合信托，慈善信托的信托财产及其收益不得用于非慈善目的，即受托人在为信托财产进行保值增值等操作时也必须满足慈善的目的，但凡含有非慈善目的或添加任何非慈善因素，都不属于慈善信托的范畴。例如某一信托产品规定在一定的期限内委托人可以享有本金的返还，信托收益的部分用于开展慈善活动，或者允许受托人将信托财产用于附属于产生的非慈善目的，包括支付受托人或监察人的报酬和管理费用等，按照原来《信托法》的规定和实践操作是可行的，但《慈善法》实施后此类产品就不属于慈善信托不能依法享有相应的税收优惠待遇。

关于受托人的范围、职责和变更规定也更加明确。受托人是信托财产的名义所有人和实际管理人。《慈善法》规定："慈善信托的受托人，可以由委托人确定其信赖的慈善组织或者信托公司担任。"这就将自然人和金融机构排除在外，之所以将信托公司纳入受托人的范围，是考虑到信托公司过去作为专业信托机构，其在风险隔离、资金增值保值、流动性安排、运作期限匹配上有着长期的经验，若结合慈善机构丰富的慈善项目资源和经验，双方合作将共同推进慈善事业发展。由于受托人在慈善信托关系中处于核心地位，因此，其权利、义务和责任设置是法律监管的重点。受托人管理和处分信托财产除了要履行恪尽职守、谨慎管理、诚实守信等一般性义务外，还应当履行报告义务：一方面是向委托人履行及时报告义务，受托人应当依据信托文件和委托人要求，将信托财产的管理运用、处分及收支情况在合理时间内及时向委托人回报；另一方面是向主管部门履行定期报告和信息披露义务，受托人应当每年至少一次将信托事务处理情况以及财务状况向备案的民政部门备案，向社会公开，让社会公众了解和监督慈善信托的运营状况。《慈善法》赋予委托人在受托人违约或难以履行职责时更换受托人的权利，充分尊重委托人的意愿，但没有规定当出现委托人无法行使上述权利的情形时又该如何处理。

慈善信托的受托人和监察人的报酬问题尚待确定。由于慈善信托不属于慈善组织的一种类型，所以不能适用慈善组织开展慈善活动的年度支出和管理费用相关规定。目前可以参照的标准是 2008 年银监会发布的《关于鼓励信托公司开展公益信托业务支持灾后重建工作的通知》，其中规定："信托公司开展公益信托业务，受托人管理费用和信托监察人报酬，每年度合计不得高于公益信托财产总额的千分之八。"但是，慈善信托基于信任关系而建立，更多地体现了尊重委托人的意志和自由，因此，受托人或监察人的报酬理论上应取决于委托人，即由双方自愿约定，政府监管部门可以根据现实状况对报酬的构成和约定标准进行指导，并将报酬情况进行信息公开，加强社会监督。

制约公益信托发展的最重要因素就是配套税收制度不够完善。公益信托存续期间所涉及的所得税、增值税等无任何税收减免待遇，委托人也无法获得相应的税前抵扣等优惠，这极大地降低了公益信托的吸引力。《慈善法》第 80 条规定："自然人、法人和其他组织捐赠财产用于慈善活动的，依法享受税收优惠，准予在应纳税所得中扣除。"但是，由于未将信托公司确立为慈善组织的形式之一，对于慈善信托的税收优惠仍缺乏衔接，委托人设立慈善信托、信托公司作为受托人在管理信托财产时能否参照慈善组织享受相应的税收减免，仍有待明确。这表现在实践操作环节中，信托公司接受捐赠设立信托后如何出具捐赠票据即是一大难题。考察国际立法经验，发现慈善信托的税收优惠通常被划分为设立和运营两个阶段，即设立阶段享有信托财产相关的赠予税和遗产税，运营阶段可以减免信托财产的所得税，理由是：在设立阶段，委托人转移信托财产视同慈善捐赠，委托人可根据身份的不同享受不同的税前抵扣优惠，即能够享有适用于慈善捐赠的税收优惠，如在流转税、遗产税、所得税等方面享有一定免税优惠；在运营阶段，为慈善目的管理财产而发生的各项税收，在满足条件的情况下不予征税。可见，我国法律除了需要明确慈善信托的税前抵扣对象、额度以及开具捐赠票据的主体外，还要规定当信托财产产生收益时，增值收益或非货币性信托财产形态转变所涉及的增值税和所得税，由受托人作为扣缴义务人承担相关税收的法定扣缴义务，相关税费均应由受益人承担。

当前我国高校教育基金会的收入以捐赠收入为主，且以现金和实物为主，单一的财产形式严重制约捐赠来源，造成丧失潜在的筹资机会。那么，慈善信托对大学基金会的意义何在呢？依据《慈善法》，只有两种组织可以担任慈善受托人，即慈善组织和信托公司。由委托人信赖的慈善组织担任受托人，可以降低慈善信托的道德风险，而信托公司作为专业信托机构，在风险隔离、资金保值增值、流动性安排等方面更加专业和规范。因此，对捐赠者而言，除了选择大学基金会之外，又多了一项可选择的路径，即通过其他慈善组织或信托公司设立慈善信托对信托财产进行管理包括投资运作，这对大学基金会而言可能会形成一种竞争压力。反过来说，大学基金会一旦取得慈善组织资格，也可以充分运用慈善信托这种法律形式，通过提升资本运作的专业化水平和透明度而获得捐赠者的信任。

第五章　中美高等教育捐赠的
内部治理规则

　　良好的内部治理是高等院校持续不断地吸引社会捐赠的重要保障。严格意义上讲，并没有专门针对高等院校基金会这一类组织的治理规则，美国适用的是更广义上的非营利组织法，而中国教育主管部门则对大学基金会提出了相对明确的治理要求。非营利组织的内部治理规则可以从他律和自律两个方面进行分析，他律是立法和监管机构对高等院校负责捐赠事务的管理组织及工作人员的行为规范，具有法律强制性，而自律是管理组织内部所制定的管理策略和政策流程，以及独立的专业机构或行业协会制定的治理标准，它们虽然都不具备法律强制性，但在实践中对高等教育捐赠的管理组织及其从业人员具有更强的约束力。

第一节　美国非营利组织的内部治理规则

　　美国并没有专门就高等教育捐赠的内部治理问题进行立法，与之相关的法律规则绝大部分可参照适用非营利组织法。内部治理规则的来源多样，内容也不尽一致，按照制定主体大致可分为三类：第一类是联邦和州政府机构，如参议院财政委员会、财政部、国会和国税局；第二类是非营利组织及其附属实体，后者有的是专门为了研究和发布非营利治理规则而成立的；第三类是专业评估机构和行业协会，它们被视为适用和执行内部治理规则的中流砥柱（见表5-1）。❶ 尽管上述三类所关注的重点有所不

---

　　❶ Bruce R. Hopkins & Virginia C. Gross. Nonprofit governance: law, practices, and trends [M]. John Wiley & Sons, Inc., 2009: 157-158.

同，效力层次和影响力也存在差异，但最终目标都是推进非营利组织尤其是慈善组织的良好治理，进而最大限度地发挥慈善目的与价值功用。

表 5-1　三类组织制定的非营利组织治理规则

组织类型	组织名称	规则名称
联邦和州政府机构	参议院财政委员会	免税组织"强化治理和最佳实践"（2004）（作为某一讨论草案中的一节）
	财政部	财政部反恐融资指南（2005）
	国会	美国国家红十字会治理现代化法案（2007） 免税信贷咨询机构标准（2006）
	国税局	善治规则（草案）（2007） 年度信息反馈修订版（2007） 非营利机构生命周期教育工具（2008）
	加利福尼亚州	非营利完整法案
非营利组织及附属实体	非营利部门小组	善治规则与伦理实践：慈善组织和基金会指南（2007） 加强慈善组织的透明度、治理和问责（2005）
	卓越研究院标准	卓越标准：非营利部门的伦理与问责准则（1998）
专业评估机构和行业协会	商业促进局委员会	慈善组织问责评价标准（2001）
	美国慈善协会	A-F 评级标准

一、国税局"善治规则"

美国联邦和州政府的监管机构颁布了一系列非营利组织治理的指导性政策，只有加利福尼亚州通过《非营利完整法案》（*Nonprofit Integrity Act*），成为迄今为止该领域唯一的州一级立法。诸多关于非营利组织治理的政策和程序可追溯到 2002 年颁布的《萨班斯-奥克斯利法案》，它是各机构颁布的所谓"最佳实践"指导的核心原则。

2007 年 2 月 7 日，美国国税局在其网站上公布针对慈善组织的"善治规则"（Good Governance Principles）的初步讨论草案。国税局强调这份草案是非正式的官方文件，其中的建议对免税慈善组织并不构成法律要求。在这份草案中，国税局表达了它对慈善组织董事会的看法，认为它"应当由那些对监督慈善组织运作及财政状况有相当了解并积极参与的人组成"，如果董事会"容忍保密或疏忽的氛围，慈善资产就更可能被用于增进不被允许的私人利益"，成功的董事会"包括那些不仅懂得并热衷于组织项目的人，而且在涉及会计、财务、补偿和伦理等关键领域有专业知识的人"。国税局强烈建议慈善组织审视和考虑草案中的建议，"帮助确保董事了解他们的角色和责任，并积极推进善治措施"。尽管这不是免税的一项要求，但是监管机构相信组织如果采纳一些或全部这些建议，将在免税目的诉求和赢得公众支持方面更有可能成功。

"善治规则"主要包括以下内容：使命宣言、伦理准则、举报政策、尽职调查、忠实义务、透明度、筹资政策、财务审计、补偿做法、文件保留政策等。该规则要求慈善组织的董事会：（1）采用"清晰明确的使命宣言"以解释和传播慈善目的和作为组织工作的指南。（2）负有制定道德标准并确保它渗透到组织内部和付诸实践的最终责任，使之成为所有工作人员遵守法律和道德准则的手段。（3）采取有效的政策处理员工投诉，为报告涉嫌财务不当或滥用慈善资源建立相应的程序；董事们必须谨慎处理照顾义务，该义务要求董事善意行事，以一般谨慎的人在类似处境和类似位置上，以及以董事合理地认为为了慈善组织最佳利益的方式来履行照顾义务；董事们应当注意所制定的政策和程序对于满足其照顾义务是适当的，例如确保每一位董事熟悉慈善组织的活动，以及了解这些活动是否推动了组织使命并达成目标，确保每一位董事充分了解慈善组织的财务状况，以及掌握充分而准确的信息以做出明智的决策。（4）忠诚义务要求每一位董事以慈善组织而非董事或其他个人或组织的利益行事，特别是要避免不利于慈善事业的"利益冲突"。董事会应当采取和定期评估利益冲突政策的有效性，要求董事们和员工以慈善组织的利益行事而不考虑私人利益，包括决定一种关系、财务利益或业务联系是否导致利益冲突的书面的程序，以及描述利益冲突发生的特定过程。董事和员工应当被要求每年以书面形式披露任何已知的财务利益，该利益属于任何与慈善组织发生商业交易的实体中的个人或其家庭成员。（5）透明度规则要求董事会应制定和执行相应程序，确保慈善组织990表格、年度报告和财务声明完整而确切地发布在慈善组织公共网页上，而且应公众要求可供索阅。（6）慈善筹款是许多慈善组织财政支持的重要来源，董事会应确保筹款募捐满足联邦和州的法律要求，以及募捐资料是准确、真实和正直的，还应当保证筹款成本是合理的。董事会应选择那些经注册并能够提供好的建议的职业筹款人并持续监督其行为。（7）董事会应制定年度预算以支持慈善组织运作，确保财政资源用于慈善目的，如定期接受和阅读包括在 990 表格、审计师信函、财务和审计委员会报告中更新后的财务陈述，雇用独立的预算师进行年度预算，或者建立独立的预算委员会选择和审查独立预算师。（8）慈善组织支付给董事的酬劳应当是合理的，董事的薪酬由不被支付薪酬和没有经济利益的人组成的委员会决定。（9）为文档（包括电子文档）的完整性、保留和破坏建立标准而制定书面政策，包括备份程序、文件归档及定期检查系统的可靠性。

2008 年，国税局却悄然放弃了"善治规则"草案，理由是为了确保重新设计的年度申报信息得到有效的反馈。国税局称其在非营利组织治理方面的立场已经很好地反映在了修订后的 990 表格所要求的报告之中，其对慈善组织的治理原则也概括在了所谓"生命周期教育工具"（Life Cycle Educational Tool）里。❶ 重新设计的 990 表格重复提及非营利组织所采取的治理政策和程序，藉此推动非营利组织评估其治理是否达到了善治和实现组织效能的目的，并要求非营利组织就此提供详细的报告和做出适当的信息披露。

2008 年，国税局对免税的高等教育机构开展了一项调查，向 400 所公立和私立学院、大学发放了长达 33 页纸的调查问卷，重点关注的是不相关商业活动、捐赠基金和高管薪酬，学院和大学从中能够了解国税局所要求的政策和程序是否已经执行到位，以此作为自查的一种形式。该问卷要求提供有关董事、高管和全职教员利益冲突的书面政策，提供经过审计的财务报表尤其要列明各类商业活动的收入和支出，涉及捐赠基金的问题包括学院和大学是否设立投资委员会监督捐赠基金的投资，是否征询投资顾问的建议或认可，如何补偿内部和外部的投资经理人，以及捐赠基金的分配和使用情况等。至于高管薪酬的要求则是学院和大学（特别是私立院

---

❶ Bruce R. Hopkins & Virginia C. Gross, Nonprofit Governance: Law, Practices, and Trends [M]. John Wiley & Sons Inc, 2009: 74-78.

校）提供高级职员补偿标准的书面政策，调查的重点是确定高管薪酬的标准是否合理，例如是否使用了外部顾问的可比性数据，而且是否对确定标准的流程做了适当披露等。

二、专业机构行业标准

独立的行业协会和专业评估机构被统一贯之以"监督代理人"（Watchdog Agent）的称谓，他们所制定的标准虽然不具有法律强制力，但均本着促进慈善组织良好治理的目的，主要涉及内部治理结构、各项管理政策和流程、董事职责要求、信息披露、财务审计等问题，为慈善组织确立了较高的管理实践标准，再加上它们对慈善组织的评级和排名能够产生广泛的公众影响力，因此发挥着实际的规制作用。

（一）慈善咨询服务标准

商业促进局委员会（The Council of Better Business Bureaus，CBBB）负责监测和报告全国性慈善组织的捐助与赠款，它在1971年设立了慈善咨询服务部（The Philanthropic Advisory Service，PAS），该部门的主要目标是通过自律和监测推动商业实践的道德标准和保护消费者。PAS制定的慈善咨询服务标准（The Philanthropic Advisory Service Standards）现已被明智捐赠联盟标准所取代，但它仍具有第一次发布和实施非营利组织治理规则的历史意义，这里有必要重提。PAS根据CBBB慈善募捐标准来评价慈善组织，这些标准覆盖五个基本领域：公众问责、资金使用、募捐和信息资料、筹款实践、内部治理。

PAS标准要求：（1）慈善组织根据要求提供年度报告，报告包括各种信息目的、近期活动、治理和财务状况。另外，还要求慈善组织提供一份完整的年度财务陈述，包括所有收益和筹款成本的账目（含控制或附属实体），需要详细到捐赠或其他收益的明确分类、主要项目和活动的各类支出、按自然分类（如工资、员工福利和邮资）费用的具体描述、筹资和管理成本的精确介绍、多用途活动的总成本，以及用于各种活动的成本的分配方法。（2）慈善组织要按照捐赠者的期望在总收益和所得捐赠中支出至少50%被视为达到"合理的"比例，筹款成本不超过相关捐赠的35%被视为合理，总筹款和管理费用不超过总收益的50%被视为合理。总之，慈善组织应当对其支出建立和实施"充分的控制"。（3）募捐和信息资料必须是"全部或部分地准确、真实和非误导的"，募捐资料被要求包含清晰地描述资金相关的项目和其他活动。（4）筹款实践要求募捐组织必须对其高级管理人员、雇员、志愿者、顾问和签约者所进行的筹款活动建立和实施控制，例如通过书面合同和协议的方式。例如兑现对捐赠者保密的承诺，确保捐赠者的名字不被交换、出租或出售；保证筹款在"没有过多的压力"下进行，这些压力如发票的幌子、骚扰、恐吓、胁迫、公开披露或经济报复的威胁，以及扭曲组织活动或受益人的强烈感情诉求等。（5）治理的三个要素：①"充分的治理结构"，意味着治理机制必须设置组织的目标和目的，界定组织的治理结构，授权其制定政策和项目，少于三人的决策机构或执行委员会被视为不充分的；②积极的治理主体，具体要求是正式的会议每年至少举行3次，均匀间隔在一年内，并且亲自或委派代表出席的成员平均过半数；③独立的治理主体，如果董事会或执行委员会有表决权的成员中有20%是直接或间接的付薪成员，则被视为没有满足该项标准；如果董事会成员由于任何关系或业务联系而产生的利益冲突，也被视为没有满足该项标准。❶

（二）慈善问责标准

BBB 明智捐赠联盟成立于 2001 年，是全国慈善信息局并入 CBBB 基金会和 PAS 的产物，它附属于 CBBB。该联盟收集和发布数以百计的慈善组织信息，这些组织在全国范围内募捐或者在国内国际开展项目服务。它经常询问慈善组织的计划、管理和筹资做法，基于查询的捐赠者数量选择慈善组织并对其评价，服务于捐赠者的信息需要和帮助捐赠者自行决定慈善捐赠。该联盟制定了自己的慈善问责标准，以帮助捐赠者做出明智的捐赠决定和促进公众对慈善组织的信心。这些标准的目标之一就是推动慈善组织自愿的伦理行为，具体包括以下内容：（1）治理与监督。要求董事会有最终的监督权，并确保董事是积极的、独立的和避免自我交易的。董

---

❶ Bruce R. Hopkins & Virginia C. Gross, Nonprofit governance: law, practices, and trends [M]. John Wiley & Sons Inc, 2009: 52-54.

事会必须充分地监督慈善组织的运作及其工作人员，定期考核经理人的业绩表现和控制支出行为，例如董事关于预算、筹资活动、建立利益冲突政策以及建立足以保障慈善组织财政的会计程序等建议。董事会至少由5名具有表决权的成员构成，每年至少均匀间隔开会3次且绝大多数成员出席，面对面地交换意见。（2）效能评估。要求慈善组织必须定期评估自己达成使命的有效性，具体做法是界定可衡量的目标和对象以及程序，评价其项目在满足组织的目标和对象方面的成功和影响，以及评价程序是否解决了存在的缺陷。董事会需要制定一个至少每两年一次的评价政策，并批准一份书面的报告列出上述表现和成效评估及对未来行动建议的结果。（3）财务。要求慈善组织至少支出总项目活动费用的50%，支出不少于35%的筹资所得捐赠，避免不必要的资金积累，披露组织的年度财政报告以及经董事会批准的年度预算。（4）筹款和信息资料。要求慈善组织的募捐和其他信息资料必须是准确的、真实的和非误导性的，年度报告向公众公开，信息反馈到网站，披露如何从一项关联商业活动中获利，以及迅速回应来自BBB的询问。❶

（三）卓越标准：非营利部门伦理与问责准则

卓越研究院是慈善组织的一个会员制组织，它宣称秉承的标准——非营利部门道德与责任守则要高于地方、州和联邦法律法规的最低要求，其宗旨是推动一个全面的自律规则系统在非营利部门的广泛应用。这些标准建立在基本的价值如诚实、正直、公正、尊重、信任、同情、责任和问责等，为非营利组织在运作项目、治理、人力资源、财务管理和筹款方面道德和负责任地行事提供指南。（1）任务和项目。要求经董事会批准的组织目标应当是正式和特别强调的，组织的活动应当与其目标相符，定期（每3年或5年）检视其使命以决定是否需要继续项目。组织应当评价使命是否需要被修正以反映社会变化，以及当前项目是否应当被修订或中止，或者开发新的项目，应当定义一项成本效益程序以定性和定量地评价

---

❶ Better Business Bureau Wise Giving Alliance. Standards for charity accountability 2003 ［S/OL］.［2016 - 08 - 01］. http: //www. bbb. org/us/storage/0/Shared% 20Documents/Standards% 20for% 20Charity% 20Accountability. pdf.

其与使命相关的项目。（2）董事会责任和执行。董事会应当参与必要的长期和短期计划，制定与使命相关的特殊目标和对象，评价项目是否成功等，应当建立有效管理的程序包括财务和人事政策，应当批准年度预算和定期评估财务执行情况，应当雇用经理人并对其业绩进行年度考核及制定薪酬方案，应当对自身运作（包括培训、考核、选聘董事）负责，慈善组织应当保留董事出席会议的书面记录。（3）董事会构成。慈善组织的治理机构应当由能够执行机构使命的个人和专业人士构成，至少有5位相关董事（7位甚至更多也许更好），应当规定董事会成员的任职期限，他们只能报销与执行董事会职务直接相关的费用。（4）利益冲突。非营利组织必须制定书面的利益冲突政策，并告知和说明该政策适用于所有的董事会成员和员工（包括志愿者），应当界定产生利益冲突的行为或交易类型，制定披露实际和潜在冲突的程序，提供检查董事会非相关成员的个人交易。（5）财务问责。要求慈善组织根据经董事会批准的年度预算而运作，提供及时而准确的财务报告，至少每个季度编制财务报表提交给董事会，并查明和解释任何实际收入支出与预算之间差异的原因。组织应当为员工提供一个安全保密的方式举报涉嫌财务不当或滥用组织资源的行为，禁止对举报者的打击报复。组织还应有与其治理机构相适应的足够规模和复杂的书面财务政策，包括资产投资、内部控制程序、购买实践以及无限制流动净资产。（6）法律合规和责任。组织必须清楚和遵守所有适用的联邦、州和地方法律。这些法律涉及筹款、注册、财务问责、文件保存和销毁、人力资源、游说和政治宣传及税收。（7）公开。要求慈善组织准备与使命有关的项目和基本审计财务数据，并每年提供给公众查阅，至少有一位员工专门负责确保组织遵守了联邦和州法所要求的公众信息披露义务。（8）公众教育和宣传。要求非营利组织保证提供给媒体和向公众发布的信息是真实、准确和易于理解的，还补充要求组织在积极推动公众参与社区事务中是严格无党派的。（9）筹款。要求筹款成本在某段时间内（平均是5年）是合理的，慈善组织应当从筹款活动中受益至少3倍于其花费，筹款比例低于3:1的组织应当证明它们正在向目标迈进，或者能够证明为什么3:1的比例不适用于特殊的个体。募捐及其运动资料应当是准确、真实的，以及证明募集资金的用途符合组织使命和捐赠者意图。慈善组织应当尊重捐赠者的隐私和维护捐赠者所期望的信息的保密性。募捐应当是自愿的而非处于过多的压力，并尊重捐赠者或潜在捐赠者的需要和利益。慈善组织还应当制定政策接受和处理得到的捐赠，包括决定能够接受的个人或企业捐赠的程序，将被接受的捐赠的目的，将被接受的财产的类型，以及一项不寻常或意外的捐赠能否被接受。筹款人员，无论是雇员还是顾问，都不应当获得超出佣金比例或其他委托计算公式。当使用付酬的职业筹款顾问或职业募捐者提供的服务时，慈善组织应当仅与那些经授权机构注册的人签订合同，组织还应当控制以其名义进行募捐的任何员工、志愿者、顾问、其他签约者、企业或其他组织。❶

（四）美国慈善协会标准

美国慈善协会（The American Institute of Philanthropy）是最著名的慈善监督机构之一，设立目的如其所言的是帮助捐赠者作出明智的捐赠决定。它旗下的慈善观察组织（Charity Watch）指出其他机构一般依赖慈善组织所提供的慈善信息使用简单或自动化的系统来生成评级，在没有充分分析其财务状况或运作方式的情况下，对慈善组织的报告进行重复或重新包装，而慈善观察组织评分系统的独特之处在于，深入挖掘和仔细分析慈善机构的财务状况并做出相应的调整，以更好地反映大多数捐赠者的目标，即希望自己的捐赠能够得到有效利用，所以该系统不允许慈善机构统计它们在直接邮件或电话营销上花费的资金，或者包括大量未披露的和经常被高估的捐赠物品。慈善观察组织认为慈善机构所提供的自我报告式信息例如税务报表可能不是捐赠者最需要且最有效的信息来源，因此，它通过更可靠的经审计的财务报表对慈善机构的纳税申报表进行审查。这些财务报表是由独立的注册会计师在慈善机构之外进行的，而审计报告通常包括一些慈善机构选择不在纳税申报表中报告的信息，考虑到慈善机构的财务报告和会计准则的复杂性，这在一定程度上能够解决信息不对称或标准

❶ Excellence Institute. An ethics and accountability code for the nonprofit sector [S/OL]. http：//icma. org/en/icma/knowledge_ network/documents/kn/Document/3614/Standards_ for_ Excellence_ An_ Ethics_ and_ Accountability_ Code_ for_ the_ Nonprofit_ Sector.

不一致等问题，也避免了计算机自动或过于简单化的评估。

为了保持慈善观察组织的独立性，不受慈善机构或其他组织的影响和施压，该机构从来不向所审查的慈善机构收取费用，也不接受任何广告宣传和在其网站或出版物上刊登广告，其董事会也不包括任何非营利组织的负责人且不允许他们从被审查的慈善机构获得报酬，95%以上运营资金来自于小额的个人捐款，因此能保持言论自由和对慈善机构违反职业伦理的行为提出批评而无所顾忌。慈善观察组织在评级系统中设置了两项最主要的标准：（1）筹款费用。它认为筹款成本必须是合理的，这意味着慈善组织支出的至少60%是用于慈善目的的，保持在筹款和管理之间的分配平衡。筹款支出不应当超过35%，这一比例建立在相关的捐赠而不是总收益的基础之上。它也适时调整慈善组织的筹款支出比例。（2）资产储备。它认为合理的资产储备能使组织在没有筹款的情况下至少运营3年。组织拥有多年（5年）的资产储备被视为最低需要，这一事实能使组织在不考虑其他因素的情况下获得F评级。❶

（五）善治和伦理实践原则：慈善组织和基金会指南

非营利专家组（The Panel on the Nonprofit Sector）在美国参议院财政委员会的鼓励下于2004年创立，该组织一直致力于寻找加强慈善界的治理、透明度和理论标准的方法。2007年，其咨询委员会在研究了50余家慈善组织的自治和自律规则基础上，提出良好治理与伦理实践规则（Principles for Good Governance and Ethical Practice），旨在帮助董事会成员和行政管理层掌握更高的标准以实现对慈善组织的良好治理和道德操守。该规则共有33条，分为四个部分。

（1）遵守法律和公众信息披露义务。第一，要求慈善组织必须遵守所有联邦、州和地方政府规定适用的与建立和运营相关的法律法规，如果组织在美国以外开展项目，也必须遵守适用对美国具有法律约束力的国际法律、法规和惯例。董事会负责检查和确保组织遵守其所有的法律义务以及管理检测和纠正不当行为的责任。第二，慈善组织应当具备其董事会全

---

❶　https：//www.charitywatch.org/charitywatch-criteria-methodology.

体成员或受托人、工作人员和志愿者都熟知并坚守的正式的书面伦理准则。第三，慈善组织应当采用和执行如公开、回避或其他妥善处理方式的政策及程序以确保避免利益冲突。第四，组织应当建立举报制度，确保个人能够举报违法或违背组织政策行为的信息，并确保善意的举报者受到保护而不会被报复。第五，慈善组织还应当建立相关政策和程序防止组织重要的文件和商业记录泄露；以及确保组织有足够的计划防止其资产（包括财产、资金和人力资源、方案内容和材料、诚信和声誉）损坏或丢失；董事会要定期审查组织所需的一般责任和董事们及高级职员的责任保险，采取必要措施降低风险；组织也应当将其运营的信息，包括治理、财务、计划和活动，尽可能广泛地告知公众，并考虑提供和分享其用于评估自身业绩的方法和结果。

（2）有效治理。要求慈善组织必须设立一个治理机构对检查和推进组织使命和决策、年度预算和关键财务管理、薪酬政策与执行以及财政和治理策略负责；董事会应定期开会，保证足以开展其业务和履行职责；董事会构建自身组成并定期检查，拥有足够的成员来思考治理和其他事项的充分性和多样性；董事会应包括多元化的背景（包括但不限于民族、种族和性别）、经验，以及推动组织使命所必要的管理和财务技能；公共慈善组织的绝大多数（通常至少 2/3）的董事会成员应当是独立的，即不是组织付薪的雇员或独立的合同方，不由组织付薪人员决定其薪酬，没有直接或间接地接受组织的物资财务利益（除了作为组织所服务的慈善类成员外），与上述任何人（如配偶、兄弟姐妹、父母或子女）无关的人；董事会应当雇用、检查和经常评估首席执行官的业绩，应当先于改变高级职员薪酬前对其进行评估，除非有多年生效的合同或者仅仅为通货膨胀或生活费用而作的例行调整。慈善组织董事会如果有付薪职员的话，应当确保首席执行官、董事会主席和财务主管由独立的个人担任，如果没有付薪职员的话则应当确保董事会主席和财务主管由独立的个人担任。董事会应当建立一个有效的、系统的程序加强成员间的培训与交流，确保他们知晓自身的法律和伦理责任，了解组织的项目和活动，并能有效地履行他们的检查职能。董事会成员应当评价他们的整体业绩和个人业绩（通常不少于 3

年），并有开除不能完成义务的董事会成员的清晰程序，董事会应当制定清晰的政策和程序设定董事会成员的任职期限和履职条款，至少每 5 年检查组织的治理机制和定期评估组织使命与目标，确保组织的项目、活动推进了组织使命并谨慎地利用了组织资源。董事会成员一般是不付薪酬，但为履行职责而发生的费用可以报销，慈善组织提供给董事会成员的补偿应当根据恰当的可比较的数据来决定，并将补偿的数额和理由披露应其要求的任何人。

（3）强有力的财务审查。慈善组织必须保留完整、当前和准确的财务记录，董事会应及时接受和审查组织的财务报告，并由合格的、独立的财务专业审计师或以一种适合于组织规模和运营范围的恰当方式每年审查这些报告。董事会应建立政策和程序确保组织在遵守法律要求的前提下负责任地管理和投资资金，检查和推进组织年度预算并监管实际与预算相悖的行为。慈善组织不应向董事、高级职员或受托人提供贷款，如贷款担保，购买或转让住宅或办公室的所有权，或减轻债务或租赁责任或其他等值。慈善组织应当在推进使命的项目上花费年度预算的显著比例，预算应当能够为组织的有效管理和适当的募捐活动提供充足的资源。慈善组织应当为任何人以组织名义进行商业或差旅而支出费用建立清晰的书面报销政策，包括报销费用的类型和所需的文件，并要求代表组织而为的差旅以一种成本效益的方式进行。组织不应当为陪同的配偶、家属或其他人支付或报销差旅费用，除非他们也执行这样的任务。

（4）负责任的筹款。募捐资料和其他发布给捐赠者和公众的资讯必须是清晰可辨且准确而真实的。募捐必须被用于符合捐赠者意图的目的，无论是否像相关的募捐资料所描述的那样或者捐赠者特别指定的。慈善组织必须按照国税局的要求提供给捐赠者与慈善捐款有关的具体确认及信息，方便捐助者遵守税法的规定。慈善组织应当根据其特定的免税目的采用清楚的政策来决定是否接受一项可能会损害其伦理准则、财务状况、项目重点或其他利益的捐赠。慈善组织应当提供适当的培训和监管那些代表其募捐资金的人，确保他们理解自己的责任和适用的联邦、州和地方政府的法律，不采用强制、恐吓或有意骚扰潜在捐助者的方式筹款。慈善组织不应当将筹款人的薪酬建立在完成特定数额的募捐比例上，这样会鼓励筹款人将个人利益置于组织和捐赠者之上，并导致其使用不恰当的技术而危及组织的价值观和声誉以及捐赠者对该组织的信任。慈善组织应当尊重个体捐赠者的隐私，除非法律要求对其进行披露，不应当出售或以其他方式提供捐赠者的姓名和联系信息，并提供如验讫箱或"退出"方式要求未来接收材料将捐赠者名字从邮件、传真或类似通信信息中删除，确保所有捐赠者每年至少有一次机会提供要求自己的姓名和联系信息不被组织外部共享的方式。❶

从实践来看，专业评估机构和行业协会长久以来事实上已经站在了为非营利组织制定标准的最前沿。慈善组织也认为自己被牢牢掌握在这些监督机构的标准规范和公众排名之下，经常认为对于这些机构的评论和评级无能为力，尽管实际上它们有一定的权利考虑这些标准以及适用的方式。然而，如何妥善解决慈善组织就适用监督机构制定的标准所产生的争议，法律在原则上要求这些标准及其适用必须"公平的"，除非存在以下两种情形：第一种是显著的经济因素，如果监督机构的权力大到足以对被列为不符合标准的慈善机构产生不良经济后果，法院可以介入纠正不公平的标准或不公平的适用程序；第二种是机构评级的权力引起公众的关注，监督机构设想自己是为了公众利益或潜在捐赠人的利益而强制要求信息披露，慈善组织的筹款成功也依赖一个良好的评级，公众会从一个受到负面评级的慈善组织撤回捐赠，一个受到机构积极评价的慈善组织显然比那些受到不利评价的组织有显著的"竞争"优势。上述两种情形可以简单地概括为，"自律规则应当建立在定义清晰的标准基础之上，即明白地指出什么是正确的和不正确的，模糊的标准导致恣意妄为"，以及"标准一旦制定就应当以合理的方式执行"。监督机构制定和适用的标准必须经得起以上两种情形的检验，基本的公平即要求执行这些标准必须建立在合理的程序

---

❶　Principles for Good Governance and Ethical Practice［EB/OL］. http：//independentsector. org/programs/principles-for-good-governance-and-ethical-practice/.

基础之上。❶

三、法定的管理者义务

法律介入非营利组织内部管理的范围和程度相当有限，这与立法者对什么该管、什么不该管有着清醒的认识有关。非营利组织尤其是免税的公共慈善组织的管理者在法律上所承担的管理义务有着严苛的判断标准，衡量其是否履行了义务或者履行义务应当到什么程度，除了对投资行为设有额外的"谨慎"标准之外，主要按照组织的法律性质区分为慈善信托的受托人责任和非营利法人的董事义务。然而，用于界定受托人或董事责任和义务的法律原则和术语经常是含糊的，例如谨慎人、商业判断和合理等，这是为了给立法者、法官和陪审团在解释这些术语时保有必要的灵活性，以惩罚基于不良动机的错误行为和保护出于良好动机的失误行为。

（一）慈善信托的受托人责任

一个免税组织尤其是慈善组织的董事是组织资源的受托人和组织使命的推动者，这一概念由慈善信托的普通法发展而来。现代信托法重述（第三版草案）第77节规定，受托人负有管理信托的义务，依据目的、条款和信托的其他情形像一个谨慎的人行事；谨慎要求履行合理的注意和技巧，以及采取适合于该信托的目的、环境和全面管理的慎重程度。❷当受托人违反信托责任的标准时，将引致个人或集体责任。

一般来讲，信托责任要求董事会及成员保持客观、无私、尽责、诚实、值得信任和工作高效；作为组织的管理者，董事会及成员应当总是以善意而行事，而不是为了他们个人的利益，在做出决策时履行合理的注意义务，而不是将组织置于不必要的风险之中；董事会及成员的重要职责之一就是维持财务问责和有效地监督日常管理，他们是组织资产的守卫者，被寄希望于履行尽职检查的义务，以审视组织是否被良好地管理和在各种情形之下财务状况是否合理等。

---

❶ Bruce R. Hopkins & Virginia C. Gross, Nonprofit Governance: Law, Practices, and Trends [M]. John Wiley & Sons Inc., 2009: 51-52.

❷ Restatement of the Law Trusts 3d. Vol. 3. Sec. 70 to 92. American Law Institute Publishers, July, 2007.

董事会的全体责任与董事会成员的个人责任在法律上的区别是董事会为组织事务承担的责任与个别董事会成员为其个人行为承担的责任。董事会整体上对可能发生在组织内或将对组织发生的事情负有责任。作为一个最终的授权，董事会应当确保组织在遵守法律和内部治理规则的前提下运营。司法诉讼经常源于疏忽的、消极的或被控制的董事会。立法者和政府监管者对涉及免税组织的董事会成员及问责的问题上要求正变得越来越高，这在考虑董事会功能上引起了一个显著的转变，即远离单纯的监督概念，训诫董事会成员应当更深入地介入政策制定、检视监督雇员和全面管理。结果是，许多免税组织的董事会在实现和维护良好的政策方面正变得越来越警惕和积极。免税组织的董事会对以下事项负有集体责任，包括：发展和促进组织使命，维持组织的免税地位，吸引慈善募捐的能力，保护组织的资源，制定组织的预算，雇用和评价行政总裁，一般性地检查组织管理，以及支持组织的筹款。❶ 反过来，董事会分担法律责任依赖的是个人行为。每一位董事会成员对他（或她）的行为负有责任，包括那些可能触犯民事或刑事法律的行为。实践中，这要求董事会成员保持对彼此被证明有害于组织的行为举证。

根据国税局发布的《合规性项目中期报告》，半数以上的学院和大学拥有自己的捐赠基金且由另一个代表其利益的组织管理或维护捐赠基金，几乎没有学院和大学在内部设有专门对捐赠基金进行投资管理的职位及员工；最常见的方式是用作为第三方的外部基金经理人来进行管理，也有少量采取内部管理或关联实体的方式进行管理，仅有很少比例的公立学院和大学捐赠基金是由州政府机构如州财政局代为管理的；几乎所有的学院和大学都利用投资委员会来监管其捐赠基金资产，并制定有投资政策，投资委员会的人数规模、雇用外部顾问以提出投资指导建议、选择外部利益相关方参与管理，以及批准以上决策的比例与学院和大学的规模呈正比；无论内部或外部投资经理的薪酬安排，均由董事会委员会或董事会全体成员审查和批准，补偿内部投资基金经理最常用的类型是薪水，其他还有基于

---

❶ Goldschmid. The fiduciary duties of nonprofit directors and officers: paradoxes, problems, and proposed reforms [R]. 23 J. Corp. l. 631 (Summer 1998).

资产的费用、共同基金的费用和基于绩效的费用等类型。❶

实践中，董事会在现代大学捐赠基金管理中扮演着重要的角色，例如参与投资目标、资产配置和管理决策等。董事会的成员不仅要理解大学的使命而且应熟知金融投资业务。根据 GAO2009 年的调查，捐赠基金管理组织的董事会呈现出混合结构的特征，一般情况下有 2/3 的成员在投资委员会拥有投票权，接近 90% 的投资委员会成员是捐赠者，大多数在商业领域有丰富的经验，大约一半是捐赠基金所服务的机构校友。投资委员会的实际结构与运营和投资决策是密切相关的，如果董事会中大学雇员较多则更倾向于减少风险类资产的配置，如果捐赠者的比例过高则更倾向于配置较低的可替代性投资和外包。与组织结构、运营状况、投资选择、资产分配等管理活动侧重于效率不同，法律所要解决的是在管理过程中各方的权利义务关系及责任的界定问题，以大学捐赠基金投资经理人和高管的薪酬问题为例，法律对大学尤其是投资委员会是否制订"合理"薪酬标准的政策及流程更为关注。

2005 年，美国大学因其校长本杰明·拉德纳的薪酬和消费习惯而成为媒体关注的焦点。美国大学是　·所位于华盛顿特区的免税私立大学，《纽约时报》报道称其校长拉德纳当年的薪酬高达 66.3 万美元，经调查他和他的妻子南希在过去的 3 年里花了近 60 万美元用于机票、酒店、豪华轿车、食品、私人厨师和社交秘书以及家居用品等方面的支出。❷ 随即，美国大学暂停该校长的职务，委托一家律师事务所准备一份校长及其家庭消费的报告，并重新审视近期的财务记录，发现校长及其夫人个人和差率费用至少有超过 50 万美元的支出存在质疑。美国大学发给本杰明·拉德纳一笔丰厚的遣散费。该项决定并没有得到所有董事会成员的同意，4 位受托人在此项决定作出后提出辞职，还有 2 位受托人发布了一项道

---

❶ Bruce R. Hopkins, Virginia C. Gross, Thomas J. Schenkelberg, Nonprofit Law for Colleges and Universities: Essential Questions and Answers for Officers, Directors, and Advisors [M]. John Wiley & Sons Inc., 2011: 266-269.

❷ Michael Janofsky. American University Chief is Investigated over Spending [N]. New York Times, 2005-09-23.

歉，声称董事会在考虑大学校长的行动时对校长薪酬及其与大学的合同缺乏一种清晰理解。这一做法更加激起舆论对美国大学董事会更多的批评，并招致参议员查尔斯·格拉斯利的调查，他要求美国大学提供文件证明它在决定支付给高级行政人员、董事、受托人和雇员高昂薪酬时维持了足够的透明度，声称大学很可能在即将进行的审查和改革中成为范例。事后，美国大学授权执行委员会为治理变革提出建议，一致通过并实施该建议，内容包括修订章程，适用全校范围的举报人政策，以及适用利益冲突政策。❶ 鉴于此，国税局在专门针对大学和学院的合规性项目调查中，就重点关注了对年度报告特别是其中财务信息的审计，焦点之一就是大学官员的薪酬合理性。

(二) 非营利法人的董事义务

与慈善信托的受托人类似，非营利法人的董事与组织之间的关系本质上也属于"信托关系"，也就是说，普通法上的信托责任对非营利法人的董事会及成员具有普遍的适用性和解释力。正如一个典型的法律陈述所言："在许多案件里，非营利公司信托规则制约着组织的董事、受托人和高级职员的行为，慈善信托法规范着组织资产的利用和处置。"

杰克·西格尔（Jack B. Siegel）指出非营利法人董事最基本的两项义务是"忠实"与"注意"，如果董事的行为是充分、合理以及代表了非营利组织的最佳利益，即被认定为履行了其义务；反之，如果董事在没有充分了解信息的情况下作出错误的决定，或者利用其内部人的身份对非营利组织造成不利，那么董事就违反了其义务。❷ 修订后的《非营利法人示范法》（*The Revised Model Nonprofit Corporation Act*，RMNCA）第 8.30（a）条在界定董事职责时，规定如下："董事应当履行其职责，包括作为委员会成员的职责：（1）善意；（2）以一个普通的谨慎人在类似情形下的注意而行事；（3）以董事认为符合法人最佳利益的方式而行事。"该规定并

---

❶ Bruce R. Hopkins & Virginia C. Gross, Nonprofit Governance: Law, Practices, and Trends [M]. John Wiley & Sons Inc., 2009: 187.

❷ Jack B. Siegel. A Desktop Guide for Nonprofit Directors, Officers, and Advisors [M]. John Wiley & Sons Inc., 2006: 77-136.

没有提到忠实或注意义务，尽管该法其他部分例如与董事有关的利益冲突规则提及了忠实义务，实际上很少有法律明文指出"忠实义务"或"注意义务"，更多的是使用"谨慎""合理""善意"等字眼来描述董事应该如何行事，而其中就包含注意和忠实的要求。尽管非营利法人是法律拟制的人格，但其董事的注意和忠实义务更多是源于"法官造法"或普通法，因为实践中上述法律术语及其判定标准往往是含混不清的，监管机构和司法机关通常会依据行为意图的好坏来灵活地判断，然而"好"与"坏"的行为界限有时也是难以确定或者一概而论的。根据大多数州法，非营利董事必须以善意和为了组织最佳利益的方式而履行自己的职责，许多州采取了"理性人"标准，即董事必须以一个普通的谨慎人在类似情形下的注意而行事。以纽约州法为例，它要求董事以普通的谨慎人在类似情况下而采取的善意、勤勉、注意和技巧来履行自己的职责，这一标准适用于所有的董事而无论其是否获得薪酬补偿。法官通常根据董事、高级管理人员或受其雇用的人是否有效地履行忠实、注意和服从等三项义务来判断其是否应当承担个人或集体责任。

1. 忠实义务

48 个州都以成文法形式规定了忠实义务，董事有责任为非营利法人的最大利益而行使自己的权力，利用组织的资金和财产，以促进该组织的使命而非自己或其他组织的私利。忠实义务与董事会成员的私人利益之间可能存在潜在的利益冲突，尤其是当该成员参与与非营利组织的经济交易时。通常情况下，如果董事会成员披露任何可能存在的利益冲突，则被视为履行了忠实义务，因为利益冲突本身并不违法，相反它普遍存在于非营利活动领域，如董事会成员经常同时隶属于几个组织，有的组织是非营利性的也可能是营利性的。因此，非营利组织通常会制定适合自身实际情况的利益冲突政策，避免董事会成员有为了私人或其他组织的利益而利用组织的机会，当然有时也要顾及保密性原则。重要的一点是非营利组织尤其是董事会应当有应对利益冲突的正当程序，即当某位董事可能从组织活动中产生私人的利益或潜在的好处时，一项利益冲突政策能够通过建立信息披露和投票程序，帮助保护组织的利益以及涉事的董事。

2. 注意义务

注意义务侧重于做出决策的过程。董事有责任或义务被告知、询问、参与审议和做出判断等，也就是说，注意义务要求董事对非营利组织的活动和运营予以适当的关注。通常董事的以下行为被视为履行了注意义务：出席董事会会议和委员会；促进董事会会议筹备，例如先于会议前检查报告和议程；在投票前获取信息以作出适当的决定；使用独立的判断；定期检查那些服务于组织的人的资质和业绩；经常检查组织的财务状况和财务政策；遵守报告要求，尤其是年度信息反馈。当然，这并不意味着董事必须询问一切可能的问题，参与无休止的审议和咨询无数位外部专家和顾问。董事是否尽到注意义务，一条重要的判断标准就是"合理性"与否。例如，很多州法特别规定董事有权合理地信赖由非营利组织的雇员所提供的信息，以及由律师和会计师等专家所提供的建议和观点。值得一提的是，注意义务对董事的要求也依据决策的重要性而发生变化，董事在做出涉及非营利组织的重大事项和活动时应采取更高的注意标准。法律允许董事会和个别董事将权力委托给其他人例如雇员来行使，但要求其以不违反注意义务为前提，即仍必须履行必要的监督职责，否则可能会被视为"放弃责任和义务"，例如不要求被授权的人向其报告，但是具体情形及其后果也可能不同，要么是完全将权限交由他人要么是出于疏忽大意而不再过问。

3. 服从义务

服从义务能否作为第三个义务还存在争议。该项义务要求董事必须为推进非营利法人的使命而行事，它根植于信托法，即遵循设立信托的资金提供者的原始目的。有专家指出这项义务延伸适用于非营利法人的董事，可能会引发麻烦，理由有两个：（1）当慈善组织从事重要的持续性业务时，会有更多的利益相关者参与进来，而服从义务在某种程度上是对所有的利益相关者而言的，如果不能涵盖增加的利益相关者，那么这项义务的内容将变得困难甚至不可能；（2）使命必须经常随着组织的相关性而做出改变。因此，他们认为服从义务不是一项独立的义务，而是包含在忠实与注意义务之中的。然而，也有一些州承认服从义务是一项特殊的义务，如纽约州律政司在论述慈善局的监管角色时就声称，尽管没有明确提到，但普通法上的服从义务同样适用于董事和高级职员，即其行事必须确保符合组织的目的和追求组织的使命。当董事会努力确保组织遵守了所适用的法律要求，遵守并定期检查所有管理组织运营的文件，以及在促进组织使命和管理文件范围内做出决定，都被视为履行了服从的义务。❶

第二节　中国大学基金会的内部治理规则

一、大学基金会内部治理的现状

大学基金会的治理质量主要取决于内部运作状况，如组织结构、人员管理和投资运作等。大学基金会虽然在某些方面与营利性企业有着本质的区别，如最核心的利润或说经营性收入不能分配，必须用于慈善目的等。捐赠基金的筹集、运作与管理等都应依照市场规律进行，才能使基金会有限的资源发挥出最大的效用。大学基金会的专业化管理涉及人文、教育、社会、金融等多个方面，需要招募和聘用擅长捐赠活动策划、项目管理和投资运作等的专业人才。事实证明，组织架构齐全、职责分工明确、工作专业高效是大学持续获得捐赠收入并实现基金保值增值的组织保证。

从理论上讲，大学基金会是独立的非营利性法人，按照惯常的非营利组织治理结构应包含理事会、监事会以及执行机构，而理事会享有组织的最高决策权。在中国，非营利组织或说第三部门普遍存在直接或间接地受到政府控制的情况，表现在组织的成立环节、治理环节、资源获取环节以及活动开展环节等。❷ 就大学基金会而言，高校的过度控制与大学基金会的过度依赖具有同时并存且互为表里的特点。高校对大学基金会的全方位控制使其治理环境产生异化，本应开放的治理环境，由于高校管理层的行政干预，在大学基金会外围形成一道屏障，使大学基金会长期处于类似托

---

❶ Jack B. Siegel. A Desktop Guide for Nonprofit Directors, Officers, and Advisors: Avoiding Trouble while Doing Good [M]. John Wiley & Sons Inc., 2006: 78.

❷ 康晓光，韩恒，卢宪英. 行政吸纳社会——当代中国大陆国家与社会关系研究 [M]. 世界科技出版公司, 2010: 140.

管状态下的封闭式管理中，不利于外部监督的开展。

有人将我国大学教育基金会的组织架构按照组织结构类型分为直线—职能制、项目组制和独立型三种模式，又按照是否具有独立性分为独立型、合署型和隶属型三种模式，还按照运作管理模式分为市场运作型、行政管理型、委员会型和海外拓展型四种模式。❶ 不同模式各有利弊，究竟采取何种模式取决于大学自身的发展需要和管理思路。整体上看，我国大学基金会的组织结构趋于简单化和扁平化，缺乏专业化的分工管理和信息沟通机制，甚至有的大学基金会就是学校的一个处级单位，工作经费依赖学校拨款，工作人员由学校委任。

最突出的一个问题是大学管理层与大学基金会在人事上高度重合，大学校领导主导大学基金会的理事会，长期代行理事会职权，大学基金会的相对独立性没有得到应有的体现和尊重。此外，大学基金会的校内理事占比也较高，即所谓的关联理事现象。有实证研究表明，"为充分利用和管理校友资源，高校教育基金会和校友会之间存在普遍的关联理事设置，关联理事构建了高校教育基金会和校友会之间的资源交换渠道"。然而，"关联幅度、理事长关联对筹资能力的影响并不显著"，"基金会理事长来源为校长时，关联幅度与筹资能力正相关，校长担任基金会理事长具有更强的资源动员效应；基金会秘书长来源为职能部门负责人时，秘书长关联与筹资能力显著负相关，秘书长专业背景与知识结构的匮乏，降低了高校教育基金会筹资能为"。❷ 虽然理事长由校领导兼任能够在一定程度上保证大学基金会的发展与学校保持一致，同时又能利用校领导的个人影响力为大学基金会筹资，但问题是当出现领导变更或调整则会导致权力真空，影响基金会的正常运转甚至错过筹资良机。秘书长负责日常事务的处理，对基金会事务有很大的决定权，但权力过于集中也意味着秘书长的专业能力和知识结构会直接决定基金会的管理水平。有的大学基金会监事身兼数职，事务繁忙而无暇顾及基金会事务，存在被动监督或形同虚设的现象。

---

❶ 戴志敏，石毅铭，蒋绍忠等．大学教育基金会管理研究［M］．杭州：浙江大学出版社，2010：65-73.

❷ 罗欧琳．高校教育基金会关联理事的筹资效应研究［D］．长沙：湖南大学，2016：Ⅱ.

而普通工作人员，也存在配备不足、角色冲突、工作效率堪忧和专业能力受限等诸多问题。例如在我国已成立的大学基金会中，有专职工作人员的基金会只占 58.2%，拥有 10 名以上专职工作人员的基金会只占 8.2%，《中国基金会发展研究报告》（2011）数据显示，超过 70% 的非公募基金会专职人员数量在 0~5 人，清华大学教育基金会专职人员 29 人，北京大学教育基金会为 24 人，而且专职人员多为"半路出家"，没有接受过专业训练，尤其是缺乏金融领域的专业知识和现代化的管理理念。这部分是由于高校事业单位编制的人事制度使然，导致大学基金会不能配备数量较多的专职人员，人数的限制抑制了基金会开展活动的广度和深度，如有 53% 的大学基金会没有自己的工作网页，缺乏对外发布捐赠信息和接受外界监督的窗口等。

除此之外，大学基金会在拓展捐赠渠道、管理捐赠资金、配备人力资源、维护公共关系等各方面都依托大学平台展开，资源依赖程度越高，越是制约和压抑基金会提升自治能力的空间和动机。造成这种状况很重要的原因在于大学对基金会所采取的部门化管理模式，注重基金会的组织结构和职权划分，强调稳定性和低风险，限制了基金会与大学外部资源交换能力的发展。大学基金会的捐赠收入过度依赖大学的社会知名度和品牌效应甚至领导人的社会资本，无疑削弱了基金会通过提升治理水平获取捐赠资源的动机和能力，加上大学过度干预基金会的人事任命和内部管理，大大压缩了大学基金会的自主决策和行动空间，工作人员的工资福利待遇等同于高校行政管理人员缺乏激励机制等。这种"准行政化"的组织结构及运行模式显然不适应未来慈善资源的市场化竞争发展需求。大学基金会依托高校而成立，高校的行政化思维迁移到基金会日常管理，使其拘泥于行政事务，而忽略了促进教育捐赠事业的组织使命。一方面，"行政化"组织追求程序、稳定的特性不适合基金会的发展路径；另一方面，高校的行政干预削弱了公众的捐赠热情，留下执行力差、低效率的刻板印象，使得社会公众对大学基金会的管理模式、执行力、透明度产生质疑而减少捐赠行为。究其根源，这还是源于我国教育行政主管部门对大学的行政化控制，造成管理模式的习惯性传导，直接延伸到大学对基金会的管理思维和行为控制之中，其结果就是大学基金会存在严重的动力和活力不足问题，单纯地依赖大学领导者的行政指令和资源动员能力，缺乏有效的制约与监督，随着资金总额的累积，风险日益积聚。

二、大学基金会管理者法定责任

2000 年，天津大学因投资运作不当造成重大资金损失，时任校长单平负有失察责任构成严重失职被处分，天津大学副校长杭建民也被免职。教育部向各高校发出通知，要求高校对本单位资金使用和管理情况开展一次清查，发现问题及时整改，对查出违反财经纪律的问题坚决予以查处。该事件虽然暴露出高校在涉及资金管理的重大事项决策与程序上存在诸多漏洞，但也造成高校领导者从此对投资市场望而却步，因为投资就意味着风险，不仅是经济损失的风险，还有投资决策者的政治甚至法律风险。而资金的保值增值已经成为迫在眉睫的问题，对于捐赠基金规模较大的高校尤其如此，不投资也是在贬值和损失，不作为是否也应承担责任呢？因此，关键还在于要建立起资金管理和投资的风险控制体系和责任追究机制。

新的慈善法律制度为改善慈善组织的内部治理作出了一定的法律要求，如《慈善法》第 12 条明确规定："慈善组织应当根据法律法规以及章程的规定，建立健全内部治理结构，明确决策、执行、监督等方面的职责权限，开展慈善活动。"另外，慈善组织要申请获得公开募捐资格，也必须满足"内部治理结构健全、运作规范"的法定条件。实际上，慈善法作为规范慈善组织及其行为的基本法，几乎所有内容都或多或少涉及慈善组织的内部管理规范。《基金会管理条例》在第三章"组织机构"详细规定了理事会构成与成员资格、理事会的职权和议事规则、秘书处的职责和选任标准、监事会的选派要求、职权和薪酬标准等内容。教育部、财政部、民政部《关于加强中央部门所属高校教育基金会财务管理的若干意见》就大学基金会提出了"完善治理结构，保障内控体系健全有效""加强财务管理，规范会计核算工作""加强筹资过程管理，促进筹资专业化""规范投资行为，防范和控制财务风险""合理使用捐赠资金，促进教育事业发展""健全信息公开制度，自觉接受社会监督"六点要求，可见大学基金会的筹资、投资、使用以及信息公开等主要行为都与内部管理尤其是财务管理密不可分。

　　与前述美国监管机构、高等院校和行业组织对大学捐赠基金"三位一体"的内部治理规范而言，目前我国的法律规定还是较为粗糙且操作性不强，其结果可能仍是内部管理混乱无章可循，或是管理责任无限扩大致使管理者束手束脚。以关联交易禁止规则为例，《慈善法》第 14 条规定："慈善组织的发起人、主要捐赠人以及管理人员，不得利用其关联关系损害慈善组织、受益人的利益和社会公共利益。慈善组织的发起人、主要捐赠人以及管理人员与慈善组织发生交易行为的，不得参与慈善组织有关该交易行为的决策，有关交易情况应当向社会公开。"《基金会管理条例》第 39 条也规定："基金会的理事、监事、秘书长，不得利用其关联关系损害基金会、受益人的利益和社会公共利益。基金会理事、监事、秘书长与基金会发生交易行为的，不得参与相关事宜的决策，有关交易情况应当向社会公开。"根据该条例附则第 79 条的解释，"关联关系，是指基金会的发起人、理事主要来源单位、投资的被投资方以及其他与基金会之间存在控制、共同控制或者重大影响关系的个人或者组织与基金会之间的关系"。至于何为"关联交易"，如何认定"损害"，以及决策过程中的责任和交易信息公开的途径等都不甚明确。实践中，大学基金会的发展高度依赖校友资源，一些大学为充分利用和管理校友资源，普遍在大学基金会和校友会之间设置关联理事，除了在大学基金会和校友会之间构建资源交换渠道外，也难免存在与关联理事相关企业进行内部交易的情况。总之，大学基金会管理组织及管理者的法律责任与救济途径有必要尽快纳入立法的重要议题。

第六章 中美高等教育捐赠的
投资运作规则

　　出于公益慈善事业的可持续发展和市场化模式的考虑，允许慈善组织从事经营性活动和投资运作已经在行业领域和立法层面达成共识，但前提是不能实质上背离慈善组织的目的和宗旨。美国高等院校的捐赠收入增长空间相对有限，长期以来大学捐赠基金的投资收益却相当可观，成为支撑高等院校越来越庞大的运营预算的主要资金来源。各州法律一般要求负责管理捐赠基金投资业务的组织或个人遵循审慎投资规则，判断标准是"任何负责管理、投资机构资金的人，在履行职责时，应当遵循诚信原则，并尽到一个一般审慎人应尽到的注意义务"。我国大学基金会通常依照《基金会管理条例》规定的"合法、安全、有效的原则实现基金的保值、增值"开展投资活动，但由于该规定过于笼统、模糊导致投资行为要么过于保守要么过于激进，尤其对投资权责界定和投资风险控制没有明确的规范和保护。我国《慈善法》第 54 条对慈善组织的投资行为做出了原则性规定，并强调投资取得的收益应当全部用于慈善目的，对重大投资方案的决策程序及内部人员的关联交易也做出了明确规定。民政部于 2017 年年底颁布《慈善组织保值增值投资活动管理暂行办法（征求意见稿）》，对投资财产的性质、投资活动的方式、投资产品的范围和种类以及禁止性行为等各个方面均做出了细致规定。然而，大学的捐赠收入应当如何开展投资活动，是否遵循慈善组织的投资行为规则，首先取决于大学管理捐赠收入的模式特别是管理组织的法律主体性质。

第一节　美国大学捐赠基金的投资运作规则

成熟的投资运作是美国大学捐赠基金引起全球关注的亮点，也使之成为现代大学管理捐赠资产的核心任务之一，主要目的和功能是保持资金的购买力以应对通货膨胀和随时可能发生的经济衰退。根据全美高等院校行政事务官员理事会和共同基金联合 2014 年 1 月发布的基准研究报告（NACUBO - Commonfund Study of Endowments，NCSE），大学捐赠基金在 2013 财年（2012 年 7 月 1 日至 2013 年 6 月 30 日）扣除各项费用后的投资回报率平均达到 11.7%，与 2012 财年的 -0.3% 相比显示出强劲的复苏态势。❶ 该报告指出大学捐赠基金仍然是高等教育显著的支持来源，参与研究的 835 所美国学院和大学提供数据表明其运营预算平均 8.8% 都来自捐赠基金，资产超过 10 亿美元的院校最高达到 16.2%，资产少于 2 500 万美元的院校则占 2.5%，许多大学都将捐赠基金的收入用于财政支持及学生与教师的相关项目。

然而，大学捐赠基金哪些部分能够用于投资？如何在控制投资风险的同时保证投资效益？投资负责人应当承担怎样的责任？为解决这一系列问题，立法者也曾经困扰很久，一方面是捐赠基金本身的保值增值需求使投资成为必然，另一方面是捐赠基金的慈善目的与市场化运作的逐利性之间存在天然的矛盾，这使得大学捐赠基金的投资与一般的市场投资存在显著的差别，主要反映在投资种类、比例和策略等各方面，也使得社会公众对投资负责人的专业能力与伦理操守保持时刻的警惕和戒备。立法者要考虑的是如何保证大学捐赠基金在合理的和可接受的限度内进行有效的投资运作，同时又能平衡基金管理者、投资人和捐赠者及其他利益相关者的不同诉求。因此，立法者所关注的重点是大学捐赠基金投资行为的界限和法律问责问题。

---

❶　John S. Griswold, Kyle Kuhnel, William F. Jarvis, Kenneth E. Redd. Educational Endowments' Investment Returns Averaged 11.7% in FY2013; Strong Improvement over FY2012's -0.3% [EB/OL]. http：//www. nacubo. org/Documents/Endowment%20Files/2013NCSEPressReleaseFinal. pdf.

一、谨慎投资者规则

（一）投资权的委托立法

大学捐赠基金的投资主体分为两种：第一种是大学下设专门的投资委员会或由财务部下设投资办公室负责捐赠基金的投资、支出和相关信息申报工作，而由学校发展事务部来负责筹款、校友和公共关系等工作。例如，耶鲁大学的捐赠基金就是由学校董事会下属的投资委员会来监管的，任务包括制定投资指导方针、确定投资目标与策略、选择资产类别与投资方法，以及评估投资业绩等。一般投资委员会或投资办公室都设有首席投资官，员工为专业的投资人士，也聘用外部投资顾问提供咨询和建议。第二种是将投资业务委托给专业的基金管理公司来运作，当然大学可能与基金管理公司之间存在直接或间接的控制关系。以 1974 年成立的哈佛管理公司为例，它实际上是具有独立法人资格的哈佛大学附属实体，对学校董事会和监事会负责并汇报工作，其唯一使命是"创造长期的投资效益以支持哈佛大学的教育与研究目标"，它"率先并继续推行一种独特的方式来管理捐赠基金，即所谓的投资'混合模式'，通过建立一流的组织结构支持内部投资专业人士和第三方管理者共同投资基金，防范投资风险。"❶

与之相对应，大学捐赠基金的投资主体分为内部投资人与外部投资人两种。在过去，大学往往安排内部机构或员工来管理捐赠基金的投资活动，只有少数拥有大规模捐赠基金的大学才会雇用专业的投资人士或外包给投资公司来进行运作。随着捐赠基金对大学财政的重要性与日俱增，投资活动越来越复杂化、专业化，专业投资人参与的比例日渐增高，大学普遍意识到高度专业化的投资队伍是大学捐赠基金投资业绩和成功运作的关键，所以一般都倾向于将投资组合的工作分配给在此方面有突出才能的外部投资人。根据美国国税局针对学院和大学进行的合规性项目调查报告结论，75% 的高等院校设有投资委员会负责审查捐赠基金的投资事宜，委员会人数平均为 8 人，93% 的投资委员会选择外部机构管理捐赠基金的投

---

❶ Supporting the Goals of Harvard [EB/OL]. http：//www.hmc.harvard.edu/about - hmc/index.html.

资，83%选择外部顾问提供投资指导建议。❶

如今，法律是否允许大学捐赠基金进行投资似乎已不是问题，保值增值是实现捐赠者的慈善目的和捐赠基金"代际公平"的必要手段已经成为共识。但是，投资者行为的授权和限制在性质上必须明晰，以确保法律适用的恰当。直到20世纪60年代中期，捐赠基金的投资模式依然很传统，要求受托人不得授权给他人进行投资决策，而且捐赠基金的支出也仅限于利息和红利收入，投资范围局限在债券和其他固定收益类产品，不允许投资高风险资产类别。信托法严格禁止受托人将本应由自己履行的投资责任委托给他人行使，除非信托文件中有明确的授权，但是允许受托人在做出选择前寻求投资顾问的建议。理由是立法者认为信托关系建立在信任的基础之上，捐赠者在设立慈善信托时一般都会考虑到受托人的判断和能力，其中就包括投资的专业性，因此，大多数信托协议中规定"选择和监督投资是不可转授的"。

1969年，受福特基金会委托，威廉·克里和克雷格·布赖特（William L. Cary & Craig B. Bright）撰写了第一份研究报告，题为"捐赠基金的法律和学问"。该报告系统全面地探讨了捐赠基金投资的诸多法律问题，被视为开启捐赠基金现代投资模式及其立法的标志性事件。该报告分析了捐赠基金"收入"的法律定义，对传统的信托理论和捐赠者意图等法律原则进行了探讨，结合非营利法人的"收入"概念和投资发展趋势，对所谓现实"收入"的分类及存在的问题进行了研究。该报告还建议就高等教育机构的捐赠基金管理设立一部统一示范法，为下列事项建立标准：（1）对选择适当的投资尤其是对事实给予应有的认可，现代谨慎人的含义不仅是守护资金原始价值的安全，也包括维持资金的购买力；（2）就利用收益而言，应依据谨慎人规则给捐赠基金、本金和收益做出定义；（3）明确诸如投资责任的授权和为投资目的而汇集资金等管理

---

❶ IRS. Colleges and universities compliance project final report, 2013 ［R/OL］. http：//www. irs. gov/pub/irs-tege/CUCP_ FinalRpt_ 042513. pdf.

事项。❶

1972 年,《统一机构基金管理法》(*The Uniform Management of Institutional Funds Act*, UMIFA) 出台,适用于美国 47 个州,该法确立了基金的审慎投资标准,允许受托人授权合格的投资顾问进行投资管理决策,规定了捐赠基金使用限制的豁免等。依据 UMIFA,投资权的委托被分为两种情况:第一种是内部委托,即允许投资责任授予机构的委员会、高级管理人员和雇员;《非营利法人示范法》(*The Model Nonprofit Corporation Act*, 1964) 也允许非营利法人的董事会将大部分责任授权给由 2 名或更多的董事构成的委员会,并进一步规定董事会可以选择和任命管理人员和代表并限定其责任。《信托法重述 (二) 》在一系列既有案例的基础上,为了区分慈善法人与慈善信托,特别规定慈善法人的董事会可以任命其成员组成的委员会处理法人资金的投资问题,董事会仅履行对委员会行为一般的监督权即可。第二种是外部委托,UMIFA 规定非营利法人可以将投资责任授权给"独立的投资顾问、投资经理人、投资银行或信托公司"。该法也对外部授权做了一些类似于营利性法人的限制性规定,原则上董事会不得推卸责任,例如保留监督和评估投资顾问业绩表现的权利。另外,在选择投资经理人时,董事会应当尽到最大限度的注意义务,包括对投资经理人的声誉、记录进行全面调查等。❷

1974 年,威廉·克里和克雷格·布赖特再次向福特基金会提交了第二份研究报告,题为"捐赠基金的法律发展:'法律和学问'的修订版"。这份报告回顾了捐赠基金实践中发生的变化以及立法进展,总结了将投资责任的授权作为一项管理工具的重要意义,指出法律必须是灵活的以适应时代的变化和需要。❸该报告比较了 15 所教育机构捐赠基金与成长型共同基金、罗切斯特大学投资办公室的投资业绩,指出学院和大学捐赠基金表

❶ William Lucius Cary & Craig B Bright. The Law and the Lore of Endowment Fund, Ford Foundation [R]. 1969.

❷ Laurence B Siegel. Investment Management for Endowed Institutions, by the Ford Foundation [R/OL]. http://www.fordfoundation.org/pdfs/library/investment%20_management.pdf.

❸ William Lucius Cary & Craig B Bright. The developing law of endowment funds: "the law and the lore" revisited [R]. Ford Foundation, 1974.

现不佳的重要原因是受托人管理不善，即为了提高当期收益同时规避风险而把投资重点放在了固定收益类产品，这种投资策略的代价是牺牲了回报更高的成长型股票，建议捐赠基金未来的投资策略需要选择以整体回报为基础的股票资产，而不是以股息和红利最大化为基础的债券资产。该报告还建议对大学捐赠基金的投资流程做出一定的修改，包括把投资策略的执行授权给专业的投资组合经理以及将支出比例变更为捐赠资产过去三年移动平均市值的固定百分比。随后，福特基金会成立共同基金（Common Fund），将该基金成员的捐赠基金汇集起来进行专业化的管理和投资，至今仍是一家业绩优良的以大学和基金会为主的资产管理公司。❶

（二）谨慎投资者规则

2006 年，全国统一州法委员会制定《统一机构基金谨慎管理法》（UPMIFA），取代并更新了 1972 年颁布的《统一机构基金管理法》（UMIFA），截至 2014 年该法已被除宾夕法尼亚州和波多黎各州以外的其他各州所采纳。具体来讲，UPMIFA 主要有以下 7 点变化：

（1）投资自由。机构基金的管理人可以寻求各类投资组合，而不受资产种类的限制。这一规定放宽了 UMIFA 对投资种类及比例的限制，使得投资更加灵活多样。

（2）成本。机构基金的管理人必须以与资产、机构宗旨和专业技能相应的方式谨慎地管理投资成本，而在 UMIFA 里没有提及这一点。

（3）基金支出。UPMIFA 明确规定，管理人有权在综合性的谨慎标准下做出与慈善机构整体经济形势相关的总回报支出决策，UMIFA 没有此项标准。

（4）取消"历史价值"的限制性规定。UMIFA 规定机构基金的支出不得超出"历史价值"，而 UPMIFA 则取消了这一规定。

（5）设定 7% 规则。UPMIFA 建议各州可以选择采纳此项规则，即超过总回报支出的 7% 被视为"非谨慎"。

---

❶　杨坦，何小锋，苟继尧，等．大学捐赠基金的运作与管理模式研究［M］．上海：上海交通大学出版社，2017：8-9.

（6）取消对解散小规模机构资金的程序性限制。UPMIFA 为解散小规模机构基金（指在很长一段时期如 20 年持有少于 2.5 万美元的基金）提供更简化的法律程序，要求在解散前 60 天告知州检察长即可。

（7）适用范围更广。UPMIFA 适用于任何形式持有的资金，包括非营利法人形式。除了慈善信托以外，也适用于商业或个人的受托人。

就如何判定投资者的谨慎标准而言，UPMIFA 反映了信托和法人对机构基金管理者适用标准的融合，立法上吸收了经修订的《非营利法人示范法》（The Revised Model Nonprofit Corporation Act，RMNCA）和《统一谨慎投资者法》（The Uniform Prudent Investor Act，UPIA）的文字表述，如要求"每一个对管理和投资机构基金负有责任的人应当以一个普通谨慎人在类似情形下所采取的善意和注意来管理和投资机构基金"。这项规定源自 RMNCA 的商业判断标准，但"类似情形"是指管理基金的事实是为了慈善目的而非商业目的。UPMIFA 的谨慎标准要求管理者履行信托注意义务、成本最小化责任和与投资决定相关的调查义务。另外，它还要求慈善基金的管理者考虑一般的经济状况，基于投资组合做决策，分配整个投资组合的风险和回报，综合考虑慈善组织分配和保留资本的需要。慈善组织可以为了管理和投资而储备资金，以便在某些情况下确是何种方法能产生更好的投资回报。管理者应当注意捐赠者的目的，服从任何特定的捐赠者关于投资和管理资产的要求，当然强调捐赠者的目的并不意味着任何捐赠者能够实际控制慈善组织的管理。

UPMIFA 规定了一个管理者应当考虑的特殊因素，这些因素源自 UPIA 的规定并与现行法律下的实践做法一致。UPMIFA 第 3 章（b）款规定："在管理和投资机构基金时，以下因素，如相关，必须考虑：（A）一般经济条件；（B）通胀或通缩的可能影响；（C）如果有的话，投资决策和战略预期产生的税务影响；（D）每一项投资或行动方针在整个投资组合中所扮演的角色；（E）预期的总收入回报和投资升值；（F）机构的其他资源；（G）机构的需要与分配及保留的资金；（H）如果有的话，一项与机构的慈善目的存在特殊关系或特殊价值的资产"。但是，UPIA 标准仅适用于私人的和慈善的受托人而不适用于非营利法人，UPMIFA 使该标准成为适用于所有慈善组织的投资规则，而不论其慈善组织的实体状况如何。❶ 也就是说，尽管适用于私人信托和商业公司的法律对受托人和董事有不同的注意义务标准，但对所有管理慈善基金的人来讲应当是一视同仁的，适用 UPMIFA 时不需要再考虑这些慈善组织的实体结构。另外，UP-MIFA 在第 3 章（e）条第（2）款还要求关于个别资产的投资决定不孤立于整个投资组合的内容，但项目相关资产（主要为了完成慈善目的而不是产生投资回报的资产）除外；UPMIFA 第 3 章（e）条第（1）款第（H）项建议，一项与机构慈善目的存在特殊关系的投资资产被视为管理和投资机构基金。

　　基于上述理由，全美高等院校行政事务官员理事会（NACUBO）建议各州及其高等院校遵循 UPMIFA，具体阐述如下：（1）该法确保了以最佳的投资实践来管理机构基金的实际投资；（2）该法提供了与现代管理投资实践相一致的谨慎规则；（3）该法将同样的规则适用于所有基金，消除了不同类型非营利组织在活用投资和支出规则上的差异；（4）该法在鼓励机构资金增长的同时，消除了威胁本金的投资风险；（5）该法确保了任何机构基金有足够的资产满足项目所需；（6）该法统一了各州监管机构基金的立法。

二、投资行为规则

（一）投资政策与资产配置

　　投资政策陈述（Investment Policy Statement，IPS）能够帮助所有利益相关者理解大学捐赠基金的投资策略和目标，特别是将捐赠基金管理的特定任务外包出去时。好的投资政策陈述应当包括清晰的表达，如重要的资产种类、投资成本、特殊的投资目标（回报率、支出规则）、业绩基准、收支平衡政策以及任何伦理或社会责任准则等。

---

　　❶ Gordon Beeman. Uniform prudent management of institutional funds act［J］. NACUANOTES, 2008，7（1）.

美国国税局在针对学院和大学的合规性项目调查中要求高等院校就捐赠基金的投资种类、比例和收益做出详尽的汇报备案。根据中期报告的显示，截至 2006 年大学捐赠基金的投资类别主要包括五种：另类投资（对冲基金、私募股权基金、风险投资基金、自然资源投资、其他另类投资）、固定收益基金、股权基金、其他投资（包括房地产、国际基金、现金和其他）和国外投资。❶ 这与 NACUBO 的年度大学捐赠基金统计的资产配置类别有些许差异，包括国内股票、固定收益、国际股票、另类资产（私募股权、市场化替代策略、风险资本、私募股权房产、能源和自然资源、大宗商品和期货管理、不良债权）、短期证券或现金等（见表 6-1）。

表 6-1　2013 财年美国大学捐赠基金资产类别的平均回报率

机构类型	总机构数	超过 10 亿美元	5.01 亿~10 亿美元	1.01 亿~5 亿美元	0.51 亿~1 亿美元	0.25 亿~0.5 亿美元	0.25 亿美元以下
机构数（个）	835	82	70	261	166	125	131
2013 财年平均总回报率（%）	11.7	11.7	12.0	11.9	11.5	11.4	11.7
国内股票（%）	20.6	21.3	21.5	20.7	20.3	19.2	20.6
固定收益（%）	1.7	1.4	0.5	1.7	2.0	2.3	1.9
国际股票（%）	14.6	14.9	15.6	14.4	14.7	14.9	13.1
另类资产（%）	8.3	10.6	11.0	9.1	7.4	6.5	4.8
私募股权（融资收购、夹层股权投资、并购基金与国际私募股权）（%）	9.1	12.5	9.8	7.3	8.9	11.8	◆
市场化的替代策略（对冲基金、绝对汇报、市场中立、长期/短期、130/30、事件驱动投资、衍生金融投资）（%）	10.5	11.9	13.1	10.5	9.9	8.2	8.2
风险资本（%）	6.1	9.7	3.6	5.4	3.9	◆	◆

❶ Bruce R Hopkins, Virginia C Gross, Thomas J, Schenkelberg. Nonprofit law for colleges and universities: essential questions and answers for officers, directors, and advisors [M]. John Wiley & Sons Inc., 2011: 270-273.

续表

机构类型	总机构数	超过10亿美元	5.01亿~10亿美元	1.01亿~5亿美元	0.51亿~1亿美元	0.25亿~0.5亿美元	0.25亿美元以下
私募股权房产（不包括学校）（%）	8.5	8.8	9.9	9.6	4.6	8.1	◆
能源和自然资源（%）	4.7	5.5	6.8	3.9	3.8	0.3	◆
大宗商品和期货管理（%）	-6.1	-8.3	-6.1	-6.7	-5.0	-4.3	-6.4
不良债权（%）	14.8	18.0	17.8	12.9	13.1	◆	◆
短期证券/现金/其他（%）	1.2	0.8	0.9	1.8	0.7	0.7	1.2
短期证券/现金（%）	0.3	0.6	0.2	0.4	0.2	0.4	0.1
其他（%）	5.3	◆	◆	6.0	3.0	◆	5.9

资料来源：John S. Griswold, Kyle Kuhnel, William F. Jarvis, Kenneth E. Redd. Educational Endowments' Investment Returns Averaged 11.7% in FY2013; Strong Improvement over FY2012's -0.3% [R]. http://www.nacubo.org/Documents/Endowment%20Files/2013NCSEPressReleaseFinal.pdf.

作为首个明确谨慎投资者规则的立法，UMIFA 规定捐赠基金的受托人必须考虑通货膨胀影响，致力于实现"保持基金购买力"的目标。同时，它允许捐赠基金投资于任何一种资产，为了投资目的而储备基金，并将投资管理的职责授权给其他人如专业的投资顾问，只要慈善组织的投资管理委员会在做出上述决定时履行了普遍的商业注意和谨慎义务即可。投资专家，无论是内部的还是聘用的，都采用与其专业知识相一致的注意标准。

UPMIFA 开启了慈善组织管理的现代投资组合时代，为后来的机构投资实践提供了标准和指引，明确了法院在具体个案中判断投资人谨慎与否的标准，保护了慈善组织管理层和内外部投资人的积极性。在现代投资组合理论的指导下，美国大学继续沿用多元化投资组合策略以分散风险，更加强调最优投资比例与最优组合规模，在风险最小化的同时降低管理成本，常用的投资组合管理工具有资产配置、择时和证券选择。这些投资策略和具体决策往往取决于内外部投资者的专业判断和尽责情况，但也在某种程度上受到大学捐赠基金投资传统的影响。

威廉·戈兹曼沙伦、奥斯特（William N. Goetzmann & Sharon Oster）对影响近年来大学捐赠基金投资策略变化的影响因素进行了实证研究，认为大学捐赠基金的资产配置明显转向可替代性投资，这种投资策略的转变在很大程度上是源于对手的竞争压力，即为了达到追赶与自己最接近的竞争者的目的，它们的业绩表现差异与改变投资政策的可能性之间存在关联。例如，在捐赠基金的规模和其他院校特征相似的情况下，竞争同一生源市场的大学倾向于采取相似的资产配置政策，而如果投资回报滞后于竞争对手时，大学将系统性地改变其资产配置。最后的结论是：在控制区域影响、规模和基金市值的条件下，大学捐赠基金对可替代性资产的分配与其邻近的竞争者和最接近的竞争者的资产配置政策有关。大学捐赠基金决定改变资产配置依赖于与对手业绩的比较，特别是对手前 1~2 年的投资回报与改变配置的动机之间存在正相关。总之，竞争对手捐赠基金的近期业绩影响大学的资产配置政策和投资决策的改变，但转向可替代性投资对出于竞争压力而重新进行资产配置的大学而言究竟是好是坏不能简单判定，也许这种竞争将导致更大的多样性，降低市场风险和发挥经理人的投资技巧，这需要时间的检验。资产配置转变的益处可能是不同的，如果市场化可替代投资的回报得以持续，这种竞争就是一件好事，否则就将为此花费长期的成本。❶

（二）投资收益的法律界定

威廉·克里和克雷格·布赖特在另一项研究中专门就法律对收入的界定是否构成对高等院校捐赠基金实现利益最大化的限制或者说妨碍其政策的灵活性进行了阐释。传统上，大学捐赠基金的管理者被视为受托人，根据信托法，收入只包括利息和股息，属于本金，而本金是神圣不可侵犯的。20 世纪 60 年代以前，法律对收入（gain）和收益（income）仍有着

---

❶ Goetzmann W N, Oster S M. Competition Among University Endowments [J]. Ssrn Electronic Journal, 2012.

严格的界分。但实践中，大学捐赠基金投资所获得的现实收益（realized gains）是作为永久保留基金的一部分，还是可以为了当前的运营在谨慎范围内被视为收入和支出，管理者有无法律上的授权作出这样的投资决策，这些问题都引起了争议。研究者指出立法上并没有支持"捐赠基金的现实收益永远不能被支出"的观点，谨慎人规则呼吁保留足够的收益以维持购买力以应对通货膨胀和防范潜在的损失，但收益的支出应当在机构董事的慎重决定之下进行。因此，他们认为法律应当成为中立因素，提供适合于机构所需要的最稳健的投资选择自由，可以通过宣告式判决、立法、准捐赠基金、赠予文书等方式来实现。后来的实践也证明法律确实也朝着大学捐赠基金管理更灵活的方向迈进，影响并改变了对于收益的传统观点。❶

三、高等院校投资的社会责任

（一）社会责任投资

传统上，大学在发展道德性投资和承担法人社会责任上都扮演了关键角色。早在 20 世纪 70 年代，许多捐赠规模较大的学校如哈佛、耶鲁和斯坦福都率先创建了多元成分的委员会，以指导管理层如何以最佳方式处理有关投资的社会责任议题。例如，大学师生在涉及南非种族隔离、烟草制造商等活动中就发挥了重要作用。1994 年，美国劳工部发出关于投资受托人责任的公告，意在阐明投资管理者的社会责任（Socially Responsible Investment，SRI），大学捐赠基金作为机构投资者的重要代表，理应参与到可持续性和负有社会责任的投资活动之中。尽管各大学都要求捐赠基金的投资活动应遵守环保、和平、人权等基本的社会价值，不得投资包括武器制造、酒精饮料生产、烟草制造、商业赌博等在内的项目和违反有关法律的规定，但由于制定社会责任的投资标准与决策仍然属于大学捐赠基金的内部管理事务，各大学根据自身规模和治理要求的不同所制定的社会责任标准也存在不小的差异，主要表现在对允许或禁止投资什么样的领域、行业和企业的限制性规定方面，一般基金规模越大的大学在违背社会责任

---

❶ William L Cary, Craig B Bright. The "Income" of Endowment Funds [J]. Columbia Law Review, 1969, 69（3）：396-417.

的投资项目上限制得更加宽泛也更加严格。

（二）环境、社会和治理投资

2012 年，美国投资责任研究中心发布报告，提出了大学捐赠基金的环境、社会和治理投资标准（Environment，Social and Governance，ESG）等概念，尝试整合如全美高等院校行政事务官员理事会（NACUBO）、共同基金、可持续捐赠基金研究院（SEI）、高等教育发展促进协会（AASHE）及持续追踪评价和排名系统等机构有关社会责任投资和环境、社会和治理投资的调查数据和政策标准。根据 NACUBO 和共同基金联合发布的年度研究报告显示，制定有社会责任投资标准的大学。2009 年为 178 所（21%），2010 年为 161 所（19%），2011 年为 148 所（18%）。图 6-1 是上述机构收集的大学捐赠基金在社会责任投资方面的可获得数据分析。

该报告指出尽管各类评级机构开发了新的监测和问责机制，但由于投资的多样性和复杂化，许多大学捐赠基金定期自我报告的 ESG 投资政策和数据往往被夸大或者无法验证，需要采用统一的术语和概念清晰地定义 ESG 标准，以提高自我报告的精准度，并建立共享投资最佳实践的资源网络。大学捐赠基金应当关注利益相关者的具体需要，特别是在校师生和校友，为他们提供反馈信息或者建立起能够吸纳他们意见的治理结构，本着诚信原则积极鼓励在涉及劳工、环境和私募股权等问题的投资上以一种可持续的和负责任的方式进行，将制定 ESG 投资政策作为审慎的风险管理方法而非危机管理模式，推动大学捐赠基金投资发挥积极的社会和环境影响。报告建议在以下三个方面采取积极举措：（1）将 ESG 标准纳入大学捐赠基金管理，主要包括劳工和人权风险管理、诚信投资、环境投资以及社区投资和小额贷款这四个方面；（2）通过代理投票、决议备案和对话等方式吸收股东倡议和积极的所有权人参与决策；（3）提高 ESG 投资的治理水平与透明度，建立投资者责任委员会、学生基金和透明度政策。❶

---

❶ Joshua Humphreys, Ann Solomon, Christi Electris, Catherine Ferrara. Environmental, social and governance investing by college and university endowments in the United States: social responsibility, sustainability, and stakeholder relations [R/OL]. (2012-07-18). http://papers.ssrn.com/sol3/papers.cfm? abstract_ id=2112158.

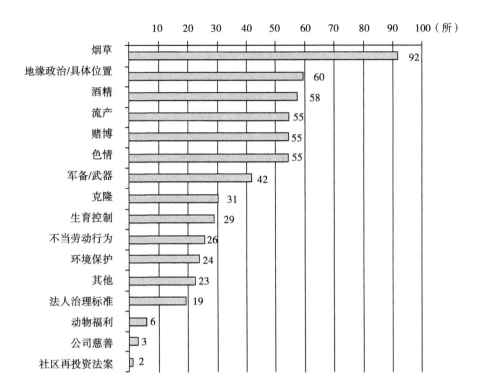

图 6-1　2010 年 NACUBO 研究报告中大学在社会责任投资方面的数据

　　注：社会责任投资标准下的投资类别，包括烟草、地缘政治/具体位置、酒精、流产、赌博、色情、军备/武器、克隆、生育控制、不当劳动行为、环境保护、其他、法人治理标准、动物福利、法人慈善、社区再投资法案。

　　资料来源：全美高等院校行政事务官员理事会（NACUBO）-Commonfund Study of Endowments（NCSE）. Environmental, Social and Governance Investing by College and University Endowments in the United States: Social Responsibility, Sustainability, and Stakeholder Relations [R]. http://www.irrcinstitute.org/pdf/FINAL_IRRCi_ESG_Endowments_Study_July_2012. pdf.

　　负责任的捐赠基金联盟（Responsible Endowment Coalition）为学院和大学制定了将环境、社会和治理责任纳入机构投资政策的指导手册。该手册指出，大学捐赠基金无论是慈善信托还是非营利法人，在法律上受托人或董事承担的都是信托责任，这是由各州关于慈善信托的普通法和适用

UMIFA（1972）、UPMIFA（2006）明确规定的，如《信托法重述（三）》规定受托人有权考虑投资的社会影响（如果这样的考虑是适当的话），因为这符合捐赠者的慈善目的及对受托人的信任。上述法律所确立的商业判断标准或谨慎投资者规则虽然赋予受托人或董事很大的自由度，但都隐含着要求他们考虑投资决定可能的社会影响，要求结合风险和回报目标制定和实施合理的投资策略，并不允许以不利于慈善目的的方式使用资金。换言之，当涉及人权、环境和社区相关的投资问题时，受托人应根据谨慎投资者标准或商业判断标准，在整个投资组合范围内考虑风险和收益，即使不能直接推进大学的经济利益即带来更大回报，也要以适当的程序寻求公开，促进大学服务于社会的使命和宗旨，并符合国内外法律和商业惯例，最大限度地减少诉讼及其他风险。从长远来看，获得最高的利润并非真正意义上的成功，一个组织尤其是慈善组织只有承担社会责任才更有可能获得成功。该手册提供了负责任的大学捐赠基金投资委员会应当具备的五项要素，即参与度、透明度、时间和资源投入、治理结构以及明确而广泛的授权。❶

　　许多大学就捐赠基金的 ESG 投资制定了相关政策和程序。以耶鲁大学为例，早在 1972 年该校就采用伦理投资者指引，承诺机构的捐赠基金投资组合将履行伦理责任。尽管大学捐赠基金的投资种类日益增多和复杂化，但耶鲁大学始终秉持大学对环境、社会责任和法人治理结构的价值观，并建立起一种适应现代大学捐赠基金的投资者责任顾问委员会（ACIR）管理模式。该模式重申了将 ESG 标准纳入大学捐赠基金投资政策的价值，创新了所谓超越筛选和撤资的"积极的所有权"或"负责任的参与"，使用其作为投资者的权力在世界范围内提高社会和环境标准，即采取策略超越股东会决议投票的形式，通过与管理层的对话和会议，寻求解决途径而不产生坏的公众影响和对投资回报的负面冲击。ACIR 为适应现时的伦理机构投资标准，发生了两方面重要变化：（1）每年积极筛选出违反耶鲁价值的捐赠基金持有股份的公司；（2）追求积极参与策略

---

　　❶ Responsible Endowment Coalition. Integrating environmental, social and governance issues into institutional investment: a handbook for colleges and universities [R/OL]. http://www.ethicsworld.org/corporatesocialresponsibility/PDF%20links/responsible_ investment%20guide.pdf.

以提升捐赠基金持有股份公司的社会和环境标准。为此，ACIR 扩大接触面，包括执行委员会、第三方审计师和顾问、捐赠基金所持有股份的公司等，以及扩充能够代表耶鲁社区的成员。最后，ACIR 通过扩大能够接触到的信息及途径，并适当公开和有效监管以提升透明度，同时要求新的成员结构及其任期与问责以推进与投资办公室和治理委员会的交流。❶ 随即，耶鲁大学提出 ACIR 现代的负责任投资框架，包括四个部分：委员会成员结构；负责任的投资信息收集与披露；发展行动计划（包括推进公开会议、在线提交关注议题表格、投资者网络、确定倡议的焦点领域）和有效的变革。❷

四、投资顾问伦理守则

2004 年 7 月，联邦证券交易委员会颁布《投资顾问伦理守则》（Investment Adviser Code of Ethics），该守则由《投资顾问法》（The Investment Company Act，1940）204A-1 规则和一系列修正案构成，后者包括《投资顾问法》记录保留规则、经修订的投资顾问注册表格（Form ADV）以及 17j-1 准则。该守则于 2004 年 8 月 31 日生效，并于 2005 年 1 月 7 日起施行，要求每一位投资顾问都必须制定一项自己的伦理守则并贯彻执行，必须有每一位受访者（access person）❸ 首次公开发行和私人配售所持有证券的报告，以及提交季度交易报告的安排。

《投资顾问伦理守则》为经注册的投资顾问及受其监管的人设立了诸多行为标准，要求他们遵守联邦证券法的相关规定，提交个人交易备案，要求投资顾问的雇员报告个人所持有的证券及交易（包括附属共同基金），要求雇员的特定投资必须获得前置审批等。要求每一位投资顾问必须制定伦理守则并保留副本和与之相关的记录，并在经修正的 ADV 表格

---

❶ Responsible returns：a modern approach to ethical investing for the Yale endowment ［R/OL］. (2009-07-22). http：//www. ResponsibleEndowment. com.

❷ Realizing responsibility：a modern responsible investment framework for the Yale advisory committee on investor responsibility ［R/OL］. (2010-12-08). http：//www. ResponsibleEndowment. com.

❸ 受访者是指能够接触到任何客户购买或出售证券或者与任何可报告基金的投资组合持有相关的非公开信息以及向客户推荐或接触此类推荐的投资顾问和受其监管的人，如果投资顾问的主要义务是提供投资建议，那么，所有的董事、高级职员和合伙人都被推定为受访者。Investment adviser codes of ethics ［R/OL］. http：//www. sec. gov/rules/final/ia-2256. htm.

中详细描述以告知客户。17j-1准则旨在促使投资顾问及受其监管的人履行信托责任。总之，该准则敦促投资顾问在遵循公开、完整、诚实和信任的前提下尽最大的注意制定各自详尽的伦理守则。

（一）204A-1准则

1. 个人证券交易

每一份投资顾问的伦理守则都必须要求投资顾问的受访者向首席执行官或其他指定的人定期报告其个人证券交易和持有状况，投资顾问负有监察的责任。这些报告包括下列内容。

（1）个人交易程序。证券交易委员会相信所有的投资顾问在起草适用于雇员个人证券交易的伦理守则程序时都应当考虑以下因素：书面的前置审批、维护投资顾问公司正在分析或为客户推荐的证券发行人名单，维护投资顾问公司持有内部信息的发行人限制性名单，当客户正在交易或推荐正在进行时禁止受访者进行个人交易的封锁期、关于投资机会必须优先于投资顾问或雇员而提供给客户的提醒事项及保障程序，短线交易和市场时机的禁止性规定或限制，要求仅通过特定经纪人进行交易或者限制获批经纪账户的数量，要求提供投资顾问复制的交易确认书和账户声明，以及给那些存在潜在利益冲突的雇员安排新的分析任务程序。

（2）首次公开发行和年度持有报告。每一份投资顾问伦理守则都必须要求每位受访者提供完整的个人证券持有报告，当其成为受访者之时及此后至少每年一次。

（3）季度交易报告。守则必须要求关于受访者的所有个人证券交易季度报告提交，不晚于年历季度结束后的30天，而没有个人交易的受访者则无须提交。

（4）报告要求的豁免。要求提交个人交易报告在三种情况下可以得到豁免：一是受自动投资计划影响的交易；二是通过受访者没有直接或间接的影响或控制的证券账户进行的交易；三是投资顾问公司仅有一位受访者，只要公司保有持有和交易记录即可。

（5）可报告的证券。它是指受访者持有或取得任何直接或间接的实益所有权的证券，受访者都必须提交持有和交易的报告，如受访者的家庭成员持有时则推定受访者为实益所有权人。但是，对美国政府负直接义务的交易和持有、货币市场工具、三种典型的共有基金等五种情况的证券例外。

2. 首次公开发行和私人配售

要求受访者在首次公开发行或私人配售前获得投资顾问的批准，仅有一位受访者的投资顾问公司除外。

3. 报告违反

要求所有受投资顾问监管的人举报任何违反守则的其他人。违反行为必须被报告给投资顾问的首席执行官或其他守则指定的人。证券交易委员会敦促投资顾问营造一个鼓励和保护监管人举报违规行为的环境。

4. 培训雇员和客户伦理守则

要求投资顾问为每一位受其监管的人提供一份守则副本及修订版，他们必须以书面方式确认接受该守则。尽管没有要求，但证券交易委员会建议投资顾问定期向新老雇员介绍或培训以提醒他们守则所规定的责任。此外，投资顾问还被要求在 ADV 表格第二部分描述其守则内容，应要求提供给客户副木。

5. 保护非公开信息资料

要求防止那些不需要掌握投资顾问的证券推荐建议和客户持有和交易证券等非公开信息资料而履职的人接触此类信息。证券交易委员会建议投资顾问继续执行防止滥用非公开信息资料的政策和程序。

6. 检查和执行伦理守则

投资顾问首席执行官或在他监督下的人必须对执行伦理守则负主要责任。

（二）记录保留

要求投资顾问保留伦理守则的副本，违反该守则的记录及其采取的措施，受其监管的人接受该守则的书面确认书以及对其所作的任何修订；要求投资顾问保留其受访者的姓名及其持有证券的交易记录，保留受访者经批准决定在首次公开发行和私人配售中所得证券的记录；要求投资顾问在任何容易取得的地方保留 5 年的账目和记录，在适当的办公室保留最初 2

年的账目和记录。

（三）17j-1 准则

（1）无须复制投资顾问法中记录保留规则所要求的信息以满足17j-1准则要求的报告，这可以避免不必要的重复，因为二者所要求的报告范围不完全相同；

（2）首次和年度持有报告信息必须是及时的，不超过个人成为受访者的前 35 天；

（3）如果晚于每季度结束前的 30 天，将导致提交季度交易报告；

（4）受自动投资计划影响的交易有关的季度报告无须提交；

（5）"受访者"术语目前包括基金或其投资顾问的咨询人；

（6）如果公司的主营业务是投资咨询的话，那么董事、高级职员和普通合作人都被推定是受访者。❶

20 世纪 60 年代以来，投资逐渐成为美国大学捐赠基金管理运作的重中之重，因为良好的投资业绩是实现捐赠基金资产保值增值的关键，大学普遍认为投资活动是保持其捐赠基金购买力、维持代际公平的必然选择。但是，由于大学捐赠基金的投资与一般的基金投资在终极目标上有着本质的不同，即为大学的运营和可持续发展提供稳定而充足的经费支持，在法律上属于广义的"慈善目的"范畴，这也决定了大学捐赠基金在投资理念、投资目标、投资策略以及投资经理人的选聘等实践操作层面具有自身的独特性。加上现代投资组合理论的发展和运用，使得大学捐赠基金的投资领域、种类和比例越来越复杂多样，专业的投资经理人、投资顾问和投资公司介入程度深化并影响大学捐赠基金的管理，从而滋生出诸多需要法律予以规范的行为和责任界定问题。相关监管机构对大学捐赠基金的投资行为提出了较全面的报告制度或检查要求，包括全面了解和评价大学捐赠基金的投资比例、种类、收益及其使用情况等。此外，独立的专业评估机构也通过各种途径收集和发布与大学捐赠基金有关的各类信息和研究报

❶ Securitiesand Exchange Commission. Investment adviser codes of ethics 2004 ［R/OL］. http：//www.sec.gov/rules/final/ia-2256.htm.

告，其中也包含对投资活动的数据分析和分析评估，起到信息披露与监督作用。

第二节 我国慈善组织投资运作的立法进展

一、投资保值增值原则的设计与实践

早在 1995 年，民政部、国家工商行政管理局就发布了《关于社会团体开展经营活动有关问题的通知》，其中允许具有法人资格的社会团体开展与社会团体设立宗旨相适应或者符合国家规定的经营活动。《基金会管理办法》第 7 条明确禁止基金会经营管理企业，但规定"基金会可以将资金存入金融机构收取利息，也可以购买债券、股票等有价证券，但购买某个企业的股票额不得超过该企业股票总额的 20%"。《公益事业捐赠法》第 17 条第 2 款规定："公益性社会团体应当严格遵守国家的有关规定，按照合法、安全、有效的原则，积极实现捐赠财产的保值增值"。《基基金会管理条例》并未专门对基金会的经营性活动做出规定，而是再次重申基金会应当按照合法、安全、有效的原则实现基金的保值、增值。2012 年，民政部发布《关于规范基金会行为的若干规定》，要求基金会不得向个人、企业直接提供与公益活动无关的借款。基金会进行保值增值活动时，应当遵守以下规定：（1）应当遵守合法、安全、有效的原则。符合基金会的宗旨，维护基金会的信誉，遵守与捐赠人和受助人的约定，保证公益支出的实现。（2）可用于保值增值的资产限于非限定性资产、在保值增值期间暂不需要拨付的限定性资产。（3）进行委托投资，应当委托银行或者其他金融机构进行。该规定中关于基金会信息公布的部分支出，基金会应当在内部制度中，对资产管理和处置的原则、风险控制机制、审批程序以及用于投资的资产占基金会总资产的比例等事项做出规定。

过去十多年，中国大学基金会所获社会捐赠资金直接用于捐赠人指定的特定项目，如奖助学金、奖教金、基础设施建设等，学校积累的不动本基金很小，从资本市场取得的投资收益非常有限，学校利用自有资金应对发展中急需解决的问题的灵活性也非常有限。我国大学基金会的营业收入

低，捐赠收入集中在千万元水平，达到 53.41%，达到亿元水平的只占 9.09%；收入类型包括捐赠收入、投资收入、服务收入、政府补助收入，捐赠收入占总收入的 95.83%，而投资收入、服务收入、政府补助收入分别占比 2.81%、0.011%、1.35%。这说明基金会的资金来源严重依赖捐赠收入，基金会没有有效运用投资、服务等方式，收入结构仍以捐赠为主。在现代经济社会，受通货膨胀等因素影响，慈善组织通过投资实现保值增值的目的是必要的，也是慈善组织财产的重要来源。我国大学教育基金会的投资行为过于保守，尚未发挥其应有的功能，或者过于激进而招致社会争议。如何在合理风险的范围内保证大学捐赠基金投资收益的最大化，如何合理界定大学基金会管理者的投资责任并提供法律救济，这些都是困扰甚至阻碍大学基金会投资运作的现实性问题。

二、慈善组织投资活动新规及其问题

慈善组织投资，既关系到慈善目的的实现和慈善组织可持续发展，又涉及税收优惠和市场公平竞争，需要确立合理的法律规范制度。是否允许慈善组织投资和经营是一个有争议的问题，有观点认为慈善组织从事经营性活动似乎与组织所追求特定领域的公益目的相违背，可能滋生出很多弊端，不仅威胁慈善组织的资金安全，而且诱引慈善组织偏离组织宗旨而沦为谋取经济利益的工具，其存在导致国家税收优惠待遇被滥用的风险，也在商业组织与慈善组织之间产生不公平竞争。另有观点则认为，"从事经营性活动或者不从事经营性活动并不是慈善组织与营利性组织的根本区别，二者的真正区别在于经营性活动所产生的利润是否用于分配"。❶ 根据清华大学 NPO 研究所对 1 508 家 NPO 进行的调查结果分析，有 41.4% 的非营利组织认为资金缺乏是最突出的问题，占所有非营利组织面临问题的第一位。因此，适当进行经营性获得，实现组织的"自我造血"，不失为慈善组织获得财产的来源之一。法律不应全面禁止慈善组织通过经营性活动获得收入，而是应该设计合理的规则进行规范。基金会通过有技巧的投资制度，使投资获得令人满意的回报，保持对市场波动的抵抗能力，并

---

❶ 杨道波．法律允许慈善组织赚钱吗？［EB/OL］．［2016-09-03］．http://www.msweekly.com/news/gongyi/2015/1229/54083.html.

保持资产的合理流动性，以满足基金会的支出需求和适时作出投资的能力。借鉴国际立法经验，《慈善法》明确慈善组织可以投资，利用资本市场来增强资金筹措能力，为慈善组织的活动有效开展和持续发展提供更为强力的保障。

《慈善法》第六章第 54 条第 1 款规定："慈善组织为实现财产保值、增值进行投资的，应当遵循合法、安全、有效的原则，投资取得的收益应当全部用于慈善目的。慈善组织的重大投资方案应当经决策机构组成人员三分之二以上同意。政府资助的财产和捐赠协议约定不得投资的财产，不得用于投资。慈善组织的负责人和工作人员不得在慈善组织投资的企业兼职或者领取报酬。"新规则并没有就投资活动的范围做出限定，意味着慈善组织既可以直接投资设立附属经营性实体，或持有房产等固定资产，也可以在二级市场上进行投资。但是，慈善组织并不等同于商业企业，其财产具有公益性，法律需要设定一定的边界来确保慈善组织在进行投资时一方面不能将慈善组织的财产置于过高的风险之中，另一方面要确保免税等优惠待遇的组织不能与其他商业组织构成不公平竞争，造成市场秩序的扭曲。除此以外，新规定还强调了如下四点。

（1）投资取得收益全部用于慈善目的。这样规定的目的显然是为了保证慈善组织的投资活动在根本上不会背离慈善目的的初衷，却很可能阻碍慈善组织资产管理的流动性，因为投资既有收益也存在风险，不允许投资收益回流到慈善组织的资金池中进行最佳配置，只能用于慈善项目及其活动费用，不太符合市场化的经济活动规律。另外，投资收益的法律性质也没有明确界定，例如哪些范围的收入属于投资收益，是否必须为当年的收益或者累积的收益，又或者是短期收益还是长期收益等。

（2）重大投资方案必须经过内部的决策程序尤其是法定人数比例才能通过。这主要是程序性要求，可以说 2/3 以上的人数比例这个要求已经相当高，说明重大投资方案对慈善组织财产的安全性影响十分显著。那么，是否可以理解为日常投资活动就无须达到此种要求了呢？显然，任何投资决定都应当经过慈善组织内部尤其是章程规定的程序作出，即使是一些小额的、经常性的投资活动，也不能与慈善组织的宗旨或者整体投资方案相抵触，慈善组织要在安全、合法、有效的总原则指导下兼顾投资活动的效率，把握住投资的时机和分寸。

（3）投资的财产范围受到一定限制，除政府资助的财产不得投资外，必须遵循捐赠人的意愿。政府资助的财产主要源于国民经济收入的第二次分配即税收，本质上属于公共资源，将之置于风险较高的投资项目不符合公众利益。考虑捐赠人的意愿，是因为慈善组织所获得的捐赠资产源于捐赠者无偿的让渡或信托，一般都有书面的捐赠协议或信托合同，如对捐赠财产用于投资作了限制性规定，例如不允许做任何投资或者就投资的种类和范围做出规定等，应当严格按照捐赠者的意思履行合同约定的内容，不得擅自做出变更甚至隐瞒挪用。

（4）不允许慈善组织的工作人员在其投资的经营性实体中任职或者领取报酬。采用这一禁止性规定的目的在于，一方面考虑到慈善组织与其投资的经营性实体之间确实存在关联交易的可能性，通过禁止兼职而杜绝具有关联关系的相关人员参与交易决策和操作过程；另一方面是防止慈善组织通过其投资的企业发放薪酬来规避法律对慈善组织工作人员薪酬福利的限制性规定。

可见，关于慈善组织投资行为的相关法律规定尚有完善的必要和空间。因此，《慈善法》第54条第2款规定："前款规定事项的具体办法，由国务院民政部门制定"。《基金会管理条例》第48条规定："基金会开展保值、增值活动，应当遵守合法、安全、有效的原则，确立投资风险控制机制"。至于如何控制投资风险，目前法律法规还没有更进一步的指引。因此，有必要在《慈善法》已确立的法律框架之下，建构适宜于我国慈善组织实践的投资规则。

首要的就是合法，即法律规定不得投资的财产，不得用于投资；投资程序也需要符合法律规定。有效原则是指慈善组织的投资应当在安全性和收益性之间寻求一个合理的平衡。鉴于资产投资的专业性，资本市场的复杂多变，建议在设计投资规范时引入非强制性的指引性规定，为慈善组织的投资行为提供指导，包括鼓励其将财产投资委托给专业的投资管理人，同时提倡投资组合，整体设计搭配高风险和低风险的不同投资方案。对投资行为进行分类，如果投资失败，造成慈善组织财产损失，应区别相关人员的过错及程度，设定免责条款，还应当提高投资信息的透明度，包括投资比例和品种，大体收益或亏损情况等，便于社会公众监督。

至于投资经营性实体，如慈善组织出资发起设立或受让捐赠成为商业性组织的股东，相关法律制度尚处于相对空白的状态。慈善组织以其慈善财产出资设立经营性实体属于慈善组织投资的一种形式，法律对其进行规范时也应当从慈善组织财产的安全和保障投资收益的角度出发设计。下设的经营性实体可能是独立于慈善组织的法人实体，也可以是附属机构，其财产应与慈善组织财产相对独立，以隔离交易风险，也避免因过度从事商业性经营活动而损害慈善组织利益。

投资的最终目的是获取投资回报，实现慈善财产的保值增值，进而更好地开展慈善活动。从保护财产的安全性角度，法律应考虑如何保护慈善组织的财产不受到非正常的损失，保证慈善组织在投资过程中获得应有的回报。因此，可以规定在盈利状况良好的情况下及时分配利润，倘若与营利性企业合资则可以借用其管理经验和资源优化运营管理，但均要保障慈善组织恰当的财产收益权，特别要加强对慈善组织下设或附属的经营性实体从事关联交易活动、不合理薪酬福利等行为的法律监管，尽可能避免关联管理，在资金、场地、员工和设备等资源方面完全按照市场规则厘清关系，防止任何个人或其他组织变相侵占慈善组织的资产。总之，慈善组织投资既关系到慈善目的的实现和慈善组织的可持续发展，又涉及税收优惠和市场公平竞争，需要确立合理的法律规范制度，通过有技巧地设计基金会的投资制度，使基金会的投资获得令人满意的回报的同时，保持对市场波动的抵抗能力，并保持资产的合理流动性，以满足基金会的支出需求和适时作出投资的能力。

第七章　中美高等教育捐赠的
分配支出政策

　　高等院校开展筹款活动、管理捐赠资金和聘用专业人员等都需要一定的成本和费用，在美国高度市场化的运作环境下更是如此，高等院校管理捐赠的机构有时需要通过员工薪酬、媒体宣传、项目创新等手段与对手开展竞争。管理费用是否合理通常被作为衡量捐赠管理组织的工作效率的重要指标，在捐赠收入总额不变的情况下，管理费用越低就意味着有更多的慈善捐款流向了被捐赠对象。美国也曾经出现有的慈善组织年度管理费用达到募捐总额的 20% 左右，甚至有 12.5% 的慈善组织将超过一般的额募捐资产用于日常管理，高层管理者领取高额报酬的案例。为此，法律为了防范和惩罚滥用管理费用的现象，对管理费用比例做出了硬性要求，同时为了防止慈善组织采取误导或欺瞒的手段，达到表面上减少管理费用的目的，还要求就工作人员薪酬和慈善捐赠支出做必要的信息披露和财务审计。我国立法对慈善组织开展慈善活动的年度支出和管理费用做了详细规定，可谓该领域的重大进展，不仅有利于纠正长期以来公众对管理费用存在的误解，也有利于慈善组织制定合理的薪酬比例吸引人才，投入适当的活动成本吸引捐赠，推进整个慈善事业的职业化和专业化进程。

第一节　美国高等教育捐赠的分配支出政策

　　高等教育捐赠的分配支出主要用于学生经济资助、教师研究、设施维护和其他学校运营及管理成本等方面。之所以说是政策，是因为法律上并没有对捐赠资金的分配支出作出强制性规定，而是交由管理捐赠的组织机构自己来决定，包括支出项目、支出比例和决定程序等。支出政策是指捐赠基金管理机构所确定的关于支出的相关政策，包括支出比例的计算方式、决定程序和确定结果等。在特殊情形下，机构会偏离既定的分配支出政策，例如 2008~2009 年金融危机就曾给大学捐赠基金投资及其分配支出造成巨大冲击。支出比例是指根据捐赠基金市值及往年支出情况所确定的当年捐赠基金用于支出的比重，尽管目前支出比例的计算方式多种多样，但并没有达成总体的一致。

近年来，关于大学捐赠基金的支出比例问题成为最具争议性的话题，公众质疑捐赠基金在应对学费上涨、学生资助等方面无所作为，指责高等院校囤积巨额捐赠基金用于投资而非支持学校发展，甚至发起了要求对大学捐赠基金采取类似于私人基金会 5% 强制性支出比例（否则将面临被取消免税组织资格的惩罚）的立法动议，但显然还存在诸多争议和分歧。分配支出问题最集中地反映了大学捐赠基金几乎所有的利益相关者的不同诉求，例如捐赠者希望管理者能够严格遵循自己的慈善意图而使用基金，管理者尤其是投资委员会更希望通过投资实现捐赠基金的增值最大化而尽可能降低成本与支出，大学及其师生则希望捐赠基金不断增加对学校的年度活动经费、研究项目、教授席位及奖学金和助学金的支持力度。因此，制定捐赠基金的支出政策特别是确定支出比例需要考虑平衡各方利益，在合理地满足需求的基础上又能应对随时可能出现的经济衰退与通胀压力。法律对大学捐赠基金的分配支出政策仅作了原则性规定，主要是基于捐赠基金源于捐赠者的慈善目的的考虑以及利益相关者的诉求，但对具体支出比例没有明确要求。政府监管部门在年度信息报告中都要求大学提供分配政策和支出比例的详细信息，主要用于了解和评估实际情况。

一、联邦法对捐赠支出的规定

立法者和各类监管机构对大学捐赠基金的支出问题也尤为关注，但它归根结底属于基金的内部管理事务，法律应否介入以及介入的程度如何都需要谨慎地考量各种因素。为了回应公众对机构基金尤其是免税慈善组织的捐赠基金支出是否适当的质疑，《统一机构基金谨慎管理法》做了原则性的规定，该法起草委员会的解释是："UPMIFA 要求做出捐赠基金支出决策的人立足于捐赠基金的目的。当机构考虑基金的目的和期限时，主要考虑的是捐赠人期望基金永久保留的目的。尽管法案没有明确规定基金管理应遵循代际公平的原则，但是法案认为机构做出支出决定时已经考虑到这些原则，例如保持捐赠基金购买力。"❶ UPMIFA 允许机构适当地支出或积累捐赠基金，只要董事会谨慎决定即可，谨慎的标准与投资者谨慎规则所要求作出决定时需考虑的因素一致。❷

与原来的 UMIFA 相比，UPMIFA 对基金支出的规定体现出较大变化。

（1）管理人有权在综合性的谨慎标准下做出与慈善机构整体经济形势相关的总回报支出决策，将支出管理纳入符合现代投资组合实践的谨慎投资者规则体系。

（2）取消了原 UMIFA 规定的机构基金支出不得超出"历史价值"（HDV）的限制，因为 HDV 规定的净值限制在市场不景气时带来太多限制，在牛市时又没有实际意义，UPMIFA 以更复杂的支出规则替代 HDV，但要求管理者应"谨慎地"支出，包括考虑以下因素：捐赠基金的期限及保存、捐赠基金及机构的目的、整体经济状况、通胀和通缩的可能性影响、预期收益及投资增值、机构的其他资源以及机构的投资政策。

（3）建议各州自行选择是否采纳 7% 的支出比例限制。UPMIFA 规定超过捐赠基金市值 7% 的支出将被视为"不谨慎"，但这也要视具体情况而定，不过无论支出比例是否超过 7%，过高的管理费用和成本都会被视为"不谨慎"。对于低于 200 万美元的小规模基金，UPMIFA 规定如果其支出会使基金规模低于历史价值，就必须通知州检察长，由后者监督并保证机构能够谨慎支出，这是为了帮助投资处于起步阶段及支出非常有限的小规模基金规避风险。

---

❶ The National Conference of Commissions on Uniform State Laws. Prudent management of institutional funds act［EB/OL］.［2016 - 08 - 31］. http：//uniformlaws. org/Act. aspx? title = Prudent% 20Management% 20of% 20Institutional% 20Funds% 20Act.

❷ Commonfund. Endowment spending：building a stronger policy framework［R/OL］.［2010 - 10］. https：//www. commonfund. org/InvestorResources/Publications/White% 20Papers/Whitepaper _ Endowment% 20Spending% 20 - % 20Building% 20a% 20Stronger% 20Policy% 20Framework. pdf.

（4）强调在尊重捐赠者建立基金的原始目的的前提下，提出在特定情形下允许修改捐赠者对基金支出设定的限制性条款，但要求管理者以"谨慎"为限，同时兼顾基金建立的原始目的、经济状况和保持购买力等因素。该法起草委员会在解释此部分时，指出尽管法案没有要求搁置特定数额作为"本金"，但假定慈善组织会采取保留本金的行为，如为了维持捐赠资金的购买力而根据投资业绩和总体经济形势制定合理的支出率来做出年度分配以支出收益的部分。

总之，以上规定使得机构基金尤其是捐赠基金的管理者能够更加灵活地制定支出政策，以满足当前和未来的支出需要，但这也并非意味着允许毫无节制地支出或囤积资金，而是为了更好地响应基金市值不停波动的现实和现代投资组合的策略需要。私立院校在捐赠基金支出方面往往比公立院校有更大的控制权，这是由它们直适用 UPMIFA 所决定的，而公立院校尤其是州立公立大学还要受到州法相关规定的要求。

二、国税局对高等院校的稽查

政府监管部门在年度信息报告中都要求大学提供分配政策和支出比例的详细信息，主要用于了解和评估实际情况。美国国税局在对学院和大学的合规性项目调查中就大学捐赠基金的支出问题要求报告的主要内容如下：（1）是否有投资委员会或经董事会通过的目标支出率；（2）目标支出率是多少；（3）是否达到了制定的目标支出率；（4）各项支出分配的用途是什么；（5）是否监管捐赠基金的分配以确保其用于特定的目的；（6）如何监管捐赠基金的分配；（7）对当年未被使用的支出如何处理。调查结果显示，截至 2006 财年，79% 的大学投资委员会制定了捐赠基金的目标支出率，平均为 5%，其中 90% 都达到预期的目标支出率。在捐赠基金分配中，56% 用于奖学金、奖项、助学金或贷款，29% 用于大学常规运营，其他则用于图书馆或教育性支持、教授席位、研究、公共服务等。98% 的大学监管其捐赠基金分配以确保它们被用于捐赠者的意图，其中 86% 是通过报告的形式，54% 是通过财务审计的形式。对于未被使用的支出，一般做法是延后到来年使用或返还未使用部分到捐赠基金中。总的来讲，从提供数据的调查对象来看，绝大多数捐赠基金的分配都在捐赠者设立限制条款下按特定目的使用，有的限制措辞宽泛，有的限制则指向明确。

美国政府问责办公室（GAO）2010年报告指出，尽管捐赠基金的适用一般情况下受到限制，但是高等院校仍然不得不决定每年如何从基金中分配支出。在该报告所涉及的研究个案中，高级管理人员告诉GAO决定其分配政策的两个重要因素是：（1）他们需要保护捐赠基金的购买力以满足今天的学生和未来的学生能够从中获益，即代际公平；（2）他们需要避免每年的分配发生巨大波动。在调查的大学中，以"平稳市场波动的影响和确保各项用途稳定的资金流"为目的的机制，基本都将分配建立在捐赠基金多年市值的基础之上。例如：一个学校的政策是来年的分配率应当是捐赠基金平均3年市场价值的5%；另一项政策是此前3年每季度的平均市值；还有一项政策是在前10年间高等教育通胀率的基础上计算得出的基金支出的增长百分比。

通过上述类似的调查，政府监管部门和社会监督机构了解到目前对大学捐赠基金最主要的批评即支出比率过低。早在20世纪90年代末，唐纳·巴施（Donal L Basch）的研究就指出1989~1995年大学捐赠基金的支出比率呈显著下降的趋势，捐赠基金市值却有明显的增长，随即引发对大学捐赠基金实际支出率是否低于最优支出率的讨论，也招致监管部门对大学捐赠基金支出比例和政策的严格审查。一份题为"大学捐赠基金分析"（*The University Endowment Analysis*）调查了规模超过10亿美元的62所高等院校，显示捐赠基金扣除支出后的收益增长率显著超过学费上涨幅度和对学生支持的增长率。面对"有的人争论大学捐赠基金增长巨大，但在用于减少入学成本上没有同步的增长"的现象，参议院财政委员会的领导层在2007年给财政部长的信中写道，慈善机构将捐赠基金"以数十亿美元计存在银行，或像现在更多地投资在开曼群岛上，而仅为组织的慈善目标提供几分钱"。一些人认为大学捐赠基金投资增长巨大，同时享受免税待遇和吸引大额捐赠，却没有在支持学费上涨和大学营运方面有所增加，拥有总量超过10亿美元的大学捐赠基金平均支出率仅为4.6%。上述争议引发了近年来针对大学捐赠基金支出问题的一系列严格审查和立法动议（包括听证会和圆桌会议），主要涉及是否设置最低的支出要求、披露大学捐赠基金支出相关信息，仅适用于私立大学或同样适用于公立大学，以及强制性支出比例如何确定等问题。

对此，政府监管部门认为有以下四种方法可以选择：（1）公布高等教育机构更多相关信息，如将国税局填报表格和教育部报告以一种简单可行的方式放在互联网上，告知捐赠者其资金被用于何处，对高等院校施压要求其解释或回应公众关心的问题如高涨的学费。（2）使用税收惩罚，要求高等教育机构分配更多的捐赠基金用于补偿上涨的学费成本，制定类似于私人基金会5%的强制性支出比例。（3）建议如果机构增加的学费超出恰当比例，将强制征税，如通货膨胀或消费价格税。（4）采用一种合适的税制，使大学捐赠基金的支出用于维持生均成本和学费等分配项目。❶

三、强制性支出规则的立法争议

最具代表性的改革动议是在法律层面对大学捐赠基金设置强制性的支出规定。所谓强制性支出规则，指私人基金会依法每一税收年度应分配特定数额的金钱或财产用于慈善目的，或者将捐赠给予其他公共慈善机构。设立该项规则的目的主要是强制私人基金会实现非慈善用途资产的价值，即要求每年分配的数量根据私人基金会可分配数量来计算确定，等于最低投资回报加上特定的额外数量再减去不相关业务收入税和当年净投资收入消费税后的总和，私人基金会的最低投资回报基本上等于非慈善资产的5%减去任何未偿还债务后的价值。这一数量通常必须以捐赠或其他为慈善目的的形式而分配，称为"合格的分配"。该规则有一项突出的例外，即为了特定的未来慈善项目而保留或搁置资产不用于当前支出，可以被视为私人基金会为符合强制性支出目的而做出的合格分配，但该资产应在不超过60个月期限内经常性地支付给特定的慈善项目。如果一个私人基金会未能及时地满足强制性支出的要求，如不修正，将面临征收每一年或不

---

❶ Bruce R Hopkins，Virginia C Gross，Thomas J Schenkelberg. Nonprofit law for colleges and universities：essential questions and answers for officers，directors，and advisors［M］. John wrley & Sons Inc.，2011：276-278.

足一年的未分配数额 30% 的消费税。如果私人基金会自收到美国国税局正式通知之日起 90 天内未能弥补不足的分配，将面临一项额外的 100% 的征税。

税法上还存在另一种强制性的支出要求，对象是"支持型组织"。法律要求支持型组织必须在当年最后一天或之前分配给一个或多个所支持的组织等于或超过其年度可分配的数额，年度可分配的数额一般为组织非免税资产的总公平市场价值超出资产负债的余额部分的 5%。为了满足此项要求，分配给被支持机构的数额应根据该资产的公平市场价值做出，采取现金收入和支出的会计方法，分配的数量包括：（1）支付给一个或多个被支持机构完成其免税目的；（2）为用于或持有以实现被支持机构的免税目的而支付获得的一项资产；（3）支持型组织所花费的合理与必要的管理费用。如果未能遵守这一分配要求，则会面临取消该组织作为慈善组织的支持型组织地位的制裁。与上述私人基金会强制性支出规则最显著的区别是，支持型组织的支出规则不适用保留或搁置的例外。如果对大学捐赠基金适用强制性支出规则的建议被采纳，那么到底适用上述哪一种模式还有待探讨。❶ 还有人提出为了聚焦提高补助金和维持稳定的学费，应对规模较大（5 亿美元或 10 亿美元以上）的大学捐赠基金，以生均拥有捐赠基金比例或者等于甚至超过 5% 的比例设定支出下限，但以不超过投资收益为限。

然而，大多数的大学捐赠基金管理者认为在法律上明确设定支出比例是不妥的，大学可以通过制定符合自身情况的支出政策来灵活地确定支出比例，这属于内部治理，立法者不应过多地干预，而且大学之间在捐赠基金类型和支出模式方面存在较大的差异，每一所大学都必须依据自身特殊的当前运营需要和捐赠基金增长的态势来确定和评价其近期使用基金的情况，立法者不宜对所有大学采取整齐划一的标准和要求，但是督促大学审

---

❶ Bruce R Hopkins, Virginia C Gross, Thomas J Schenkelberg. Nonprofit law for colleges and universities: essential questions and answers for officers, directors, and advisors [M]. John Wiley & Sons Inc., 2011: 276-280.

查捐赠基金支出是否足以支持自身运营是必要的。❶ 反对者还认为强制性
支出要求会产生误导，多样化的支出政策选择对不同院校而言是至关重要
的。考虑到支出要求主要针对的是大型捐赠基金，有的人辩称从历史上看
大型捐赠基金才更有可能提供强劲的财政支持和温和的学费涨幅，如果不
考虑捐赠基金的规模而对将支出要求统一适用于所有基金，将给小型捐赠
基金的机构造成更大的负担。也有人提出质疑，私人基金会（大多数是非
运作型基金会）5%的支出率被证实有效性更低，因此设置固定的比例可
能更像天花板而非地板，引导原本支出可能超过5%的机构仅仅为了迎合
这一要求而不再增加支出。例如2007~2009年平均支出率较高，对大型
独立基金会而言，预估支出率的中位数是5.8%，实际却达到8.6%，
2011年按照5%的分配水平预估支出率的中位数是5.2%，因此，一般基
金会的支出率都低于5.2%。

20世纪90年代末，大学捐赠基金积累资金的行为就引起各方关注与
争论，亨利·汉斯曼（Henry Hansmann）认为捐赠基金为实现代际公平和
缓冲金融冲击而积累资金，尽管对此有所争论，但它有助于确保长期的剩
余资本、维护学术自治和传递价值。如果大学积累的比率和支出的模式并
没有考虑持有基金的最终目的，即使目前的争论和调查数据显示基金被积
累的原因和管理的方式还不甚明确，但建议改变立法还为时过早，特别是
限制大学谨慎地积累捐赠基金。其他国家立法和对私人基金会限制积累的
规定对上述立法动议产生推动作用，这可能会刺激大学捐赠基金或其他捐
赠机构使其政策朝着机构所致力的目的而采取合理的积累。❷

多纳尔·巴赫（Donal L Basch）指出，1989~1995年大学捐赠基金的
支出比率呈显著下降的趋势，捐赠基金市值却有明显的增涨，围绕大学捐
赠基金实际支出率是否低于最优支出率的问题随之产生，也导致对大学捐
赠基金支出规则设置特殊的审查及标准。然而，大学之间在捐赠基金类型

❶　Donal L Basch. Changes in the Endowment Spending of Private College in the Early 1990s ［J］.
The Journal of Higher Education，1999，70（3）：278-308.

❷　Henry Hansmann. Why do universities have endowments？［J］. The Journal of Legal Studies，
1990，19（1）：3-42.

和支出规则方面存在较大差异和多样性，每一所大学都必须依据自身特殊的当前运营需要和基金增长的态势来确定和评价其近期使用基金的情况，不宜对所有大学采取划一的标准和要求，但促使其自查捐赠基金支出是否足以支持大学运营也是必要的。同时，大学还应考虑是否做好了应对市场衰退期的准备，计算支出比率的平滑规则或其他替代方案是否能缓和基金市值下跌的情况下对支出减少的冲击。❶

亚历山大·沃尔夫（Alexander M Wolf）针对指责大学囤积财富而不用于当前学生受益的批评，以及联邦和州对大学捐赠基金的进行征税调整的立法审查，提出5%的支出要求不应被立法采纳的理由，包括：强制性支出并不会增加大学运营能力，规模较大的大学捐赠基金已经提供了慷慨的学费成本和学生补助，将大学捐赠基金与私人基金会做类比是不恰当的，强制性支出有损于大学回应经济波动的能力、损害美国大学国际卓越性以及长期的支出削减，也违背了大学自治和学术自由的原则。❷

格奥尔格（Georg Cejnek）等人对关于大学捐赠基金的资产分配与支出政策的近期研究文献进行了综述，指出大学捐赠基金的治理结构、资产配置、投资风险与回报以及支出之间有着紧密的关系。2011年财年捐赠基金对大学运营预算的贡献率平均为9.2%，规模较大的基金甚至达到16.9%，依赖的是捐赠基金市值平均4.6%的支出，规模较大的基金支出率达到5.2%。换言之，捐赠基金市值的变化可以通过每年支出的变化对大学运营产生持续的影响。2001~2011年，尽管投资组合表现和基金规模发生了不小的变化，但支出比率仍呈现出相当稳定的表现，始终在4.3%~5.1%浮动。当前各个大学采用的支出规则不一，包括限制固定比例、基于通货膨胀、适用平滑规则以及混合型的耶鲁规则（包括两个部分，首先是经通胀率调整后的上年度支出的80%，其次是从适用目标支出率到捐赠基金市值的结果的20%，这种计算方式减少了支出的波动性而确

❶ Donal L Basch. Changes in the endowment spending of private college in the early 1990s [J]. The Journal of Higher Education, 1999, 70 (3): 278-308.

❷ Alexander M Wolf. The problems with payouts: assessing the proposal for amandatory distribution requirement for university endowments [J]. Harvard Journal on Legislation, 2011, 48 (13): 591-622.

保支出不会影响基金的长期市值）和斯坦福规则（权重是前一年投资组合支出的 60% 和政策支出率乘以基金市值后的 40%）。❶ 总而言之，大学捐赠基金资产配置政策的变化往往导致支出规则的变化，而政策变化则取决于三个因素，即基金规模大小、实际支出水平和投资组合回报。大学捐赠基金的管理层在制定支出政策与比例时应充分考虑基金的慈善宗旨、管理的核心目标以及基金运营的实际需要，始终本着谨慎管理的原则决策和行动。

迄今为止，尚没有任何联邦和州立法正式提出强制性支出的要求，除了一项由众议员韦尔奇短暂介绍而又马上收回的高等教育法修正案，但是这些争议仍有可能影响未来的立法。近年来，尽管政府监管部门加强了对学院和大学捐赠基金的运营及财务状况的审查，但围绕大学捐赠基金支出率偏低的一系列听证会和圆桌会议仍旧引发了对大学捐赠基金免税身份和待遇进行税制改革的立法动议。2015 年美国国会研究服务局出台一份报告指出，高等院校保留捐赠基金用于支持机构活动，不仅使用投资资金也使用现金或财产，目前的税法对捐赠基金及其资产的积累是有益的，特别是捐赠基金的投资收入免于缴纳联邦收入所得税，纳税者向大学捐赠的资金也能获得收入所得税的抵扣，至于如何讨论改变大学捐赠基金的税收待遇，不仅需要详细了解捐赠基金的背景信息，而且应考虑更多样化的政策目标，如修正当前的税收法案是为了增加联邦政府的税收收入，还是鼓励大学捐赠基金将更多的支出用于特定目的如学费资助。辨别清楚这些与捐赠基金有关的税收政策目标有助于为特定的政策选择提供信息。最重要的是对各种可供选择的不同方案进行比较和探讨。❷

第一种，采取类似于私人基金会的强制性支出要求，规定每年支出捐赠基金某一特定比例用于慈善活动。但是，这一要求适用的对象是某些特定的捐赠基金，如规模超过 5 亿美元或生均持有率；支出要求还可以与学

---

❶　Georg Cejnek, Richard Franz, Otto Randl, Neal Stoughton. A survey of university endowment management research ［EB/OL］. http://www.wu.ac.at/isk/bilder/endowment_ review_ 092012.

❷　Molly F Sherlock, Jane G Gravelle, Margor L Crandall-Hollick and Jeffrey M Stupak. College and University Endowments: verview and Tax Policy Options ［R］. Congreesional Research Service, December 2, 2015.

费水平、学生需求指标或联邦学生资助标准挂钩。

第二种，对捐赠基金的投资收入征税，但对此也有许多不同的设计方案，比如该税种仅适用于特定规模的捐赠基金，或者当学费增长达到特定比例（如高于通货膨胀率时）且拥有巨额捐赠基金的高等院校。捐赠基金的收入可以适用类似于免税组织不相关商业收入税的最高税率35%，或者类似于私人基金会投资净收益的2%（如果慈善分配超过历史平均水平，则该税率降低到1%）。

第三种，对向捐赠基金会的特定捐赠予以慈善税收抵扣的限制。通常情况下，捐赠者一旦向捐赠基金作出捐赠就立即申请慈善抵扣，即使该捐赠并没有立刻用于慈善目的，这样捐赠给大学捐赠基金的资金经常要经过很长时期才能被使用，这实际上改变了与捐赠基金有关的捐赠动机。可以采取的一种方式是对限制性或附期限的慈善捐赠抵扣采取限制，那么纳税人可以选择非限制性捐赠，即改变捐赠的形式。但这样可能会降低这类捐赠的税收刺激。另一种方式是出于促进捐赠支出的目的而对捐赠加以限制，例如一项捐赠期望支持10年的教育活动，那么就需要做出一些调整来反映通货膨胀的事实，即今天的一美元未来是否还值一美元。

第四种，改变捐赠基金经常采用的债务融资投资手段的税收待遇等。以改变特定的离岸投资政策为例，有些人指出大学捐赠基金资产增加的部分被投资于可替代性策略，特别是对冲基金，引发了对使用离岸公司逃避不相关商业收入所得税的焦虑。采用离岸公司逃避不相关商业收入所得税的能力在债务融资投资问题上制造了国内与国外相分离的两种税收待遇。一些人也希望现行法律创造一种激励机制增加捐赠基金的水平，即在经济衰退期强制减少支出。

当然，保持现有的捐赠基金税收待遇也不失为一种选择。

2017年年底，NACUBO向会员院校发出一份倡议，呼吁校长、教职员工、学生及家长等群体高度重视政府拟通过的税改方案，指出方案通过高等院校将会深受影响。就捐赠基金而言，根据减税和就业法案的建议，私立院校捐赠基金的投资收益将征收1.4%的税。尽管这一规定仅适用于学生人数至少在500人以上和上一财年捐赠基金市场价值至少达到全日制学生人均 25 万美元以上的私立院校，但 NACUBO 认为捐赠基金对于高等院校及其他符合国内税法典第 501 条（c）款第 3 项规定的机构有着重要意义，代表着机构或组织对捐赠人的承诺，用收益和投资所得支持大学任务的某一方面，而且通常是持久性的。高等院校，无论大小，维持捐赠基金或有所保留能够使自己应对无法预见的变化或抓住新的机会。在研究生院校，捐赠基金对学生财政资助和奖学金是至关重要的，它们也是服务于教职员工、图书馆、实验室、校园设施、学生服务和其他核心教育功能的资金来源。捐赠基金也支持研究和公众服务，例如纳米技术创新、医学研究或基于院校的青年与社区发展项目。有一种关注是税改能推进捐赠基金在学生资助上的支出，而忽略了捐赠基金支出在缓解学费压力的其他运营领域。捐赠基金的经理人在平衡资产管理目标以确保对机构未来财政所需的同时，也承担着支持学生和机构运营的法定义务。NACUBO 明确指出立法者应当拒绝这一强加给大学捐赠基金的超额税收建议，理由是它将导致所能提供给奖学金、学生服务、研究和大学运营的资金更少，它甚至还代表着一种远离联邦赋予慈善领域自由权的观点，这种自由权指的是美国人有权选择如何以及在哪里花费他们的慈善资产。❶

第二节　中国大学基金会的支出与费用规定

《慈善法》明确规定："具有公开募捐资格的基金会开展慈善活动的年度支出，不得低于上一年总收入的 70% 或者前三年收入平均数额的 70%；年度管理费用不得超过当年总支出的 10%"，并强调"管理费用最必要原则"。2016 年 9 月 1 日，民政部、财政部、国家税务总局联合印发《关于慈善组织开展慈善活动年度支出和管理费用的规定》，对具有公开募捐资格的基金会以外的慈善组织开展慈善活动的慈善组织支出和管理费用做出了更细致的规定。

一、年度支出的最低比例与管理费用的法定上限

有学者认为，"法律上之所以要对慈善组织的年度公益支出设置最低

---

❶　NACUBO. Tax reform：a call to action for colleges and universities ［R］. 2017—12.

比例，是因为考虑到慈善组织利用社会资源、享受国家税收优惠、以社会公益为己任，所以应当有实际活动和公益支出以实现其宗旨和承诺。否则，若长期囤积资金不开展公益活动，一者有公器私用之嫌；二者有浪费社会资源之忧；三者有羞对慈善宗旨之愧。"❶ 年度支出比例是衡量慈善组织参与慈善活动的重要标志，是衡量慈善组织财产流动性的标尺，也是对慈善组织及其管理者激励机制的重要体现。因此，《基金会管理条例》（2004）在考虑基金会年度公益支出的最低比例时，也参照了国际立法经验，最终确定 "公募基金会每年用于从事章程规定的公益事业支出，不得低于上一年总收入的70%；非公募基金会每年用于从事章程规定的公益事业支出，不得低于上一年基金余额的8%"。2016 年在修订《基金会管理条例》时将此条改为："基金会的年末净资产不得低于本条例第八条、第九条规定的注册资金最低标准。基金会开展公益慈善活动的年度支出和管理费用的标准，按照国家有关规定执行。"

　　《慈善法》第 60 条规定："慈善组织应当积极开展慈善活动，充分、高效运用慈善财产，并遵循管理费用最必要原则，厉行节约，减少不必要的开支。慈善组织中具有公开募捐资格的基金会开展慈善活动的年度支出，不得低于上一年总收入的 70% 或者前三年收入平均数额的 70%；年度管理费用不得超过当年总支出的 10%，特殊情况下，年度管理费用难以符合前述规定的，应当报告其登记的民政部门并向社会公开说明情况。"此条将公募基金会的年度支出限定为 "不得低于上一年总收入的 70% 或者前三年收入平均数额的 70%"，年度管理费用不得超过当年总支出的10%，并强调了 "管理费用最必要原则"。这既在一定程度上承袭了原《基金会管理条例》的规定，又增加了 "或者不低于前三年平均数额的百分之七十" 的计算方式，因为考虑到慈善组织的年度捐赠收入存在很大的不确定性和不稳定性，如果仅以当年捐赠收入为基数，可能对下一年度的公益支出产生很大压力，增加这一规定后，有利于慈善组织根据开展慈善活动或实施慈善项目的实际需要合理安排年度支出。另外，该条还规定：

---

　　❶ 金锦萍. 请慎重审议慈善法草案第六十条 [N/OL]. (2016-03-11) [2017-01-01]. 南都公益观察，http://www.naradafoundation.org/content/4839.

"特殊情况下，年度管理费用难以符合前述规定的，应当报告其登记的民政部门并向社会公开说明情况。"这里的"年度管理费用"概念在《基金会管理条例》原有规定"基金会工作人员工资福利和行政办公支出"的基础上做出了一定的延展与扩充，较之《关于规范基金会行为的若干规定（试行）》的规定，即"将支付给项目人员的报酬，包括工资福利、劳务费、专家费等都明确规定计入公益支出，工作人员工资福利的费用为全体工作人员的额工资、福利费、住房公积金、社会保险和担任专职工作理事的津贴、补助和理事会运行费用"，更为简洁明确。关于管理费用的法律定义和具体范围，则应以2016年9月1日民政部颁布的《慈善组织开展慈善活动年度支出和管理费用标准》为准。它考虑了慈善组织的不同类型和资产规模，并且与《民间非营利组织会计准则》接轨，体现了较强的科学性和可操作性。近年来，一些地方政府出台了关于慈善募捐的地方性法规，如《宁波市慈善事业促进条例》《上海市募捐条例》，其中均规定慈善组织的年度支出比例不得低于70%，而《广州市募捐条例》则规定了慈善组织的工作成本列支最高不得超过实际募捐财产价值的10%，义演、义赛、义卖募捐活动的工作成本列支最高不得超过本次募捐活动实际募捐财产价值的20%，《汕头经济特区募捐条例》也规定管理费用最高不得超过募捐财产的6%。

为了统一标准，民政部、财政部、国家税务总局联合印发的《关于慈善组织开展慈善活动年度支出和管理费用的规定》，对具有公开募捐资格的基金会以外的慈善组织开展慈善活动的慈善组织支出和管理费用做出了一致要求。该规定对支出和管理费用的内涵界定与《民间非营利组织会计准则》的会计核算标准保持了一致，并充分考虑了基金会、社会团体、社会服务机构在组织性质、活动特点、资产规模和构成等方面的差异，根据慈善组织业务活动的实际情况以净资产规模为基数给出了不同的管控比例，符合支出额度与机构规模呈正比而管理费占比与机构规模呈反比的客观规律，还从促进发展的角度恰当地给予慈善组织灵活调整的空间（如规定在计算中允许用"前三年收入平均数额"代替"上一年总收入"，用"前三年年末净资产平均数"代替"上年末净资产"，有利于保障慈善组织维持运转的最低需求；再如规定当管理费的绝对值低于 20 万元时，不受任何比例限制，这符合小规模慈善组织运转的实际特点尤其是初创慈善组织的生存空间）。该规定还列举了支出和管理费用的范围，慈善活动、其他业务活动与管理活动共同发生费用的分配原则，会计核算和信息披露要求等（见表 7-1）。

表 7-1 慈善组织开展慈善活动年度支出和管理费用比例

		年度慈善活动支出不得低于上年总收入	年度管理费用不得高于当年总支出的
具有公开募捐资格的基金会		70%	10%
具有公开募捐资格的社会团体和社会服务机构		70%	13%
不具有公开募捐资格的基金会	上年末净资产（人民币）	年度慈善活动支出不得低于上年末净资产的	年度管理费用不得高于当年总支出的
	高于 6000 万元	6%	12%
	低于 6000 万元高于 800 万元	不得低于上年末净资产的 6%	13%
	低于 800 万元高于 400 万元	不得低于上年末净资产的 7%	15%
	低于 400 万元	不得低于上年末净资产的 8%	20%
不具有公开募捐资格的社会团体和社会服务机构	高于 1000 万元	不得低于上年末净资产的 6%	13%
	低于 1000 万元高于 500 万元	不得低于上年末净资产的 7%	14%
	低于 500 万元高于 100 万元	不得低于上年末净资产的 8%	15%
	低于 100 万元	不得低于上年末净资产的 8% 且不得低于上年总收入的 50%	20%

资料来源：民政部．关于《慈善组织开展慈善活动年度支出和管理费用标准》的通知［EB/OL］．http：//www.mca.gov.cn/article/zwgk/tzl/201608/20160800001571.shtml.

资金的支出规模与结构能够反映出大学基金会的运作状况，尤其是资金的使用和管理等核心信息。经实地调查发现，目前大学基金会的支出规模和管理费用都不大，许多负责人表示目前资金收入情况不稳定，出于慎重原因不能过大地扩大支出规模，真正用于活动或项目的费用也相对较低，这在一定程度上反映了大学基金会普遍存在经费短缺和维持生存的现状和困境。值得注意的是，现行法律法规只是简单地设计了资金管理不能逾越的界限，对于在资金管理过程中的资金分配应该如何进行，应该注意哪些方面的问题都没有涉及。就大学基金会而言，资金分配的过程完全是自行处理和解决的，而各大高校的基金会年度报告中都鲜有提及资金分配的方式和规则。纵观国外立法经验发现，有的国家甚至就不同形式的捐赠财产规定了支出比例，如《俄罗斯慈善活动和慈善组织法》规定，以金钱形式的慈善捐赠自慈善组织获得时其一年内至少80%用于慈善目的。实物形式的捐赠，自获得时起一年内用于慈善目的（但另有慈善规划规定的除外）。另外，有的大学基金会在筹款之初就筹款所得的支出和分配事项做出说明，或者在内部制定相关的统一规则和标准。例如美国加州大学伯克利在其"迎接新世纪"筹款活动中就明确规定，筹措款项用于基础建设的只占3.99%，款项大部分用于助学和科研事业。美国的大学为了在最大程度上优化捐赠者效用，采取了多样化的捐赠项目，例如种子基金、配比捐赠、指定捐赠用途等，将捐赠款项直接用于受众而不是管理费用，以对捐赠者形成更大的激励，有助于其感到自我价值的实现。

二、慈善组织管理者和工作人员的薪酬相关规定

《基金会管理条例》第39条第2款规定："基金会工作人员工资福利和行政办公支出不得超过当年总支出的10%。"但施行十余年，实践中对该条规定的诟病也较多，归纳起来就是公益事业支出比例过高，而工作人员薪酬与管理成本比例较低，运作资金短缺使得基金会难以开展活动和充分发挥效用，也造成慈善行业难以吸引专业人才和慈善组织筹款压力过大等问题。这样"一刀切"的规定没有考虑到不同规模不同类型基金会的实际运作需要，也没有顾及基金会甚至整个慈善行业吸引高端人才和组织专业化的发展形势。现行《慈善法》第60条的规定与该条例的区别在于，第一，10%的最高限额仅适用于具有公开募捐资格的基金会，不具有公开募捐资格的基金会和其他类型的慈善组织适用何种标准留待相关部门予以补充规定；第二，该条例中的10%仅针对工作人员工资福利和行政办公支出，而《慈善法》将年度支出与管理费用予以区别对待，年度支出设定70%的最低限额，且计算方式可以放宽到以前三年收入平均数额为基准，年度管理费用适用10%的最高限额，且在特殊情况下可以信息披露方式向监管部门提出报告备案，体现出一定的弹性和适应性。但是，至于何谓年度支出、管理费用，二者如何划分以及按照何种标准进行会计核算，则有待进一步补充说明。

《慈善组织开展慈善活动年度支出和管理费用标准》认定慈善组织主要包括两类支出，即业务活动成本（又分为慈善活动支出和其他）与管理费用，业务活动成本分为：（1）直接或委托其他组织资助给受益人的款物；（2）为提供慈善服务和实施慈善项目发生的人员报酬以及使用房屋、设备、物资发生的相关费用；（3）为管理慈善项目发生的差旅、物流、交通、会议、审计、评估等费用。管理费用涉及以下几类：（1）理事会等决策机构的工作经费；（2）行政管理人员的工资、奖金、住房公积金、住房补贴、社会保障费；（3）办公费、水电费、邮电费、物业管理费、差旅费、折旧费、修理费、租赁费、无形资产摊销费、资产盘亏损失、资产减值损失、因预计负债所产生的损失、聘请中介机构费等。总之，慈善组织为保证本组织正常运转所发生的费用均属于管理费用，但必须依照《民间非营利组织会计制度》的相关规定予以核算。这样就明确了慈善组织工作人员的薪酬待遇属于管理费用的范围，对具有公开募捐资格的基金会而言，比例至少得控制在当年总支出的10%以内，因为管理费用还包含其他诸多费用，而对于其他慈善组织而言，该比例则根据组织上年末净资产数额采取阶梯式递增的方式确定具体比例。明确慈善组织的活动支出与管理费用有利于纠正社会公众对慈善事业的误区，有人认为慈善组织开展慈善活动应当将全部善款用于项目支出而不应该产生其他费用，甚至支付给工作人员高额报酬。然而，现代慈善事业必须遵循市场化运作的规律，任何以慈善为目的的活动，也需要有必要的场地、组织机构、工作人员和管理成本，这是慈善活动组织化、专业化的必然要求，管理成本在总支出中所占的比例也在一定程度上代表着慈善组织财产的使用效率和工作效率。合理的管理成本和支出比例，能够更好地实现慈善组织的任务和使命，也更有利于慈善组织的可持续发展和慈善行业的规模性扩张。因此，如何对慈善组织的行政成本进行合理地规制保证其不偏离慈善的终极目标才是立法者的重要关切点。

我国大学基金会的运转主要依赖高校的经费预算，即间接地依赖政府的财政拨款，大学基金会的工作人员绝大多数实际上是学校行政管理人员担任或兼任，自然要和学校其他职能部门的工作人员一样，按照同样的标准领取工资、奖金和福利等。高校为大学基金会提供了员工薪酬待遇以及办公场地、水电费等日常办公经费，结果是大学基金会的管理费用非常少甚至为零，这在有些人看来貌似基金会劝募得到的资金和捐款都用于支持学校发展，却对大学基金会的工作人员缺乏有效的激励导致消解了基金会应有的功能。从基金会资金的所有权来看，捐赠基金不存在一个完整产权的拥有者，任何利益相关者均不享有剩余资产的分配权、转让权和索取权，即使基金会管理者的实际控制权也受到严格的法律限制，受益权的主体也存在不确定性。这种产权性质决定了能否实现组织效益和功能的最大化，关键在于能否有效地激励员工积极地投入到劝募、投资和管理各个环节之中。慈善组织的激励机制与营利性企业存在一定的差异，主要表现为合理的物质激励与恰当的价值激励二者综合运用和平衡协调，但大学基金会的激励机制还存在严重的"体制内"与"体制外"的差别对待问题。对于拥有体制内编制的大学基金会工作人员来说，他们接受最主要的激励就是由高校所提供的工资、奖金和福利，这样的激励具有挂靠行政等级与专业技术等级的特点。但当劝募到动辄上千万元的捐赠款项时，这些报酬与工作人员所付出的心血和努力相比则显得十分微薄，尤其是在需要寻求体制外的帮助完成筹款项目的情况下。对于聘请专业人士参与项目和活动，只能按照市场原则随行就市，于是就出现体制外的专业人士所获得的激励远远大于体制内的工作人员所获得的激励，导致后者产生巨大的不公平感从而影响其工作的积极性。现行的大学管理体制不允许给予基金会的工作人员以更多合法的激励，其结果要么纯粹讲求无私奉献，要么只能采取一些非正式的激励手段。诚然，大学基金会的公益性要求它具有一种超脱经济利益的立场，决定了其工作人员必须具有较高的觉悟和素养，但是单纯靠这种"组织认同"或"价值认同"的精神激励，很难长期维持该事业对人才的吸引力，更不要说招募高端的专业性人才。另外，目前对大学基金会的工作人员也缺乏岗前培训、资格准入和在职培训等个人专业发展的手段，从事该工作的人在大学内部和社会上也缺乏一定的认可和尊重。因此，无论是依靠非正式的激励还是制定区别对待的激励标准，都缺乏持续性和有效性，容易造成工作人员行为短期化，激励效果也不明显。首要的是应明确激励的主体是大学基金会而非大学，而基金会作为独立的非营利法人，应完全从组织发展的自身需求出发制定合理的激励政策，保证财政的独立性和透明性，保证人事权的独立性，通过构建多层次多形式的激励制度对员工进行价值导向、行为管理和绩效评估、奖惩等，在经济利益激励的基础上大力运用文化价值激励，才能吸引更多的专业人才加入到大学基金会的工作中来。

值得考虑的是，国外立法还普遍对慈善组织的理事、监事和职员人数及其报酬作了一定的限制性规定，防止以过高或者不当的报酬来变相分配慈善财产。因此，为了保护慈善组织的财产不受不必要的损失，立法者在设计和完善慈善组织的工作人员薪酬制度时，也应设置条款防范个人通过支取过高的薪酬变现和分配慈善组织的财产，或者通过关联交易进行利益输送。

第八章　中美高等教育捐赠的
税收激励政策

　　税收制度是一个杠杆，它可以撬动某一个产业或者行业的发展，同时也是一个风向标，反映出一种国家的意志，是鼓励这个行业发展还是抑制这个行业的发展。[1] 国家让渡了部分税收利益，给予参与慈善活动的相关主体一定税收优惠，是激励捐赠和促进慈善的重要手段。通过税法的技术性规范一则可以对慈善组织的行为及活动进行法律监管，使之按照符合慈善目的的方向发展；二则可以设立相应的免税条件与标准，达到调节社会资源再分配和公平目的。美国有关慈善捐赠的税收优惠规则非常详尽而且相当明晰，既给予慈善捐赠者和受捐赠者税收减免的待遇，也对非营利组织借以慈善名义谋取私利的行为进行严格监管与处罚。根据印第安纳大学慈善事业中心（Philanthropy at Indiana University Center）调查显示，慈善减免税收的规定和做法至今已有 90 年，近年来慈善免税的社会效应愈发显著，约有 3/4 以上的善款流向大学、私人基金会、医院、艺术博物馆等慈善组织，税收优惠在减轻慈善组织运作负担的同时也促进了捐赠。我国慈善税收优惠待遇的配套法律法规正在修订和完善之中，需要解决免税资格认定、完善税种类型、简化减免程序、提高免税额度等主要问题，同时要构建一套法律监管体制和社会监督体系，配合慈善组织及其活动的信息披露和专业机构评估等重塑慈善行业的公信力。

---

[1]　谢民．试论税收促进慈善发展的二律背反现象［J］．中国经贸导刊，2014（5）：30-33．

第一节　美国高等教育捐赠的免税规则特点

《美国高等教育法》突出强调了政府的财政拨款以资助高等教育发展的主体性责任，客观上也起到引导民众重视和将个人财富投入高等教育事业的作用。与政府资助相比，税收减免对于刺激个人、企业或其他社会组织向高等教育捐赠无疑是最主要也是最有效的手段。伴随着美国经济的发展和美国人收入的增加，越来越多的美国人在纳税和慈善之间选择了后者。这是因为美国联邦和各州政府都通过制定了捐赠免税或税收抵扣的政策，力求降低捐赠人的捐赠成本，借此鼓励个人、企业和其他社会团体捐赠给高等教育，可以说税收减免政策是推动民众捐款热情以及捐款数量增加的最直接因素。

一、高等院校享有免税的慈善组织身份

美国主要采用税法的技术性规范来界定慈善、慈善目的和慈善组织，并给予相应的免税待遇。《联邦税收条例》（*The Federal Tax Regulations*）规定了9种慈善实体的类型：（1）为穷人提供救济；（2）为受难者提供救济；（3）为弱势群体提供救济；（4）发展宗教；（5）发展教育；（6）发展科学；（7）建立或维护公共建筑、纪念性建筑或作品；（8）减轻政府负担；（9）推动社会福利。❶ 依据慈善实体的免税规定而享有免税资格的主要有7类组织：（1）教育组织；（2）宗教组织；（3）科学组织；（4）文学组织；（5）促进国家或国际体育竞赛组织；（6）反对虐待儿童或动物组织；（7）维护公共安全组织。据此，学院和大学一般享有免税的慈善组织身份，当然营利性私立院校除外。但要真正获得免税资格，则必须依法向美国国税局提出申请，只有在满足《国内税收法典》（*Internal Revenue Code*）第501条（c）款第（3）项所列举的条件以及通过一系列测试（如组织测试、运营测试、相应性测试等）的前提下才能实现。在美国，非营利组织运营所要遵循的法律标准取决于该组织的类型，所享受

---

❶　Reg. § 1.501 (c) (3) –1 (d) (2).

的税收优惠待遇也要根据非营利组织的公益性程度来加以区分。如果非营利组织不属于免税组织，那么所遵循的法律标准与营利组织几乎是一样的；如果非营利组织属于免税组织但并非慈善组织，那么所遵循的法律标准会更高一些；免税的慈善组织所遵循的法律标准要求是最高的，各方面运营活动均应满足"合理性"和"谨慎性"的标准，组织的一切活动都应以合理的方式进行，且达到合理的目的。如果某免税的慈善组织的支出或从事的活动被认定为不合理，那么联邦税法赋予该组织的慈善或其他特定形式的免税资格就将被取缔；在州法层面同样如此，任何不合理的行为都可能引起州检察长对该组织的调查。

二、慈善税收优惠更倾向于个人捐赠者

2015 年美国慈善捐赠总额达到 3 732.5 亿美元，其中个人捐赠总额为 2 645.8 亿美元，占比多达 71%，企业捐赠总额为 184.5 亿美元，仅占 5%。这直观地反映了美国人的慈善文化观念与捐赠行为模式，当然也与税法更倾向于鼓励个人捐赠有着直接的关系。美国税法规定捐赠者向拥有免税资格的慈善组织进行捐赠可以享有税前扣减的待遇：（1）捐赠者通过慈善组织的捐赠，即个人直接捐赠现金最高可以按照调整后毛收入的 50% 进行扣除；而个人非现金形式的捐赠，其税前扣除的比例为调整后毛收入的 30%；而符合条件的企业捐赠物品时，按照应纳税所得额的 10% 进行税前扣除。对于超过比例扣除的部分，可以结转于捐赠后的 5 年。假使该企业在 5 年内又继续捐赠，那么之前未扣除的部分捐赠额可以先于当年的捐赠额进行扣除。（2）捐赠者通过私人基金会进行的捐赠，即符合规定的个人进行物品捐赠时，其税前扣除比例为调整后毛收入的 20%，而对于个人超出限额部分则没有结转与递延的规定，即不能向后结转；企业则没有任何优惠。与通行做法不同的是，美国允许个人通过直接捐赠的形式进行捐赠时，税前扣除比例为调整后毛所得的 10%；而企业进行直接捐赠时可按照应纳税所得额的 10% 进行扣除。

至于个人捐赠的税前扣除的比例及相关规则，美国也经历了长期的制度演变。美国从 1913 年开始征收个人所得税，1917 年国会通过法案规定捐款或实物捐赠可用来抵税，所得税可抵扣部分最高达到 15%。2003 年个人所得税法修正案第 27 条对私人捐赠也有明确的减税政策，并把个人可调节的收入税率分为六档（10%、15%、27%、30%、35%、38.6%），这就意味着捐赠一定数额的收入就可以实现从高档税率降到低档税率的目的。捐赠的数额从应计税金额中扣除以后，根据扣减后的基数确定税率，不仅减少应计税的数额，还有可能降低税率档次，既做了慈善又少交了税，这种累进税制刺激了高收入群体将个人财富捐向慈善事业。同时，联邦税法还限定个人每年累计捐赠数额不超过纳税人在纳税年度的捐赠基数的 50%，超过部分在 5~7 年进行结转和递延。❶ 比例上限的规定主要是为了防止捐赠人过多地捐赠个人收入影响基本生活或者纯粹为了达到避税目的。而《美国国内税收法典》对企业捐赠者的税收扣减比例和结转规定是："对于公司而言，对于任一纳税年度，该法规定的扣除总额不超过纳税人的应税所得的 10%；法人捐赠者对任意一年不超过 10% 的须纳税的收入进行税收减征，税收减免可以延长至 5 年内完成。"无论是个人还是企业的捐赠，捐赠超限额向后结转的部分都优先于当年的捐赠扣除，也就是说，即使收入减少或亏损，也可以就以前纳税年度的所得额先行税前扣除。另外，美国对个人所得税的征收采取的是综合扣除法，即对纳税人全年各种不同来源的应税所得综合起来，扣除相应的不予计列项目、分项扣除项目和个人宽免额，就其余额按累进税率计征所得税。

三、减免税种的多样性及科学计价方式

根据《美国国内税收法典》第 501（C）条款的规定，依据各非营利性组织的活动宗旨，规定了 25 种可以享受所得税豁免的组织，并在豁免的比例和程序上做了细分。总体上分为对免税组织自身的优惠和给予向免税组织捐赠的机构和个人以税收优惠，对于与教育相关的非营利性学校和基金会免征所得税、销售税、财产税、增值税、关税和其他直接的税收形式。

美国税法对现金和实物确定了区别对待原则，并对实物捐赠的税收优惠做了具体规定。税前扣除的捐赠形式有三种：（1）现金；（2）带有长

---

❶ ［美］贝希·布查尔特·艾德勒，大卫·艾维特，英格里德·米特梅尔. 通行规则：美国慈善法指南［M］. 金锦萍，朱卫国，周虹译. 北京：中国社会出版社，2007：7.

期资本增益或称长期资本利得性质的财物；（3）带有普遍所得性质的财物。以实物捐赠的所得税估值方式为例，如果捐赠的实物属于带有普遍所得性质的财务或在出售时产生短期资本所得的类型，那么捐赠物的价格就被限定为下述两者中数量较小的一类：（1）按规定调整后的基值，（2）在捐赠当天该财产的公平市场价格。如果捐赠的实物属于带有长期资本增益或称长期资本利得性质的财物，那么，捐赠物的价格就按市场价格直接进行税前扣除。这种对实物捐赠的分类标准以及相应的价值计算方法，易于实践操作也更科学。

《财经法》（*Finance Bill*，2002）第 96 条规定了对不动产捐赠和捐赠中个人所得税的优惠政策做了司法解释。2003 年个人所得税法修正案对私人捐赠也进行规定和修订，捐赠不动产根据不同财物性质及捐赠形式采用不同的税收优惠比例，超过减税捐赠额的捐赠部分可顺延 5 年进行抵扣。

设定高额的遗产税和赠予税对慈善捐赠形成"倒逼"机制。美国遗产税于 1797 年首次开征，1916 年联邦政府为防止通过生前赠予以及将遗产以信托的方式转让给子女的下一代或几代从而逃避遗产税，又相继开征赠予税和隔代遗产转让税。1916~1976 年，美国遗产税的个人豁免额都很低，最低的时期为 4 万美元，最高的时期为 10 万美元。从 2001 年开始，联邦政府对 67.5 万~300 万美元的遗产征税税率为 37.5%，对超过 300 万美元部分遗产征收的税率高达 55%。这就意味着每捐赠 100 美元，就少交 55 美元的遗产税，实际捐赠的数额仅为 45 美元。2013 年联邦政府遗产税的起征点猛增至 525 万美元，超出起征点的财产税率每年都在变化，税率从 2001 年的 55% 降至 2013 年的 40%。遗产税同样采取超额累进制，税率被分成 18 个等级，18%~50%，也就是说遗产越多、税率越高。遗产还包括动产与不动产、有形与无形的任何财产等形式。税法规定对总遗产按扣除所有捐赠项目后的余额计征遗产税，等于说对慈善捐赠的遗产部分全部免税，且没有任何比例限制。可以说，正是高额的遗产税和高比例的捐赠扣除才促使富人们更愿意将财产投入慈善事业，在享受税前全额扣除优惠的同时还为社会留下了巨额财富。

四、界定不相关商业活动及收入的征税

美国对免税慈善组织的商业活动范围规定相当严格而明确。《美国国内税收法典》在"慈善机构用于非营利目的的财产税"部分规定，"免缴联邦和州所得税，但仍必须缴纳与慈善目的无关的贸易和商业收入所得税"。所谓不相关营业所得税，是指慈善组织为其经常性开展的营业活动的收入所缴纳的消费税。一般来说，慈善组织通过开展教育、救济等慈善活动所获得的收益是不用纳税的，但如果所开展的活动与免税的目的不具备实质性的联系，而且该活动是经常性开展的，就需要纳税。美国国税局在对慈善组织的免税资格审查中要进行"运营型测试"，即要求免税的慈善组织"主要"参与的活动应完成一个或多个免税目的。但是，"主要"并不是"专有"的意思，也就是说，免税的慈善组织可以参与非实质性的非免税活动，但如果非免税活动超过非实质性的界限，该组织就不能作为慈善、教育或其他实体而享有免税资格。[1] 因此，学院和大学及其关联性组织能够参与不相关的营业活动但同时保留其免税资格，前提是不能突破实质性原则，因为联邦最高法院判例规定："不管有几个真正的免税目的，也不管其重要性如何，如果存在一个实质性的非免税目的，免税资格将被取消。"[2]

为了保持免税地位，学院或大学必须主要从事以教育、慈善和科学为目的的活动。然而，高等院校所拥有专业知识和经验以及未充分利用的资产和设施带潜藏着很多商业机会，能够为学院和大学带来收益，例如设施租赁、广告和企业赞助、出版物、书店、餐饮服务、会议中心运营、停车场运营、商业调查实施等活动，都属于不相关商业活动的范围。[3] 具体如何征税或者减免有着非常繁复而细致的标准，而且通常要依据个案的事实和情况予以考量和裁定。美国国税局曾举例说某大学与某公司合伙办了某

---

[1] Reg. § 1.501 (c) (3) -1 (c) (1).

[2] 华盛顿商业促进局（Better Business Bureau）诉美国案，美国最高法院判例汇编，第326卷，第279页、第288页，（1945）.

[3] 美国国税局在2006年对400多所公立和私立高等院校进行了一项合规性项目调查，调查表中假定有47种活动构成不相关商业活动，报告显示最常见的就是设施租赁与广告和企业赞助。参见《合规项目中期报告》（Compliance Project Interim Report）。

公司，为该大学的教师提供培训服务，如参加该公司的经营并不是该大学的主要活动，则该大学不受不相关营业税规则的限制。另外，如果学校的全资分或子公司从事营业活动，而且该公司不是独立纳税的机构，则该学校也应适用该规则。因此，这里需要确定的是不相关营业活动的构成要件是什么？首先必须是营业活动，其次必须是经常性开展，最后是与免税目的无实质性联系。因此，活动的范围和规模及收入的最终去向都是判断的因素。不符合法律规定的，慈善组织都应缴纳不相关营业所得税，包括红利、利息、养老金或者其他投资收益，从事矿产开采等特许经营的收益，不动产出租收益、研究收益、处置财产的收益等，从不相关营业总收入中减去部分与营业活动直接相关的扣除额，所余收入应当纳税。

学院和大学在每年申报免税资格时除了要提交年度信息表外，还须提交 990-T 表格申报不相关的商业活动及其应纳税收入。不相关商业活动与收入是税务稽查部门重点审查的对象，国税局有权通过所谓的"碎片规则"，尽可能多地将学院和大学的每一项业务进行分解，以寻找不相关活动及其收入进而审查其是否符合免税资格。

五、对免税高等院校施以严格法律监管

取得免税资格的慈善组织并不是一劳永逸，法律上规定要对此类慈善组织进行定期评估和审查，对不合格的要取消其免税资格，最核心的判断标准即"慈善目的"。美国国税局及其稽查机构依法会对慈善组织进行审查，例如填报年度信息披露表、接受免税资格专项调查、对慈善组织的账目和内部治理进行审计等，如果发现有违规操作，轻则给予处罚，重则吊销其免税资格。❶ 严格的法律监管在一定程度上杜绝了某些组织滥用免税身份和税收优惠的行为。另外，美国也具有丰富的税收征管经验，强调要为慈善捐赠提供简化的税收减免程序，具体操作方法比较便捷，只需要纳税人在年度的报税单上附上慈善机构的抵税发票即可。

美国人纳税法治意识较强，能够积极履行自己的权利和义务，对于捐赠行为的税收减免亦是如此。美国计算机征管网络以贯穿从纳税申报到税

---

❶　常思亮. 美国高校社会捐赠制度的路径依赖分析 [J]. 教育与经济，2010（1）：61-64.

款征收、税源监控、税收违法处罚等税收征管的全过程，先进的科技手段也普遍应用于税收征管领域，大大提高了税收征管的效率、质量和效益。美国税收征管机构"人机对话"技术的运用，极大地方便了纳税人，使得捐赠税收减免的手续更加简洁、便利和经济。

此外，由于税法种类繁多且条文多而细，因此，税务代理业务比较普遍，美国会计师事务所、独立执业会计师、律师事务所等社会中介服务机构较多，且严格遵照法律办理业务，为客户恪守保密原则，在一定程度上简化了捐赠者的税收减免手续，提高了捐赠者办理税收减免的积极性。

第二节　中国高等教育捐赠的税收法律规制

我国慈善税收法律法规体系正逐步趋于完善，形成由法律、行政法规和部门规章等不同层次规范性文件共同组成的法律制度体系。这为系统地梳理与高等教育捐赠有关的税收法律法规提供了可能。

一、慈善税收优惠待遇的现行法律框架

《慈善法》第九章"促进措施"中规定："慈善组织及其取得的收入依法享受税收优惠，自然人、法人和其他组织捐赠财产用于慈善活动的，依法享受税收优惠；受益人接受慈善捐赠，依法享受税收优惠。"作为现行效力层次最高的纲领性法律，该法从纳税主体出发构建了慈善组织、捐赠者、受益人"三位一体"的税收优惠制度框架，同时对慈善税收征收管理做了原则性规定。近年来为配合《慈善法》实施，相关部门已经着手对已有法律法规开展清理和修订工作，力求在条文数量、规范内容和文字表述上达成一致，但目前仅有《企业所得税法》做出了明确的修订，其他与慈善捐赠税收相关的配套法规尚在修订或讨论过程中。表8-1系统地梳理了我国现行慈善税收法律法规，方便在宏观层面把握与慈善捐赠有关的税收法律制度及其主要内容。下面依照《慈善法》确定的税收优惠制度框架，结合现行的法律法规来分析发生了哪些变化以及仍存在哪些突出问题。

表 8-1　我国现行慈善税收法律法规体系

效力层次	颁布时间	文件名称	颁布主体	主要内容
法律	2016.03.16	慈善法	全国人民代表大会	·慈善组织及其取得的收入依法享受税收优惠。 ·自然人、法人和其他组织捐赠财产用于慈善活动的，依法享受税收优惠。企业慈善捐赠支出超过法律规定的准予在计算企业所得税应纳税所得额时当年扣除的部分，允许结转以后三年内在计算应纳税所得额时扣除。境外捐赠用于慈善活动的物资，依法减征或者免征进口关税和进口环节增值税。 ·受益人接受慈善捐赠，依法享受税收优惠。 ·慈善组织、捐赠人、受益人依法享受税收优惠的，有关部门应当及时办理相关手续
	2017.02.24	企业所得税法	全国人大常委会	·企业发生的公益性捐赠支出，在年度利润总额12%以内的部分，准予在计算应纳税所得额时扣除；超过年度利润总额12%的部分，准予结转以后三年内在计算应纳税所得额时扣除
	2011.06.30	个人所得税法	全国人大常委会	·个人将其所得对教育事业和其他公益事业捐赠的部分，按照国务院有关规定从应纳税所得中扣除
	1999.06.28	公益事业捐赠法	全国人大常委会	·公司和其他企业依照本法的规定捐赠财产用于公益事业，依照法律、行政法规的规定享受企业所得税方面的优惠。 ·自然人和个体工商户依照本法的规定捐赠财产用于公益事业，依照法律、行政法规的规定享受个人所得税方面的优惠。 ·境外向公益性社会团体和公益性非营利的事业单位捐赠的用于公益事业的物资，依照法律、行政法规的规定减征或者免征进口关税和进口环节的增值税

续表

效力层次	颁布时间	文件名称	颁布主体	主要内容
行政法规	2011.07.19	个人所得税法实施条例	国务院	· 个人将其所得对教育事业和其他公益事业的捐赠，是指个人将其所得通过中国境内的社会团体、国家机关向教育和其他社会公益事业以及遭受严重自然灾害地区、贫困地区的捐赠。捐赠额未超过纳税义务人申报的应纳税所得额30%的部分，可以从其应纳税所得额中扣除
	2007.12.06	企业所得税法实施条例	国务院	· 所谓公益性捐赠，是指企业通过公益性社会团体或者县级以上人民政府及其部门，用于《中华人民共和国公益事业捐赠法》规定的公益事业的捐赠。 · 企业发生的公益性捐赠支出，不超过年度利润总额12%的部分，准予扣除
	2004.03.08	基金会管理条例	国务院	· 基金会、境外基金会代表机构依照本条例登记后，应当依法办理税务登记。 · 基金会应当接受税务、会计主管部门依法实施的税务监督和会计监督
	1997.07.07	契税暂行条例	国务院	· 国家机关、事业单位、社会团体、军事单位承受土地、房屋用于办公、教学、医疗、科研和军事设施的，免征契税（改变土地、房屋用途除外）
	2011.01.08	印花税暂行条例	国务院	· 财产所有人将财产赠给政府、社会福利单位、学校所立的书据免纳印花税
部门规章	2016.01.01	关于公益股权捐赠企业所得税政策问题的通知（财税〔2016〕45号）	财政部、国家税务总局	· 企业向公益性社会团体实施的股权捐赠，应按规定视同转让股权，股权转让收入额以企业所捐赠股权取得时的历史成本确定。前款所称的股权，是指企业持有的其他企业的股权、上市公司股票等。 · 企业实施股权捐赠后，以其股权历史成本为依据确定捐赠额，并依此按照企业所得税法有关规定在所得税前予以扣除。公益性社会团体接受股权捐赠后，应按照捐赠企业提供的股权历史成本开具捐赠票据
	2014.01.29	关于非营利组织免税资格认定管理有关问题的通知（财税〔2014〕13号）	财政部、国家税务总局	· 非营利组织免税优惠资格的有效期为五年。非营利组织应在期满前三个月内提出复审申请，不提出复审申请或复审不合格的，其享受免税优惠的资格到期自动失效

续表

效力层次	颁布时间	文件名称	颁布主体	主要内容
部门规章	2007.01.08	关于公益救济性捐赠税前扣除政策及相关管理问题的通知	财政部、国家税务总局	·经民政部门批准成立的非营利的公益性社会团体和基金会，凡符合有关规定条件，并经财政税务部门确认后，纳税人通过其用于公益救济性的捐赠，可按现行税收法律法规及相关政策规定，准予在计算缴纳企业和个人所得税时，在所得税前扣除
	2004.07.02	关于个人捐赠后申请退还已缴纳个人所得税问题的批复	国家税务总局	·允许个人在税前扣除的对教育事业和其他公益事业的捐赠，其捐赠资金应属于其纳税申报期当期的应纳税所得；当期扣除不完的捐赠余额，不得转到其他应税所得项目以及以后纳税申报期的应纳税所得中继续扣除，也不允许将当期捐赠在属于以前纳税申报期的应纳税所得中追溯扣除

注：除上表所列法律法规外，还有一些与慈善捐赠税收有关的政策。如2013年国务院颁布的《关于深化收入分配制度改革若干意见》首次从政策上提议允许企业慈善捐赠跨年度结转。2014年国务院颁布的《关于促进慈善事业健康发展的指导意见》对企业与个人的捐款扣除限额都做出明确规定，提出要让符合条件的公益慈善组织享受到税收优惠政策等。

资料来源：北大法宝［EB/OL］. http://www.pkulaw.cn/.

（一）慈善组织的税收优惠待遇

慈善组织与其他法人一样在法律上都是纳税主体，但由于在某种程度上具有供给公共服务和从事慈善活动的目的和功能，因此，政府明确赋予慈善组织以税收优惠待遇，让渡部分税收利益意在鼓励和促进慈善组织、活动与事业的发展。《慈善法》规定"慈善组织及其取得的收入依法享受税收优惠"，也就是说，该条适用的对象是慈善组织而非一般性的非营利组织，只有符合法定的慈善组织认定条件和程序，才能获得慈善组织的身份进而享受相应的税收优惠待遇。2014年财政部、国家税务总局发布的《关于非营利组织免税资格认定管理有关问题的通知》目前仍然有效，对非营利组织申请免税资格的条件和程序作出了明确规定。也就是说，现在实际上有两种资格：一种是慈善组织身份和地位的认定；另一种是非营利组织免税资格的认定。

非营利组织免税资格的认定标准与慈善组织的认定条件之间既有共性

也有差异。从简化税收征管程序和复杂性的角度来说，这两种资格要不要合并？也就是说，某组织一旦被认定为慈善组织后，就能够自动获得非营利组织的免税资格？理论上是成立的，因为非营利组织的概念要大于慈善组织，即慈善组织一定是非营利组织，非营利组织却不一定是慈善组织，那么，非营利组织所享有的税收优惠待遇自然也适用于慈善组织。但是，慈善组织与非营利组织所享有的税收优惠完全一样吗？是否有必要以非营利组织的公益性程度为标准对税收优惠待遇加以区分？许多国家和地区为鼓励慈善事业的发展，给予慈善组织更大力度的税收优惠，但同时也对慈善组织施以更严苛的法律监管，这符合权利义务相匹配的公平原则，有效地防范了慈善组织与其他非营利组织甚至营利组织之间的不正当竞争。我国尚未就慈善组织享有的税收优惠待遇出台特殊性的政策，因为这取决于相应的法律监管能否到位。

另外，这里"取得的收入"的具体范围和种类有哪些？是全额扣除还是设定比例限制？如何抵扣或减免？根据国家税务总局网站"办税指南"栏目下设的"企业所得税优惠"之"符合条件的非营利组织的收入免征企业所得税"，所指"收入"包括：取得的捐赠收入、不征税收入以外的政府补助收入、会费收入、不征税收入和免税收入孳生的银行存款利息收入等。不包括营利收入。❶ 目前只有法定的"不征税收入"或"免税收入"才能获得税收减免，未来对慈善组织的免税范围要不要扩大？哪些属于"营利收入"，如果捐赠收入用于投资所产生的收益是否应当纳税，这些问题都需要进一步明确的解释。

（二）捐赠者的税收优惠待遇

《慈善法》还规定："自然人、法人和其他组织捐赠财产用于慈善活动的，依法享受税收优惠。"结合已有法律法规对捐赠者享有税收优惠的条件、程序、税种及比例等方面的规定，可以作如下分析。

第一，我国对捐赠形式的法律规定经历了一个由"间接捐赠"改为

---

❶ "符合条件的非营利组织的收入免征企业所得税"［EB/OL］. http://www.chinatax.gov.cn//n810346/n2199823/n2199848/n2200112/c2322942/content.html.

"用于公益性事业"再到改为允许"直接捐赠"的过程。所谓"间接捐赠"是指法律规定无论是企业还是个人用于公益事业的捐赠，如果要享受捐赠的税收减免优惠，必须通过中国境内的公益性社会团体或者县级以上人民政府及部门。例如《关于公益性捐赠税前扣除有关问题的通知》规定个人和企业只有通过公益性社会团体或者公益性非营利的事业单位及政府部门进行间接捐赠才能享受税前扣除资格。❶ 现行有效的诸多法律法规作如是规定，《公益事业捐赠法》第 9 条规定："自然人、法人或者其他组织可以选择符合其捐赠意愿的公益性社会团体和公益性非营利的事业单位进行捐赠。"《个人所得税法实施条例》规定："个人将其所得对教育事业和其他公益事业的捐赠，是指个人将其所得通过中国境内的社会团体、国家机关向教育和其他社会公益事业以及遭受严重自然灾害地区、贫困地区的捐赠。"《企业所得税法实施条例》规定："所谓公益性捐赠，是指企业通过公益性社会团体或者县级以上人民政府及其部门，用于《中华人民共和国公益事业捐赠法》规定的公益事业的捐赠。"这种仅对间接捐赠行为实施税收优惠的规定容易将捐赠财产引向公益性社会团体并导致慈善资源相对集中而滋生腐败，或者由于找不到符合条件的公益性社会团体而放弃捐赠导致慈善资源的流失。关于直接捐赠行为（如个人救助）不能享受税收优惠待遇呢，其主要是因为捐赠者难以获得申请减免税的有效凭证（如捐赠发票或收据），但这样的规定无疑在某种程度上抑制了捐赠者的热情和积极性。2015 年 12 月 31 日，"公益性捐赠税前扣除资格确认"已经作为非行政许可审批事项予以取消，改由财政、税务、民政等部门结合社会组织登记注册、公益活动情况联合确认公益性捐赠税前扣除资格，并

---

❶　参见财政部、国家税务总局和民政部发布的《关于公益性捐赠税前扣除有关问题的通知》（财税〔2008〕160 号）及补充通知（财税〔2010〕45 号）。2015 年，该通知作为非行政许可审批事项予以取消，改由财政、税务、民政等部门结合社会组织登记注册、公益活动情况联合确认公益性捐赠税前扣除资格，并以公告形式发布名单。这样在很大程度上简化了税务部门确认捐赠前扣除资格的工作程序，也减轻了捐赠者及其对应的公益性社会团体申请减免税的负担，详见《关于公益性捐赠税前扣除资格确认审批有关调整事项的通知》（财税〔2015〕141 号）。

以公告形式发布名单。❶ 这样做只是简化了税务部门确认捐赠税前扣除资格的工作程序，也减轻了捐赠者及其对应的公益性社会团体申请减免税的负担，但并不意味着捐赠的方式和对象不再受限，因为现行有效的《个人所得税法实施条例》和《企业所得税法实施条例》仍规定"个人将其所得通过中国境内的社会团体、国家机关向教育和其他社会公益事业以及遭受严重自然灾害地区、贫困地区的捐赠"和"企业通过公益性社会团体或者县级以上人民政府及其部门"等。现行《慈善法》明确规定："捐赠人可以通过慈善组织捐赠，也可以直接向受益人捐赠"。《慈善法》的表述虽然是"捐赠财产用于慈善活动"，与《公益事业捐赠法》等"用于公益事业"的表述略有差别，但严格意义上讲"慈善活动"的范围界定可能更狭窄，对直接捐赠行为予以税收优惠应该如何操作仍有待落实。最大的问题可能存在于执行层面，个人向受益人的直接捐赠行为如何获得税前的全额扣除。❷

第二，税收优惠针对的捐赠形式和税种问题。就捐赠形式而言，《慈善法》仅规定捐赠的财产是有权处分的合法财产，可以是货币、实物、房屋、有价证券、股权、知识产权等有形和无形财产；捐赠的实物应当具有使用价值，符合安全、卫生、环保等标准等。实践中易于操作的主要是货币形式的捐赠，但实物捐赠、股权捐赠、劳务捐赠以及无形资产捐赠等形式将越来越普遍。按照《企业所得税法实施条例》规定，"企业发生非货币性资产交换，以及将货物、财产、劳务用于捐赠、偿债、赞助、集资、广告、样品、职工福利或者利润分配等用途的，应当视同销售货物、转让财产或者提供劳务，但国务院财政、税务主管部门另有规定的除外。""视同销售"所强调的是企业捐赠的实物、劳务等也应依法纳税，纳税人应依法进行会计处理，至于是否给予减免税优惠应依据其他规定执行。但

---

❶ 详见《关于公益性捐赠税前扣除资格确认审批有关调整事项的通知》（财税〔2015〕141号）。

❷ 参见《关于教育税收政策的通知》的规定，"纳税人通过中国境内非营利的社会团体、国家机关向教育事业的捐赠，准予在企业所得税和个人所得税前全额扣除"。

是，具体就捐赠的实物、劳务和无形资产等如何估值没有明确界定。❶ 如果估值过低，会增加捐赠者的成本和负担；如果估值过高，会造成政府税收收入流失的风险。以实物捐赠为例，目前较普遍采用的估值方法是要求捐赠者自行提供有关凭据，如果没有凭据或凭据上标明的金额与受赠财产公允价值相差较大的，应以该受赠财产在公平交易中同类或者类似财产的市场价格来确定，或者由符合资质的专业评估机构进行估价并出具价值评估报告。然而，因为无法提供实物捐赠的价值证明或者就估价数额无法达成一致，导致无法获取捐赠票据进而不能享受税前扣除优惠的问题却时有发生。

就股权捐赠而言，财政部《关于加强企业对外捐赠财务管理的通知》对对外捐赠的范围作了明确规定："企业可以用于对外捐赠的财产包括现金、库存商品和其他物资。企业生产经营需用的主要固定资产、持有的股权和债权、国家特准储备物资、国家财政拨款、受托代管财产、已设置担保物权的财产、权属关系不清的财产，或者变质、残损、过期报废的商品物资，不得用于对外捐赠。"2009 年财政部又发布《关于企业公益性捐赠股权有关财务问题的通知》，专门就企业以持有的股权（含企业产权、公司股份）进行公益性捐赠的有关财务问题做出规定：要求依法履行内部决策程序，经投资者审议决定，不影响企业债务清偿能力以及捐赠对象限于依法成立的公益性社会团体和公益性非营利的事业单位。办理股权变更手续，不再对已捐赠股权行使股东权利，并不得要求受赠单位予以经济回报。该规定的目的在于引导企业规范开展公益性捐赠，维护所有者权益。《关于公益股权捐赠企业所得税政策问题的通知》规定，"企业向公益性社会团体实施的股权捐赠，应按规定视同转让股权，股权转让收入额以企业所捐赠股权取得时的历史成本确定。企业实施股权捐赠后，以其股权历史成本为依据确定捐赠额，并依此按照企业所得税法有关规定在所得税前

---

❶　现已失效的《企业所得税法实施细则》曾规定，基于捐赠方式取得的固定资产、生产性生物资产和无形资产"以该资产的公允价值和支付的相关税费为计税基础"。但在涉及价值换算时并没有明确规定评估公允价值的方法，如何估价、由谁估价、估计数额发生异议等方面都没有明确规定。

予以扣除。公益性社会团体接受股权捐赠后，应按照捐赠企业提供的股权历史成本开具捐赠票据。"问题是，企业将持有的其他企业的股权、上市公司股票捐赠给公益性社会团体后，其增值后的投资收入是否应予纳税呢？当然，转让意味着与原有的捐赠者已经没有关系，那就涉及公益性社会团体能否就捐赠股权所产生的投资收益即前述"取得的收入"享有税收优惠待遇的问题了。

就税种而言，我国捐赠者所享有的税收优惠主要体现在所得税方面。企业慈善捐赠的所得税税前扣除比例经历了从应纳税所得额的3%到2007年年度利润总额的12%，❶ 再到超过12%的部分允许向后结转三年的变化过程。现行法律明确允许企业捐赠超额部分向后结转三年的规定，有利于减轻企业的税负进而鼓励捐赠，因为之前有规定"纳税人纳税申报当期的应税所得当期扣除不完的捐赠余额，不得转到其他应税所得项目以及纳税申报期的应税所得中继续扣除，也不允许将当期捐赠在属于以前纳税申报期的应税所得中追溯扣除"，这意味着，即使企业当年发生亏损，也必须缴纳企业所得税，而不能就此前捐赠支出超额部分享受税前扣除。对个人捐赠者而言，按照《个人所得税法》和《个人所得税法实施条例》的规定，"个人将其所得对教育事业和其他公益事业的捐赠，是指个人将其所得通过中国境内的社会团体、国家机关向教育和其他社会公益事业以及遭受严重自然灾害地区、贫困地区的捐赠。捐赠额未超过纳税义务人申报的应纳税所得额30%的部分，可以从其应纳税所得额中扣除。"《慈善法》并未对个人捐赠免税的比例上限和超过限制的部分是否能够结转作出规

---

❶ 1993年12月13日，《中华人民共和国企业所得税暂行条例》（国务院令〔第137号〕，现已失效）第6条第4款规定："纳税人用于公益、救济性的捐赠，在年度应纳税所得额百分之三以内的部分，准予扣除。"2007年3月16日，《中华人民共和国企业所得税法》（主席令第63号）第9条规定："企业发生的公益性捐赠支出，在年度利润总额12%以内的部分，准予在计算应纳税所得额时扣除"，明确将税前扣除基数从应纳税所得额调整为年度利润总额，好处在于避免了应纳税所得额计算过程的复杂，便于纳税人申报计算，节约了纳税成本，也便于税收征管。扣除比例提高到12%，实现中外资企业公益性捐赠扣除比例的同等待遇。《企业所得税法》第9条被修改为"企业发生的公益性捐赠支出，在年度利润总额12%以内的部分，准予在计算应纳税所得额时扣除；超过年度利润总额12%的部分，准予结转以后三年内在计算应纳税所得额时扣除"。

定，暂可理解为超出30%的部分不能享受免税，也不能向后结转。"法定限额内的捐赠准予扣除"规则划定了政府减让税收利益的界限，能够均衡保护公共消费者、捐赠受益人的合法权益。但是，每位纳税人决定是否捐赠除了利他主义外，也有对自身税收利益的考量，依据税法合理地进行个人税务筹划将日渐普及，根据国情和个人可支配收入的实际状况适当调整对个人捐赠比例的限制将有助于扩大慈善资源，尤其是在捐赠税收优惠所覆盖的税种较少且不全的情况之下。流转税的税收激励主要体现在进口环节方面，如《慈善法》规定"境外捐赠用于慈善活动的物资，依法减征或者免征进口关税和进口环节增值税"。❶

另外，具有反向激励作用的遗产税和赠予税尚未开征。随着民间藏富能力的增强，立法者应考虑如何利用税收政策来刺激富人将更多的个人财产捐赠给慈善事业。在目前个人所得税总体规模偏小且收入差距过大的情况下，适时开征遗产税和赠予税，对促进个人慈善捐赠具有重要意义，也有利于缩小收入分配差距。

（三）受益人的税收优惠待遇

《慈善法》仅原则性地规定："受益人接受慈善捐赠，依法享受税收优惠"。但具体受益人享有哪些税收优惠，如何操作尚无明确规定。此点可参考和借鉴他国的立法经验。以英国为例，受益人被区分为个人受益人和法律实体受益人两大类：（1）个人收到捐赠的，可能需要缴纳所得税或遗产税，如适用的话；慈善组织个人受益人收到资助的，一般不用缴纳所得税，除非该资助时返款或者具有收入性质的。大学、学院、学校或其他教育机构的全日制学生收到的奖学金一般都是免税的。（2）非慈善性

---

❶　（1）在接受捐赠的科研、教学用品和残疾人专用品时，不仅免征进口增值税，而且免征进口环节的消费税以及关税；（2）境外捐赠人向境内扶贫、慈善社会团体以及政府有关部门的捐赠，同时必须直接用于扶贫、慈善事业的生活必需品、食品类及饮用水、医疗、教学服务器等物资，免征进口环节的增值税和关税；（3）接受境外机构以及个人捐赠的中国文物在进口时，只要符合相关规定，则可以享受关税、增值税以及消费税的免税优惠政策；（4）外国政府、国际组织向我国政府或境内企业无偿赠送的物资，免征关税；（5）外国政府和国际组织无偿援助项目在国内采购货物时，免征增值税，同时允许销售免税货物的进项税额在其他内销货物的销项税额中抵扣。

质的组织收到捐赠的，可能需要缴纳所得税或遗产税，如适用的话。慈善组织公司受益人收到资助的，一般不用缴纳所得税或企业所得税，除非该资助时返款或者具有收入性质。❶ 从实操层面讲，界定慈善捐赠的受益人相对容易，但如何确定受益人接受捐赠完全符合"慈善目的"而非变相地获利，需要依据相应条款和事实情况才能加以判定，因此，立法者有必要考虑如何防止受益人滥用慈善税收优惠规则。

（四）税收征收管理

"尽管我国所得税慈善捐赠的税前扣除比例已接近国际通常标准，但纳税人所享受的实际税收优惠仍然很有限，进而弱化了税收政策对个人慈善捐赠的激励作用，而流转税的激励作用也不强，非货币资产捐赠评价体系不够健全。"❷ 因此，在进一步提高所得税慈善捐赠的税前扣除比例的同时，改革流转税的慈善捐赠税款的扣除办法，建立非货币财产的捐赠税收减免机制，并辅以增强捐赠优惠的税收宣传、完善捐赠的税收征管、加强对慈善组织的捐赠监管等措施。目前，我国税收减免手续比较烦琐，要求捐赠者只能凭政府机关或非营利组织开具的合法、有效的收据才可以申请税前减免，而且审批环节多、程序过于复杂、行政成本高成为申请免税的阻碍，也间接增加了捐赠者的经济成本和时间成本。我国个人所得税的扣缴义务人实行代扣代缴，个人实施捐赠之后根本无法扣除，结转更是无从谈起。另外，各地慈善捐赠税收减免在执行层面差异较大，如捐赠发票是否当月抵扣？免税资质何时取得？抵税与免税之间存在时间差怎么办？税前扣除标准的统一、简化税前扣除的程序以及税收退还申请等具体规则的设计尚需改进。提升税法规范的技术性和可操作性，可以避免出现即使捐了款也不愿意到税务局去办理税收抵免的尴尬现象，同时税务机关也要加强核实捐赠数额和监管的力度，避免出现纳税人虚假捐赠实则恶意逃税的情形。

---

❶ 褚蓥，吕成刚. 欧亚三十二国基金会法律精义 [M]. 北京：知识产权出版社，2015：491.

❷ 魏明英，胡静. 关于完善我国慈善捐赠税收优惠制度的法律思考 [J]. 税收经济研究，2012（5）：74-77.

二、高等教育捐赠的税收法律规制

具体就高等教育领域而言，我国目前仍要求捐赠者通过向具有公益性捐赠税前扣除资格的公益性社会团体等途径进行，才能享受相应的税收优惠待遇，因此，大学基金会作为高等院校吸纳社会慈善资源的组织载体，在高等教育捐赠税收法律关系中处于核心的主体地位。与其他非营利组织甚至慈善组织不同的是，大学基金会在税收法律实践中会遇到哪些问题以及如何解决，有必要客观分析加以研究。

（一）高等教育捐赠税收法律与政策

从宏观层面讲，现行慈善税收优惠的法律法规覆盖高等教育捐赠领域，但为了鼓励和吸纳社会慈善资本投入高等教育事业，也有一系列涉及高等教育捐赠问题的规范性文件，除了法律法规层次以外还有一些政策。表8-2列举了目前我国与高等教育捐赠税收问题有关的法律法规及政策。总的来讲，国家是鼓励企业和个人及其他社会组织向高校捐赠以促进高等教育事业发展的，捐赠者享有税前全额扣除的税收优惠待遇，税种涉及所得税、进口关税和进口环节增值税、契税、房产税、土地使用税、印花税等。作为指导国家教育事业发展的纲领性文件，《国家中长期教育改革和发展规划纲要（2010~2020年）》（以下简称《规划纲要》）明确提出了"完善税收优惠政策"和"落实个人教育公益性捐赠支出所得税税前扣除规定"的要求，具有较强的行政约束力和政策执行力。

表8-2 我国高等教育捐赠税收法律与政策

效力层次	颁布时间	文件名称	颁布主体	主要内容
法律	2015.12.27	高等教育法	全国人大常委会	高等教育实行以举办者投入为主、受教育者合理分担培养成本、高等学校多种渠道筹措经费的机制。国家鼓励企业事业组织、社会团体及其他社会组织和个人向高等教育投入

续表

效力层次	颁布时间	文件名称	颁布主体	主要内容
部门规章	2004.02.05	关于教育税收政策的通知（财税〔2004〕39号）	财政部、国家税务总局	纳税人通过中国境内非营利的社会团体、国家机关向教育事业的捐赠，准予在企业所得税和个人所得税前全额扣除。对境外捐赠人无偿捐赠用于各类学校的教学仪器、图书、资料和一般学习用品，免征进口关税和进口环节增值税；国家机关、事业单位、社会团体、军事单位承受土地房屋权属用于教学、科研的，免征契税等。对学校取得的财政拨款，从主管部门和上级单位取得的用于事业发展的专项补助收入，❶不征收企业所得税。对国家拨付事业经费和企业办的各类学校、托儿所、幼儿园自用的房产、土地，免征房产税、城镇土地使用税；对财产所有人将财产赠给学校所立的书据，免征印花税
政策	2010.07.29	国家中长期教育改革和发展规划纲要（2010～2020年）	教育部	社会投入是教育投入的重要组成部分。充分调动全社会办教育积极性，扩大社会资源进入教育途径，多渠道增加教育投入。完善财政、税收、金融和土地等优惠政策，鼓励和引导社会力量捐资、出资办学。完善非义务教育培养成本分担机制，根据经济发展状况、培养成本和群众承受能力，调整学费标准。完善捐赠教育激励机制，落实个人教育公益性捐赠支出在所得税税前扣除规定

（二）高等教育捐赠税收的实践困境

高等教育历来是慈善捐赠相对集中的领域，适当的税收优惠待遇是维

---

❶ 这里所指的"专项补助收入"如中央高校捐赠收入的财政配比资金。财政部、教育部于2009年颁布《中央级普通高校捐赠收入财政配比资金管理暂行办法》，规定"对符合规定条件的捐赠收入总额采取分档按比例核定的方式，并综合考虑高校地理位置、财力状况等因素，逐校确定配比资金数额，按部门预算管理程序拨付资金。各高校所获配比资金实行上限控制，并适当向财力薄弱高校倾斜"。2011年，财政部、教育部又发布《关于加强中央高校捐赠收入财政配比资金管理工作的通知》，规定"从2011年起，中央财政将采取分档超额累退比例的分配方式安排配比资金。即：将财政部、教育部审核确认的各高校合格捐赠收入额度分为0～5000万元（含）、5000万元以上两档，配比比例分别为100%和50%。各高校合格捐赠收入从零开始分别归入上述两档，分档计算配比额度，加总确定配比资金。本配比方式暂定于2011～2013年实施，此后由中央财政根据实际情况适时调整。"据悉，该配比政策目前正在进一步的修订过程中。

持和刺激社会慈善资源投向高等教育的制度性保障。大学基金会作为独立的非营利性法人，是大学处理与捐赠相关事项的重要组织形式，在大学捐赠税收法律关系中居于核心地位。然而，与国外大学捐赠的组织管理形式存在诸多差异，我国大学基金会兼具公共筹款机构和运作型基金会的特点，集筹募资金、运营增值和运作公益项目三项功能于一身，因而在税收法律规制与实践中也遇到复杂而棘手的问题，需要引起慈善税收立法和执行层面的关注和研究。

1. 大学基金会以何种资格减免税

大学基金会按照《基金会管理条例》的规定属于"非营利性法人"，依法可以申请取得非营利组织免税资格认定，但显然《慈善法》所构建的税收优惠待遇更立体更有利于全面保护捐赠关系中的利益相关者，但前提是要取得慈善组织资格。如果未来出台专门针对慈善组织的税收优惠待遇，则未申请认定为慈善组织的大学基金会及其捐赠者、受益人便可能无法享受。当然，是否申请取得慈善组织资格，取决于各个大学基金会对自身未来发展方向和利弊得失的考量，因为更优惠的税收待遇及其他倾斜政策同时也意味着更严格的法律监管和义务。是否申请认定为慈善组织，对已经设立的大多数大学基金会而言似乎没有悬念，因为依照《基金会管理条例》的定义和大学基金会的章程及主要从事的活动来看，完全符合慈善组织认定的实质性条件，即"非营利性""禁止分配原则"和"近似原则"等，而且新的慈善法律体系将慈善组织的法律身份与公开募捐资格、支出管理费用标准、信息披露义务和慈善信托行为等均捆绑在一起，如果不主动申请认定或注册为慈善组织，将对大学基金会未来的行为性质、活动范围和法律责任造成困扰甚至不便，所以纳入慈善组织统一的制度和管理平台对大学基金会的未来发展来讲影响深远。

实践中发生的尴尬情况是，有的大学基金会设立之后，没有申请免税资格的意识，觉得自己与所属高校一样，自动享受税收优惠待遇，不仅没有进行纳税申报也没有申请非营利组织免税资格认定。近年来，主管税务机关开展了较严格的稽查工作，要求其补缴以前的税款。导致这种情况出现的原因是该大学基金会没有意识到自己作为独立的非营利性法人，同时也是税法意义上的纳税主体，承担着税负义务，只有依法申请获得了免税资格认定以后，才能够享受税收减免的优惠待遇。《关于非营利组织免税资格认定管理有关问题的通知》就明确规定，"非营利组织必须依法办理税务登记，按期进行纳税申报。取得免税资格的非营利组织应按照规定向主管税务机关办理免税手续，免税条件发生变化的，应当自发生变化之日起十五日内向主管税务机关报告；不再符合免税条件的，应当依法履行纳税义务；未依法纳税的，主管税务机关应当予以追缴"。《税收征收管理法实施细则》第32条规定："纳税人在纳税期内没有应纳税款的，也应当按照规定办理纳税申报。纳税人享受减税、免税待遇的，在减税、免税期间应当按照规定办理纳税申报。"此外，也有大学基金会由于年检不合格而没能通过非营利组织免税资格的认定，这种情况在组织成立之初较为常见。因此，大学基金会的管理层和工作人员应加强对相关法律法规尤其是税法规定的理解与适用，合理、规范地进行内部治理以便顺利地获得免税资格认定和相应的减免税利益。

2. 大学基金会免税的种类与比例

目前校友捐赠是我国大学基金会捐赠收入的主要来源。除了现金捐赠外，很多校友在捐赠时都会捐出自己所持有的企业股权或上市公司股票。因此，消除股权捐赠的税收优惠待遇所面临的法律障碍对大学基金会来讲具有现实意义。《关于公益股权捐赠企业所得税政策问题的通知》已经明确规定股权捐赠的估值方式和税前扣除办法，但适用对象仅限于企业所持有的其他企业股权、上市公司股票。那么，个人捐赠股权是否也参照此规定进行估值并享有税前扣除优惠呢？可见，《规划纲要》首次明确提出的"完善捐赠教育激励机制，落实个人教育公益性捐赠支出在所得税税前扣除规定"很有必要，因为相对于企业慈善捐赠的税收优惠规定及落实状况而言，个人慈善捐赠的税收优惠待遇无论在现行规定上还是在实际操作中都显得更加薄弱。《个人所得税法实施条例》规定个人"捐赠额未超过纳税义务人申报的应纳税所得额30%的部分，可以从其应纳税所得额中扣除"。也就是说，无论个人捐赠的总额多少（包括现金、股权、实物和无形资产等所有形式在内），最多只能享受应纳税所得额30%的扣减，这一上限比例是否有提高的空间值得商榷。另外,《慈善法》只规定了企业慈善捐赠超额部分向后结转三年,未就个人捐赠超额部分的结转问题做出规定,可以理解为不能向后结转,那么这一规定是否会对个人捐赠造成一定程度的抑制呢?相关法规应尽快明确个人捐赠现金、股权、有价证券、固定资产等多种财产形式是否享有相应的税收减免优惠以及具体的扣减比例和方法,以便个人捐赠者能够根据自己的可支配收入和相应的税收优惠规定进行合理的税收筹划,选择双赢的捐赠策略。

关于投资收入是否应纳税的问题。国家税务总局于 1999 年发布《关于基金会应税收入问题的通知》,规定"基金会的投资收入和企业一样,要缴纳 33% 的企业所得税",尽管该通知现已失效,但它首次明确了基金会投资收入的纳税比例。《基金会管理条例》规定:"基金会及其捐赠人、受益人依照法律、行政法规的规定享受税收优惠";"基金会应当按照合法、安全、有效的原则实现基金的保值、增值"。但该条例并未对基金会保值增值的部分是否可以免税予以规定。保值增值的规定一方面授权基金会从事投资行为,另一方面为规范投资行为做出了原则性规定。我国大学基金会在法律属性上是非营利性法人,符合条件者可获得非营利组织免税资格的认定;同时,绝大多数大学基金会都设有留存(本)基金或捐赠基金,仅以基金投资或增值的收入用于公益性支出,捐赠基金完全可以纳入捐赠收入之列,而其产生的收益是否就属于"取得的收入"而依法享有税收优惠待遇呢?事实上,许多大学基金会的投资收入并没有被征税,但严格来讲这一点处于比较模糊的监管地带,有些地方民政部门认为不应该缴税,而税务部门认为只要不是捐赠收入都应该缴税,这可能会导致实践中产生冲突与矛盾。

至于是否开征遗产税和赠予税,取决于目前的实施条件是否成熟。如完善个人财产申报与登记制度;设立专门、权威和公正的资产评估机构,对个人财产进行评估;同时要加快财产公证制度与国际惯例的接轨,完善个人财产公证制度。为与之配套,还需修订《继承法》,对遗产税和赠予税进行明确、清晰的规定,等等。

3. 大学基金会税收征收管理问题

慈善捐赠的税收征收管理是共性问题，税务部门要加强对大学基金会免税资格的审查和监督，间接地推动大学基金会内部治理尤其是财务和税收方面的制度化和规范化。对大学基金会而言，有义务提前告知捐赠者申请捐赠免税的时间周期和相关程序，为协助捐赠者及时有效地获得税收减免优惠而提供配合服务，如及时提供申请免税所需的捐赠票据和凭证等。

第九章　中美高等教育捐赠的
信息披露制度

　　慈善组织及其活动的透明度和公信力问题近年来成为我国社会关注的焦点，高等教育捐赠领域也不例外，必要信息的公开与披露已经成为衡量和评价大学基金会治理能力的重要标准。美国高等院校的信息披露制度建立在公共问责理论的基础之上，并被纳入免税组织的法律监管体系，除了法定的信息披露义务外，广义上还包括专业评级机构和行业协会等制定的自律性信息披露标准或准则，以及各个高校为获取捐赠资源和公众信任而主动披露学校的捐赠信息尤其是财务运营状况。近年来，基金会的透明度和公信力问题成为社会关注的焦点。然而，我国基金会在信息披露方面的立法不完善，制度建设落后，使基金会尤其是非公募基金会缺乏符合社会需求的规范和标准。在行业自律方面，一些机构和组织的探索和尝试已经取得较好的效果，但是仍存在很大的提升空间。

　　我国慈善法对慈善组织的信息公开义务作出系统规定，但并没有对公募基金会和非公募基金会做出区别规定。非公募基金会相比公募基金会更具有私人性，受各自发起方或管理者影响较大，使非公募基金会的信息披露缺乏内在的动力，非公募基金会较之公募基金会在信息披露方面更需要规范和监管，以非公募为主体的大学教育基金会如何构建全面充分的信息披露体系值得研究。

第一节　美国高等教育捐赠的信息披露框架

　　多层次、全方位的信息披露机制是保证美国大学捐赠基金规范化、专业化运作的重要制度性因素，也是高等院校回应社会公众问责的有效途径和制度设计。美国大学捐赠基金的信息披露机制按照效力层次由高到低可以分为法定的强制性信息披露义务、行业协会和专业评估机构制定的自律性信息披露规则、大学捐赠基金管理组织加强内部治理的信息披露要求。获取公众信任的内部驱动与满足社会监督的外部压力，共同将大学捐赠基金的信息披露机制引向"公共问责"的方向，成为美国整个高等院校回应社会各界对其吸纳捐赠资源、服务公共利益的质疑与拷问之利器。

一、法定的强制性信息披露义务及责任

美国对包括大学捐赠基金在内的所有非营利组织的法律监管分为联邦和州两个层面，而非营利组织要获得免税资格则必须满足联邦层面《美国国内税法典》对慈善活动与慈善组织的界定和要求，以及财政部制定的税法解释性规则（Treasury Regulating）和税务局出台的各类规章例如决定（IRS Ruling）、程序（Revenue Procedure）、公告（Private Letter Ruling, Revenue Notice）等。州法规范非营利组织尤其是慈善组织的法律文本名称和内容各异，且仅在本州范围内有效，主要涉及慈善组织的设立条件和程序、税收规则、筹款与募捐以及监管机构职责等。另外，美国各级法院的判决也具有先例的效力。因此，法定的与大学捐赠基金相关的信息披露制度也散见于上述各类法律文件之中，这是由美国的法律文化传统和对慈善事业的监管态度以及立法技术所决定的。

（一）美国国税局的年度信息审查与专项调查

美国对非营利（含慈善）组织及其活动实行以税务部门为主导的监管体制。国税局（Internal Revenues Service）对非营利组织的免税资格审查最重要的依据就是非营利组织提交的年度信息报告即990样表和不相关收入所得税报告（990-T表格）。为方便公众查询，990样表既有简单易懂的数据信息，也有专业的财务报表及附加16项明细表，目的是增强财务信息的可靠性、有效性和可比性。"事实证明，990样表是有效评估和监督慈善组织财务状况的工具，2006年美国税收减免委员会还专门对样表进行了修订，以修正其数据过多、专业性过强和格式模糊的缺陷，从而更容易为大众掌握慈善组织财务信息。"❶ 为节省信息披露成本，国税局还根据非营利组织年收入额和组织类型确定不同的报告标准。1994 年制定的《学院和大学审查指南》为税务稽查部门审查高等院校的免税资格提供了一个框架性标准，内容包括高等院校的分类和定义、初始章程条款、财务报告、关联方交易、附加福利、薪酬安排、筹款募捐、研究合同、奖学金、游说立法和政治性活动及费用、书店及其他不相关商业收入所得税、相关实体等，与大学捐赠基金有关的审查事项包括捐赠者是否获得足以影响其减免税待遇的利益或者是否附有提供给捐赠者好处的条件等，董事会或筹款委员会关于接受附条件或指定用途捐赠的会议记录，负责募捐和捐赠账目的高级雇员的活动和职能描述，高等院校基金会是否为私人公司开展州法所禁止的商业性研究，捐赠者清单、受限制捐赠和实物捐赠、捐赠财物如何估价及如何处理等事项等。❷

2008 年年末，国税局对 400 余所学院和大学发起了一项合规性项目调查，要求它们根据 2006 年财年的情况回答调查问卷所提出的问题，其中涉及大学捐赠基金的有：（1）是否拥有由另一个组织代表自己管理或持有的捐赠基金；（2）是否制定投资政策和聘用外部基金管理人；（3）投资委员会的职能、构成和相关活动，内外部管理人与外部投资顾问的薪酬种类如何；（4）2006 财年全日制学生人均拥有的捐赠基金资产的公平市场价值是否较往年有所提高，是否达到预先设定的目标支出率；（5）准捐赠基金、限制性捐赠基金和永久性捐赠基金三种类型的比例和平均公平市场价值分别是多少；（6）慈善礼物年金、慈善剩余信托以及汇集收益基金等特定的生活收入基金比例是多少；（7）国外投资的状况如何；（8）另类投资、固定收益投资、股票型基金、房地产、国际基金、现金和其他的投资种类及比例如何；（9）提供关于从捐赠基金中分配的详细类别及占总分配的比例和数额，以及被捐赠者或董事会限制的分配比

---

❶ 杨志超. 美英慈善组织财务报告法律制度比较研究 [J]. 山东社会科学，2015（3）：51-56.

❷ IRS. College and university examination guidelines announcement exempt organizations: final examination guidelines regarding colleges and universities [R/OL]. 94 - 112（1994 - 37 I. R. B. 36（Aug. 1994）. http：//www. federaltaxissues. com/docs/IRS-announce-94-112. pdf.

例等信息，是否确保被用于捐赠者的目的。总之，国税局对大学捐赠基金年度报告的审查和特定调查项目的结果在很大程度上决定着大学捐赠基金管理机构甚至大学本身是否能够获得法定的免税主体资格。

（二）各州慈善募捐法的注册与报告制度

各州慈善募捐法用以规范在本州辖区内开展慈善活动的组织及其行为，尽管法律文本的名称和内容各异，但归纳要义最普遍最重要的是公益性原则、知情权和财务信息披露三项，后两项均要求保证公众能够获得对使用捐赠的有关决定的准确可靠的信息，资金的管理和运作必须具有相当的透明度。注册与报告制度是州层面法律监管的重点和依据，主要内容有：要求提交的年度报告包括确认所在地、领导层和该组织得益于募捐的其他细节等信息，以及要求慈善组织附上990表格和经审计的财务报表等，规定职业筹款人或筹资顾问必须在采取募捐行为之前完成在该州的注册备案并交纳一定数额的保证金，并提交年度报告和在法定期限内（通常为3年）保留准确的账簿和记录等。

另外，全国州检察长协会要求慈善组织详尽地登记和汇报筹款活动细节，例如注册和提交财务报告、筹款运动总结、接受超过一定数额的捐赠时提交审计报告、职业筹款人和筹资顾问须注册并提交报告等。近年来，为解决慈善组织提交文件复杂多样、手续烦琐和州际豁免待遇的问题，全国州慈善执行官协会（National Association of State Charity Officials）和全国州检察长协会共同制定《统一登记声明》（*Unified Registration Statement*），以整合所有州对在其管辖区域内从事慈善募捐活动的非营利组织注册信息和数据需求，使慈善组织在履行各州募捐法的报告要求时更加规范和简化。上述被要求提交给监管机构的注册和报告均被视为公开文件，在法律上属于公共记录且要求必须是"真实而完整的"，并存放于州政府部门或代理机构及在网上发布，在规定的时间和条件下可以应公众的要求提供索阅。

（三）大学财务报告模式与审计标准

财务性信息披露是各级法律监管部门审查的重中之重。因此，对大学财务报告的模式和审计标准一致是各方关注的焦点。经历了一段漫长的讨论与演变，国税局、教育部、非营利组织、行业协会、专家学者和捐赠者都广泛地参与到高等院校财务报告模式的制定之中。1992 年，美国财务会计标准委员会（Financial Accounting Standards Board）提出"非营利模式"，要求适用统一的非营利组织财务报告，这引致许多私立大学抛弃原先采用的 1930 年美国教育委员会发布的"大学模式"，而公立大学究竟采用何种模式则是在政府会计准则委员会（Governmental Accounting Standards Board）出台相关标准后才确定下来的。非营利模式要求高等院校必须在财务报告中反映其所有资产变化包括投资的"底线"，有必要向大学的赞助者尤其是捐赠者解释其财务资源真正是什么，回答公众所关切的问题，例如对一年内急剧上升的收益和大幅下降的损失如何预期，建议大学财务报告应提供关于捐赠者强加的限制的实质内容和数量，包括暂时限制性和永久限制性净资产及其限制的目的或支出时间或二者兼而有之；再如将捐赠基金分为准捐赠基金和真正的捐赠基金，建议将准捐赠基金归入非限制性净资产，并在财务报告和记录中提供该信息等。

二、专业评估机构制定的信息披露规则

行业准则是行业内具有影响力的组织联合发起制定，并得到行业内大部分组织认可的行规行约。这种自律性的信息披露往往在要求和标准上甚至比法律监管层更加严苛，加上专业评估机构据此开展的信用评级施压，使之成为推动大学捐赠基金行业内部治理的核心机制之一。

全美学院和大学商务官协会每年与共同基金联合发布大学捐赠基金的基准研究报告（NACUBO-Commonfund Study of Endowments），对合作高校所提供的捐赠基金净资产、投资收益、分配支出、公益项目以及对大学运营预算的贡献等数据进行统计、分析并排名。明智捐赠联盟（Wise Giving Alliance，BBB）要求慈善组织的募捐和其他信息资料必须是准确的、真实的和非误导性的，年度报告向公众公开，信息反馈到网站，并迅速回应BBB 关于慈善组织的计划、管理和筹资做法等问题的询问，服务于捐赠者的信息需要和帮助捐赠者自行决定慈善捐赠。[1] 美国慈善协会（The Amer-

---

[1]　Better Business Bureau Wise Giving Alliance. Standards for charity accountability［EB/OL］. http：//www. bbb. org/us/standards-for-charity-accountability/.

ican Institute of Philanthropy）依据自行设定的两项标准即筹款成本和资产储备，采用字母等级 A-F 对慈善组织进行评级，目的是帮助捐助者作出明智的捐赠决定。❶ 非营利组织指南星（GuideStar US）、慈善导航（Charity Navigator）等公益导航网站，也独立收集相应信息并根据效率和影响度进行相应的排列和排名，供捐赠者、受托人管理人委员会、企业投资者、议会议员以及研究者等在内的社会公众免费查询并获得广泛认可。

20 世纪 70 年代以来，美国注册会计师协会（American Institute of Certified Public Accountants）对高等院校的审计标准予以了特别关注，1973 年制定的《工业审计指南：学院和大学审计》就是针对当时新闻媒体和社会公众对于高等教育机构财务报告及运作不满作出的直接回应，指出财务报告扮演着向高等教育机构的赞助者（特别是校友和潜在捐赠者）塑造大学形象的重要角色，呼吁高等教育机构重视包括大学捐赠基金在内的财务报告的重要性，将之等同于与校友和捐赠者的关系。该指南对使用者的需要尤为关注，指出作为读者的校友和捐赠者可能会问两个问题：（1）大学捐赠基金的管理如何营利，支出水平怎样才算谨慎，大学总预算中多大比例是由捐赠基金支持的，以及该比例是否能够适时改变，尤其是在大学总预算成本逐年上涨的情况下；（2）捐赠基金增长的程度如何，管理者的投资政策与策略等。对这两个问题的回答是衡量学院和大学财务报告"适切性"的有效标准。

三、高等院校公开捐赠信息的自我报告

高等院校为了实现内部的良好治理需要各个部门之间的信息对称，因此，通常制定有内部信息沟通的相关政策和流程，同时按照监管机构和行业标准的要求也需要向社会公众公开披露必要的信息。为了获得公众的信任进而募集更多的慈善资源，大学每年会主动地公开与捐赠有关的信息，因此就形成固定的"自我报告"这种信息披露模式，这样做不仅能主动回应各方关切，也有助于提升组织机构自身的运作水平和管理能力，树立良好的形象和声誉。当然，由于对捐赠采取的管理模式不同，各个院校的

---

❶ Top rated charities［EB/OL］. https：//www.charitywatch.org/top-rated-charities.

自我报告形式与内容也不尽相同。下面就以哈佛管理公司和耶鲁大学为例，介绍目前两种最主流的自我报告模式。

哈佛管理公司是独立于哈佛大学的专业化公司，受哈佛大学委托负责管理和运作大学捐赠基金。从报告的核心内容来看，主要提供与投资业务高度相关的一系列数据，报告体例主要由五大部分构成：（1）原有的捐赠基金总体介绍（含支出后总价值、投资回报率等）；（2）历史关联（含10年或20年捐赠基金净资产年均增值、历年捐赠基金提供给大学资金占运营预算百分比等）；（3）投资政策组合（含投资项目种类及比例、基准分析）；（4）该财政年度讨论分析；（5）组织更新（管理费用构成、人员变化、投资伦理准则）以及未来展望。与以往的报告不同，2015财年的报告极大地简化了上述常规性内容，更加突出地强调了哈佛管理公司的团队为提高长期投资表现而做出的投资政策的调整与变化：（1）真实投资回报率达到5%甚至更高；（2）致力于通过更合适的市场和工业基准实现总体表现提高1%或更多；（3）致力于与前十位中其他大学捐赠基金相比较而言实现四分位数最高的大学捐赠基金。❶

耶鲁大学设立了专门的投资委员会，负责大学捐赠基金的投资运作，而将与大学捐赠基金有关的其他管理事项分解到大学的其他部门，例如募捐和筹款是由大学发展部来负责，大学决策层负责统筹协调相关事宜。耶鲁大学捐赠基金的年度报告包括六个部分：（1）总体介绍（主要是捐赠基金自1950年以来每个财政年度的市场价值增长率与通货膨胀率的对比）；（2）当年捐赠基金的资金分配及财政运营预算收入；（3）投资政策（含资产类别的目标与实际占比、特点等）；（4）支出政策（主要有支出目标比例、支出增长率与通货膨胀率的对比等）；（5）投资绩效（重点是耶鲁卓越的投资表现数据、耶鲁各类资产投资绩效与对应基准的比较）；（6）管理和监督（投资委员会的构成、专业化程度以及投资决策流

---

❶ A letter from Stephen Blyth PhD '92 president and CEO of Harvard Management Company［EB/OL］. http：//www. hmc. harvard. edu/docs/Final_ Annual_ Report_ 2015. pdf.

程等）。❶

　　二者在体例和内容上的差异是由不同的管理模式尤其是提供报告的主体性质及使命决定的，并且报告的使用者在信息需求和用途方面也存在不同的地方。哈佛管理公司主要负责投资业务，其首席执行官出具的财年报告是整个投资团队一年工作表现的核心总结，报告着力解释投资业绩的数据变化趋势及其原因，确定未来投资策略的调整方向与目标。耶鲁大学捐赠基金的年度报告涵盖基金管理运作过程中最关键的几个环节，投资表现只是其中的一个部分，更重要的是展现基金运行的总体状况、支出与分配、管理团队构成和内部监督制度等。然而，二者也存在明显的共性：（1）报告的潜在使用对象是广泛的并且似乎没有边界。由于报告是公之于众的，关注甚至使用报告的人除了大学管理层以外，可能是大学的教师、学生和家长，任何现实或潜在的捐赠者，也可以是独立的第三方评级机构、研究者，即"公共问责"理论视角下的所有"利益相关者"。（2）报告所披露的信息体现了"最大化"原则和应时而变的特点。（3）报告的专业化程度较高，尤其是与投资绩效、投资种类、投资政策相关的部分，折射出对大学捐赠基金投资增值的高度关注。

第二节　中国大学基金会的信息披露制度

　　《中国民间公益组织透明度发展研究报告（2015）》指出，中国公益组织透明度平均得分为 32.44 分，相比 2014 年的 27.87 分和 2013 年的 27.33 分有所进步，但与 60 分的及格线还是相去甚远，尤其是其中最重要的财务信息一项，平均分只有 2.45 分，一半以上的机构为零分。根据基金会中心网的一份研究报告显示，高校基金会的数量占全国基金会总数的 10%，净资产总额达到 262.5 亿元，占全国基金会净资产的 25%，说明高校基金会的组织规模和吸引捐赠能力在整个慈善领域还是处于较高水

---

❶　The Yale Endowment 2015 ［EB/OL］ http：//investments. yale. edu/images/documents/Yale_Endowment_ 15. pdf.

平的。但是，仅就全国高校基金会而言，总体透明度（FTI）的平均分为55.58，各项得分分别是：基本信息 8.55，财务信息 14.84，项目信息21.71，捐赠及内部建设 10.49。❶虽然高于全国基金会透明度 49.74 的平均分，但与高校捐赠总收入、净资产规模、公益支出比例、投资收益等数据形成鲜明对比，近年来也有人开始批评大学基金会的"管理程序繁杂""资金去向不明"等负面行为。❷尽管官方或民间组织开发的透明度指标存在一定的差异，但整体上我国慈善行业的透明度仍然偏低，长远看来必然有损于慈善组织的公信力，降低社会公众参与慈善活动的热情。由于缺乏了解慈善组织和慈善活动开展状况必要信息的权力和程序，社会监督的功能也难以发挥充分，不利于推进慈善组织提升内部治理能力。各界对慈善组织的信息公开诉求日益强烈，反映出众多利益相关者对参与慈善治理和问责的共同关切，相关法律法规应尽快建立健全慈善组织信息披露制度的体系，完善信息披露的内容、形式和程序等具体要求和操作标准，让整个慈善行业暴露在阳光之下。大多数的慈善丑闻源于不全面甚至虚假的信息披露，信息披露的动力来自慈善组织的自觉性和法律制度的强迫性，即内外因的束缚决定了其强度和真实性，因此，最重要的就是信息公开。主动公开是指慈善组织自己发布的年度报告，包括受资助情况报告和财务数据，第三方评估机构采用公众信息、组织专业人士进行评估的方式帮助捐赠者做出合理的捐赠决策。媒体和市场竞争也是慈善组织寻求自我监督的原因。中国目前尚缺乏权威的第三方评估机构，媒体与社会公众监督的意识和权利不强，在缺乏外部制约的条件下，仅依靠慈善组织的自觉性显然是不可行的。

一、信息公开法律制度的调整与变化

目前涉及信息披露的法律法规主要包括《慈善法》《公益事业捐赠法》《基金会信息公布办法》《基金会年度检查办法》《关于规范基金会行

---

❶　最有钱的高校基金会透明度排行榜［EB/OL］.［2016-9-10］. http://toutiao.com/i6264822622698078722/.

❷　报告显示高校基金会透明度堪忧　需引起社会重视［EB/OL］.［2016-9-10］. http://gongyi.qq.com/a/20140925/022429.htm.

为的若干规定》《民间非营利组织会计制度》《公益慈善捐助信息披露指引》等和直接针对大学基金会的《关于加强中央部门所属高校教育基金会财务管理的若干意见》以及一些地方性法规。1999 年的《公益事业捐赠法》规定了若干主体的信息公开义务，例如捐赠的公益事业工程项目竣工后，受赠单位应当将工程建设、建设资金的使用和工程质量验收情况向捐赠人通报。捐赠人有权向受赠人查询捐赠财产的使用、管理情况，并提供意见和建设。对于捐赠人的查询，受赠人应当如实答复。受赠人应当公开接受捐赠的情况和受赠财产的使用、管理情况，接受社会监督。"三大条例"（《社会团体登记管理条例》《基金会管理条例》和《民办非企业单位登记管理暂行条例》）中有不少关于信息公开的规定，例如，"社会团体成立、注销或者变更名称、住所、法定代表人，由登记管理机关予以公告"，"社会团体应当向业务主管单位报告接受、使用捐赠、资助的有关情况，并应当将有关情况以适当方式向社会公布"，"基金会、基金会分支机构、基金会代表机构以及境外基金会代表机构的设立、变更、注销登记，由登记管理机关向社会公告"，"公募基金会组织募捐，应当向社会公布募得资金后拟开展的公益活动和资金的详细使用计划"，"基金会、境外基金会代表机构应当在通过登记管理机关的年度检查后，将年度工作报告在登记管理机关制定的媒体上公布，接受社会公众的查询、监督。"

2006 年《基金会信息公布办法》由民政部发布，详细规定了基金会信息公布义务人，信息公布的真实、完整、准确性原则，信息公布的基本内容、具体实现、基本要求、基本载体、内部管理以及外部责任等事关信息公布的内容。概括起来包括基金会、境外基金会代表机构作为信息公布义务人公布的信息资料应当真实、准确、完整，不得有虚假记载、误导性陈述或者重大遗漏，并保证捐赠人和社会公众能够快捷、方便地查阅或者复制公布的信息资料。该办法还规定了报送年度报告和在媒体上公布的具体要求；规定了公募基金会组织募捐活动之前、持续期间和结束之后应当公布信息的内容；规定了基金会开展公益资助项目不同阶段应当公开的内容。一旦公共媒体上出现对信息公布义务人造成或者可能造成不利影响的消息，信息公布义务人应当公开说明或者澄清。信息公布所使用的媒体应当能够覆盖信息公布义务人的活动地域。公布的信息内容中应当注明信息公布义务人的基本情况和联系、咨询方式。信息公布义务人应当建立健全信息公布活动的内部管理制度，并指定专人负责处理有关事务。对于已经公布的信息，应当制作信息公布档案，妥善保管。信息一经公布，不得任意修改。确需修改的，应当严格履行内部管理制度的程序在修改后重新公布，并说明理由，声明原信息作废。信息公布义务人不履行信息公布义务或者公布虚假信息的，由登记管理机关责令改正。但是，该办法仅仅明确的是基金会的信息公开义务，对其他类型的慈善组织如社会团体、社会服务机构的信息公开义务并没有作出明确规定。2011 年，民政部又出台了《公益慈善捐助信息公开指引》，规定须公布信息公开主体机构的基本情况（机构名称、成立时间、机构宗旨和业务范围、办公地址、工作电话等），具有公开募捐资格的慈善组织需向社会公开信息的内容包括募捐情况和慈善项目实施情况等，这些规定为慈善捐赠信息公开提供了更具有操作性的指引。一些地方性法规如《北京市促进慈善事业若干规定》《江苏省慈善事业促进条例》《长沙市慈善事业促进条例》和《北京市基金会信息公开实施办法》《山东省基金会信息公开管理办法》《河南省慈善捐助信息公开办法》等也都或多或少涉及慈善信息公开，内容大同小异。

《慈善法》专列第八章"信息公开"足见立法者对信息公开的重视。该章从整体上构建了我国慈善组织及其慈善活动的信息公开制度，主要由四个部分构成：信息公开原则、不同主体在信息公开上的职责和义务、不得公开的情形、违反信息公开规定应承担的法律责任。《慈善法》规定负责建立健全慈善信息统计和发布制度的行政责任主体是县级以上人民政府，由其在统一的信息平台及时向社会公开慈善信息，并免费提供慈善信息发布服务。民政部门公开信息的内容包括慈善组织登记事项、慈善信托备案事项、具有公开募捐资格的慈善组织名单、具有出具公益性捐赠税前扣除票据资格的慈善组织名单、对慈善活动税收优惠、资助补贴等促进措施、向慈善组织购买服务的信息，检查评估及表彰处罚的结果等。同时规定，由慈善组织和慈善信托的受托人对信息的真实性负责，遵循真实、完整、及时的原则。《慈善法》还强调慈善组织应当每年向社会公开其年度工作报告和财务会计报告，且具有公开募捐资格的慈善组织的财务会计报告必须经过审计，还要按规定时间定期发布公开信息。定向募捐的慈善组织应当及时向捐赠人告知募捐情况、募得款物的管理使用情况。另外，慈善组织、慈善信托的受托人还应当向受益人告知其资助标准、工作流程和工作规范。执行上述各项规定以不得侵害个人隐私权、商业秘密和国家秘密为前提，这是对信息公开的内容、对象及范围作出的唯一限制。实际上，《慈善法》全篇都贯穿着信息公开的精神，从慈善组织设立、变更、清算和注销等的公告要求，内容包括章程、决策信息、执行信息、监督机构成员的信息和国务院民政部门要求公开的其他信息甚至以上信息的重大变化，到关于慈善组织开展公开募捐活动的规定，从关于通过经营性活动捐赠的规定到关于开具捐赠票据和做好捐赠记录的规定，从关于捐赠人查询、复制权的规定到慈善信托的受托人的报告和公开义务，以及慈善组织在年度管理费因特殊情况难以负荷规定标准情况下的报告和说明义务以及志愿者提供服务的信息告知义务，等等。《慈善法》也规定了公募性慈善组织公开信息的最低时间要求，这是考虑到有的公开募捐活动或者慈善项目周期比较长，阶段性地公开相关信息有利于强化对募捐过程、捐款使用或慈善项目实施的监督，但是如果慈善组织不能在规定的时间内履行公开义务，亦即构成违法，未来的立法是否应考虑全程化信息公开则要根据慈善组织是否具备一定的技术条件和经济条件而定。

民政部于 2017 年年底发布《慈善组织信息公开办法（征求意见稿）》，对慈善组织信息公开的原则、内容、渠道、时限、监督和法律责任分别作出具体规定，比如五类信息包括基本信息，年度工作报告和财务会计报告，公开募捐、慈善项目、慈善信托信息，重大资产变动及投资、重大交换交易及资金往来、关联交易的有关信息，以及法律法规要求公开的其他信息；慈善组织还有三种对利益相关人的告知义务，即对定向募捐的捐赠人、受益人的告知，以及在招募志愿者时对招募对象的告知，等等。该办法对具有公开募捐资格的慈善组织提出了更严格的信息披露义务：（1）要求公布领取薪酬最高前五位人员的职务和薪酬，公布各类公务活动的费用标准；（2）要求公开募捐活动在开展前就进行公开，开展期间要每三个月定期公开，结束后要全面公开；（3）开展的慈善项目进行期间要每三个月定期公开，结束后要全面公开。比起以往的原则性规定，这显然有利于主管部门对包括高校基金会在内的慈善组织信息公开进行统一的法律监管。

　　尽管如此，《慈善法》及其配套法规关于信息公开制度的规定尚存在需要补充或改进之处。首先是适用对象的范围，《基金会信息公开办法》与有的地方性法规仅适用于基金会而非所有类型的慈善组织显然不妥，有必要建立起与《慈善法》相契合的统一标准的信息公开规范。其次，应建立慈善信息统计制度和慈善信息发布制度，慈善信息平台建设基本规范和慈善信息共享办法。据悉，民政部已委托中民慈善捐助信息中心研究、建设全国性慈善行业信息平台"中国慈善信息平台"，该平台已初步具备信息发布、报送与统计、信息查询与共享、舆情监测、数据库管理、在线申报评选等功能，可以为慈善组织提供信息填报、公布、透明评估传播等服务，为政府主管部门提供慈善行业信息的统计、查询、评估和管理服务，为捐赠人和社会公众提供慈善信息的专业查询与检索服务等。再次，《慈善法》主要规定了捐赠人和民政部门查询、查阅、复制的权利，但受益人等利益相关者和一般社会公众的查询权如何保护未予以规定。最后，有必要对慈善组织一定程度的自愿性信息公开进行指引性规范，因为阻碍慈善组织进行信息公开的主要因素在于保密的好处和公开的成本，相对于保密的好处而言，其实信息越透明对慈善组织自身而言越有好处，例如宣传组织使命与理念、扩大社会影响、提高组织治理水平进而吸引更多的社会捐赠，除了外部强制的信息公开外，源于慈善组织自身的内部公开动力越强，其信息的深度和广度越开放，对捐赠者、受益人以及其他利益相关者而言可能更有效。总之，法律除了规范慈善组织做到最低限度的信息公开之外，更应当发挥鼓励和保障慈善组织尽可能为信息利用者提供所需信息的作用。另外，还应支持独立的专业机构和行业组织参与到慈善信息公开的整个体系中来，因为单纯依靠民政部门的监管不可能面面俱到，慈善法规定的是信息公开的底线，但慈善行业组织可以制定更高的标准，可以更好地切合慈善组织信息公开的实际需要和实际能力。总之，要广泛地动员全社会加入到慈善信息的监督与规范之中，构建慈善组织信息公开的自律与他律协同机制。

二、大学基金会信息公开存在的问题

（一）法定披露的缺陷

在要求基金会作出信息披露的诸多政策法规中，较多涉及的内容是财务信息的披露，而对非财务信息披露要求的不多。例如，《基金会信息公布办法》《民间非营利组织会计制度》对基金会信息披露要求更多的是年度报告和财务报告等形式的信息；《公益慈善捐助信息披露指引》提到"项目信息"，包括项目有关资金使用情况、受益对象、捐赠款物拨付和使用的时间和数额、捐赠活动和项目成本等非财务信息的披露，但是也没有提出明确的规范性要求。从公开透明的层次来看，第一层次是公开高校基金会的年度工作报告和审计报告，第二层次是公开捐赠的接收和使用情况，第三层次是整体性的公开透明。从公开的内容来看，一是捐赠款物的数量、使用方式、使用效率和受益人；二是公益成本，例如选定受益人的费用，捐赠款物的保存、运输、开发的费用，基金会工作人员的工资和行政办公经费等；三是基金会的内部治理情况，包括基金会的宗旨和业务范围、规章制度、组织框架、资产关联情况等；四是项目开展的情况；五是外部评价。

更重要的是，无论是财务信息还是非财务信息，法律法规都没有说明若不披露相关信息会受到何种惩处，导致基金会在进行信息披露时更倾向于披露基本信息等形式重于实质的信息，同时有选择地回避详细的、负面的信息。因此，在披露内容方面应该有倾向地增加对项目进度等非财务信息披露的规定及标准，明确应如何披露非财务信息，以改善目前部分高校基金会信息披露多集中于基本信息，且对非财务信息的披露有名无实的现状；在披露方式上应有统一规定，目前我国高校基金会有的是在发展规划处网站进行披露，有的是在校友会网站进行披露，披露方式杂乱，不利于信息使用者查询，相关政策方面应予以完善。另外，要建立相关惩处机制。惩罚的缺失也是高校基金会信息披露得不到重视的一大原因，可以考虑对不按规定进行披露的高校基金会进行罚款处理，也可以考虑将之纳入高校评估指标体系。

（二）自我报告的缺陷

观察我国慈善组织公布信息的时间、内容和形式可以发现，近年来我国慈善组织开始主动地开发信息公布的渠道和内容，这既是竞争慈善资源的动力所致，也是回应公众质疑的压力使然。能否建立完善的信息公开制度不仅考验着慈善组织的内部治理能力，也考验着是否有勇于担当的社会责任感。《基金会信息公开办法》出台后，有个别慈善基金会制定了内部的信息公开制度，例如《韬奋基金会信息公开制度》等。整体上看，慈善组织一般都在自己的官方网站设有信息公开栏目，公开的内容涉及年度报告、审计报告、年度预算、工作计划、年检报告和捐赠信息等，捐赠信息会公布捐赠时间、捐赠人、捐赠金额和捐赠用途等。然而，有的基金会甚至连基本的基金会名称及概况、组织章程、捐赠收入、活动项目等都没有公开，透明度"两极分化"的现象十分严重。因此，慈善组织主动按照各类规定、指引和评价指标，尽可能披露各类信息，通过增加组织运作和基金管理的透明度才能提升公信力，从而争取到更多的慈善捐赠和维持组织的可持续发展。

2014 年 9 月 18 日，教育部、财政部、民政部联合印发《关于加强中央部门所属高校教育基金会财务管理的若干意见》，对完善治理结构、加强财务管理、加强筹资过程管理、规范投资行为、合理使用捐赠资金以及健全信息公开制度等方面做出了明确规定。该意见规定：（1）要求基金会财务工作在理事会领导下开展，并接受业务主管单位和学校财务部门的业务指导和监督；配备具有专业资格的专职财会人员。（2）强调基金会获得的各类收入应当及时足额地纳入账户核算。（3）指出基金会接受捐赠，必须与捐赠人明确权利义务，订立书面捐赠协议。（4）提出基金会可用于保值增值的资产限于非限定性资产和在保值增值期间暂不需要拨付的限定性资产。（5）重申关于基金会年度公益支出比例的规定。（6）强调基金会要建立定期财务报告制度，将年度工作报告在指定媒体及基金会网站上公布。

(三) 行业监督的匮乏

独立评估机构和新闻媒体是慈善组织信息公开的社会监督主体，但并非负有法定信息公开义务的责任主体。在慈善信息公开方面，新闻媒体有客观、及时、灵活、覆盖面广、反应迅速等特征，具有其他信息公开主体不具备的优势。❶ 有的独立评估机构设有专门的信息公开平台，采集慈善组织的相关资料并对其分析评价，引导公众更明智地捐赠。但目前除了中民慈善信息中心和基金会中心网等平台外，还没有针对大学基金会信息公开及其评估的专业化平台和机构，难以从外部形成竞争和自律的推动力。

(四) 实践操作的困境

(1) 信息的源头问题，即信息由谁来管理和由谁来发布。无论高校基金会选取哪种公开形式、何种公开层次以及公开什么内容，都有赖于高校基金会档案管理工作的支持。高校基金会实现公开透明，特别是高水平的公开透明，都必须建立在优秀的档案管理工作基础上。然而，目前的状况是绝大多数高校基金会档案管理人员都是兼职，他们普遍缺乏档案管理的专业知识，只是单纯的保管员，对于基金会档案如何归类、如何查阅等基本档案知识信息来源存在较大的隐患，表现在公开信息来源零散、不成系统，公开透明的专业性不足，形式普遍被动，很难做到主动公开。缺少优秀的档案管理，高校基金会的公开透明就会缺乏坚实的基础，会导致公开透明被动、公开层次不高、公开内容不全面，严重制约高校基金会的公开透明水平。只有专业化的档案管理，才能够提升高校基金会的公开透明水平，使得其自身的公开透明能够满足法律法规、受托角色、自身发展和社会公众的多方要求。

(2) 内部信息公开制度的问题。不少高校基金会都制定了章程、管理办法和捐赠流程等规章制度，但对于档案管理，专门制定管理规定的并不多。这就容易使得档案管理出现随意性、无标准、不规范，导致档案内容不全、放置混乱。如果需要查找的话，要花费大量的时间，严重影响工

❶ 杨宇. 慈善信息披露主体研究 [J]. 山东农业大学学报 (社会科学版), 2014 (2): 114-118.

作效率。另外，档案没有统一的规范化管理，缺乏安全性，很容易出现泄密现象。这导致高校基金会档案管理无制度可循，随意性较大，高质量的公开透明便无保证。大多数高校基金会甚至没有设立专门的档案室来存放档案。有的高校基金会由于没有统一的归置和存放地点，档案都由具体经办的工作人员自行保管。

（3）信息公开的技术手段问题。基金会档案严重依赖手工管理，不仅在归档过程中难以实施规范化管理，而且在日常管理中占用大量的人力、物力资源。在数字形式的文件比重越来越大的今天，电子文件将成为档案的主要内容，纯手工管理根本无法满足档案管理的需要，也满足不了高校基金会公开透明工作的需要。要实现主动的、高层次和全面的公开透明工作，必须要具备合适的档案设施，否则即使档案的来源很科学、档案的信息含量很丰富，也会因为管理效率低下而满足不了资讯发达社会和信息时代的社会公众对高校基金会公开透明的要求。❶ 中国慈善捐助信息中心副主任刘佑平指出："信息披露的前提条件是慈善组织具有一定的信息处理能力，包括硬件设备、信息管理系统和人力资源。"❷ 利用信息技术弥补人力资源的不足，信息化可以将工作人员从烦琐的工作中解放出来，而信息化在高校基金会信息披露中已有成功的应用，天津大学北洋教育发展基金会开发的高校大学教育基金会项目管理系统就是一个成功例子。该系统具有项目筹资管理、项目资金管理、项目使用管理、统计以及网站信息管理等功能，不仅可以按项目资金的到账及使用情况自动生成相关表格，还与官方网站的最新捐赠部分相连，可以根据工作人员在管理系统输入的资金到账情况自动在最新捐赠栏目显示捐款人员及金额信息，不仅提高了基金会工作人员的工作效率，还使相关信息更加系统，便于使用者查阅。

---

❶ 陈艳，苏钰琰，伍卓深. 基于档案管理视角的高校基金会公开透明研究［J］. 华南理工大学学报（社会科学版），2015（8）：84-87.
❷ 卫敏丽. 调查显示：慈善组织信息披露面临人力物力投入缺乏等困境［EB/OL］.［2016-9-20］. http：//news. xinhuanet. com/society/2010-12/02/c_ 12841913. htm.

第十章　中美高等教育捐赠的
会计审计准则

　　美国对包括高等院校在内的所有非营利组织尤其是免税慈善组织的财务报告与审计制度规定相当严格，国税局在审查大学及其捐赠基金管理组织的免税资格时一般要求大学必须提供捐赠基金的财务状况并适当地向公众公开披露，这样做是为了促进监管机构、媒体、公众和更广泛的利益相关者对非营利组织进行监督。提供财务报告是美国高等教育机构满足监管机构审查和回应社会公众问责所必须承担的义务。对大学财务报告尤其是大学基金会的财务审计工作在我国才刚刚起步，相应的财务报告和审计标准还不甚完善，研究美国大学捐赠基金的财务报告与审计标准的发展历史和现行规定，有助于加快完善我国大学基金会的财务管理规范，推进大学基金会的财务报告制度和信息披露公开。

第一节　美国大学捐赠基金的财务报告与审计标准

　　财务报告是反映大学捐赠基金管理和效益的核心信息，一般分为内部和外部两种。前者是由大学捐赠基金管理组织内部的财务工作人员（也可以聘请外部的独立会计师）按照会计准则核算制作提交给管理层的标准化报告，以供董事会作出管理和投资相关的决策时使用；后者以内部的财务报告为依据，应相应的监管机关和社会公众的要求和所承担的信息披露义务而公开的财务报告，以供监管机关的检查测试和独立审计师审计之用。无论是内部财务报告还是外部财务报告都必须遵循相关的会计和审计标准，这不仅是为了服务于大学捐赠基金管理层的决策需要，也是所支持的大学能够顺利通过免税资格审查及特定项目调查所必需。美国对高等院校的财务报告与审计标准经历了一个逐步完善的过程，财务管理的规范化要求和财务信息的报告与披露制度对于塑造大学捐赠基金管理行业的公信力起到了至关重要的作用。

一、美国高等院校财务报告模式演变

关于高等院校的财务报告模式及其会计、审计标准历经多年变化，最早可以追溯到 20 世纪初，为了适应时代发展的现实需求，至今仍在不断的变革与讨论之中（见表 10-1）。

表 10-1 美国学院和大学财务报告模式（1910 年至今）

名称	年份	提出者	主要特征
卡耐基模式（Carnegie Model）	1910	卡耐基基金会（Carnegie Foundation）	已知的第一个为统一财务报告而作的努力；建立在特殊使用者需要的基础之上；使用不同的详细程度适应不同读者利益
阿内特模式（Arnett Model）	1922	通识教育委员会（The General Education Board）	安排资产负债表首先回答重要使用者的问题；全面信息披露和部门净利润
莫里模式（Morey Model）	1930	劳埃德·莫雷（伊利诺伊大学审计师）（Lloyd Morey［University of Illinois comptroller］）	并非基于任何可察觉的使用者的需求；以独立的形式分别报告收入和支出
委员会模式（Committee Model）	1930~1935/ 1952~1968	美国教育委员会（The American Council on Education）	建立统一性比满足使用者需要更重要；八项基金的分解报告；将当前基金划分为非限制性和限制性基金；建议以柱状形式替代资产负债表报告；报告包含解释每一种基金平衡的变化
全美高等院校行政事务官员理事会模式（NACUBO Model）	1974	全美学院和大学商务官员协会（National Association of College and University Business Officers）	建立基金余额变动表的柱状形式；建立当前资金运作报告

名称	年份	提出者	主要特征
非营利模式 （Nonprofit Model）	1992	财务会计标准委员会 （Financial Accounting Standards Board）	放弃使用自平衡基金会计；包括现金流量表；披露收入与支出之间的差额；将报告要求建立在特定使用者需求基础之上

资料来源：J Perter Williamson. Funds for the Future：College Endowment Management for the 1990's [R]. The Common Fund, 1993.

1930 年，美国教育委员会发布了所谓的"大学模式"，要求大学在外部财务报告中详细描述各项资金的审计信息，从而将高等院校的财务报告模式从适用于所有类型非营利组织的一般模式中分离出来，成为高等教育特有的统一财务报告标准，具有里程碑式的意义。但是，1992 年美国财务会计标准委员会（FASB）提出的财务报告要求适用的是所有非营利组织，很快引致许多私立大学抛弃了大学模式，而公立大学采用哪一种模式是等到政府会计准则委员会（GASB）的相关研究完成之时才确定下来的。1992 年非营利模式适用至今，FASB 又提出到了该适时作出改变的时候，正在考虑进行重大的变革。

纵观历史，可以发现包括政府监管部门、教育部门、大型非营利组织、行业协会和研究者个人都参与到了美国大学财务报告模式和标准的制定过程中，尽管各自的立场和出发点有所区别，却尽可能融入了各方的观点和利益，最重要的是不管发生何种变化，各方努力的目标始终是关注使用者的需要和保持报告的一致性。❶ 具体来讲，使用财务报告的人希望了解大学尤其是大学捐赠基金的表现和投资的实际情况，例如以回报率或收益的构成比例等表现，将之单元化的做法即计算和报告每单位价值及收入，有助于计算其收益、增值和总回报。但是高等院校的财务报告之专业、复杂和含混，容易导致使用者尤其是捐赠人难以判断大学是如何平衡当前需要和未来可能的需要的，也难以看出捐赠基金真实的支出，或者根本不可能得到与所谓支出相悖的投资业绩数据，因为要清楚地区分捐赠基

---

❶ Ken W Brown. History of financial reporting models for American colleges and universities：1910 to the present [J]. The Accounting Historians Journal, 1993, 20（2）：1-29.

金的收益和支出及其具体数额对非知情人士是相当困难的。大部分财务报告对于使用者想要了解捐赠基金所承担的高等教育机构运营预算的比例给出了一个合理的回答，但对于该比例是否随着时间而上升或下降以及幅度和数额却没有清晰的答案。这些潜在的问题将使大学尤其是捐赠基金的财务报告和审计始终处于舆论的风口浪尖之上，而适时而变的审计标准和财务报告制度能够在很大程度上规范和保护大学捐赠基金谨慎地投资和管理，以回应社会公众对于大学这类免税慈善组织的质疑和拷问。

考察美国高等教育财务报告模式的历史，意义在于了解每一个重要的标志性事件所发生的或大或小变化以及背后的动因，这样有助于更好地理解不同模式的大学财务报告所依据的不同理论基础及其技术性问题，全面客观地评价某种模式对大学财务报告甚至整个高等教育领域的影响。相关理论研究表明，美国学院和大学的年度财务报告发生着范式的转变，传统的管家理论（Stewardship）和决策有用理论（Decision Usefulness）已经不能适应高等教育所处的社会环境变化，新的公共问责范式容纳了前面两种传统范式的重要特征，承认存在更广泛的受众和潜在的利益相关者，强调公平、可及性和分配应当成为衡量报告质量的重要标准，从公众问责的视角要求大学和学院的年度报告提供更全面的关于教学、研究和服务等方面的信息披露。❶ 这两种理论产生于经济领域公司法人的财务报告问责制，但很快就拓展到非营利部门尤其是公共资源和慈善领域。杰文斯（Jeavons）指出管家的概念起源于传统的宗教机构，如果管家的原义被理解的话，那么非营利组织的现代学术和管理水平将得到提升，因为管家所看管的事务比经济或财务领域要宽泛得多，真正的管家是负有不可避免的道德义务和责任的。❷ 斯科特（Scott）提出框架的普遍原则是正义，认为会计必须平等地对待账目所覆盖财务领域内所有现实和潜在的利益相关者。支持性原则如真实和公平特别要求避免不实陈述和服务于某种特殊利

❶　David Coy, Mary Fischer & Teresa Gordon. Public Accountability: A New Paradigm for College and University Annual Reports [J]. Critical Perspectives on Accounting, 2001, 12 (1): 1-31.

❷　Jeavons T H. Stewardship Revisited: Secular and Sacred Views of Governance and Management [J]. Nonprofit and Voluntary Sector Quarterly, 1994, 23 (2): 107-122.

益。正义和公平所关注的与管家的方向保持一致，即平衡所有者和管家（委托人和代理人）之间的利益。❶ 美国会计原则委员会（Accounting Principle Board）1970 年提出了决策有用的概念，它随即被注册会计师协会（AICPA）、财务会计标准委员会（FASB）和政府会计标准委员会（GASB）相继采纳而成为财务报告的主流范式，它反映出对财务报告目的的态度发生了根本性转变，即从传统上关注管家的管理责任转向关注财务会计报告所提供的信息是否对使用者作出经济决策具有有用性，也包括是否提供有用的信息来评价管家和其他管理责任的有效性，还特别要求私人非营利部门和政府实体的财务报告应提供有用的信息给当前和潜在的资源供应者和其他使用者，以便他们作出关于资源分配的合理决定。但是，有学者认为决策有用理论也存在缺陷，即它建立在市场和合理的经济决策能带来更有效率的资源分配假定之上，但忽略了效率和分配影响的同时性，而且关于效率和资源分配的价值判断以及公平、正义的观念也是不容忽视的。❷

"公共问责"（Public Accountability）的概念最早是由政府会计标准委员会（GASB）在 21 世纪初提出的，认为财务报告不仅应关注资产和收入的分配信息，更应为管理者、股东、员工、客户以及其他不确定的利益相关者提供尽可能真实有用的信息，因为广泛的公共问责和保证公众获取信息的权利能够有效地控制权力滥用。以代际公平为例，其中很重要的分配问题就不可能在没有公平概念的情况下运作，建立在经济学基础上的决策有用模式没有提供解决方案，分配议题不可能不站在道德或规范的立场得到解决。帕洛（Pallot）认为一个问责模式应当既包括个人主义也包括社群主义的视角：会计除了关心财富和收入外，也应关注信息和权力的分配。❸ 公共问责范式对大学的影响深刻，在公共问责框架下的大学财务报

❶ Scott D R. The Basis for Accounting Principles [J]. Accounting Review, 1941 (16): 341-349.

❷ Williams P F. The Legitimate Concern with Fairness [J]. Accounting, Organizations and Society, 1987, 12 (2): 169-189.

❸ Pallot J. The Legitimate Concern with Fairness, Accounting [J]. Organizations and Society, 1991 (16): 201-208.

告将不会减少为利用它作出经济决定的人提供有用信息的重要性，却意味着解除为满足特定使用者的需要而作出的不必要限制。在这种环境变革的情况下，原先大学在20世纪90年代中期提交报告的三个特点（以满足决策有用为目标的信息为主，较低水平的信息披露，忽略服务和表现）被更复杂的信息所取代，以满足对大学的公共问责目标，主要集中在以下四个方面的问责议题：（1）年度报告在满足问责目标上扮演何种角色；（2）谁是大学的利益相关者；（3）利益相关者需要或要求哪种信息；（4）年度报告的质量特征是什么。大学由于它在社会上的作用，对于报告什么以及报告给谁而成为广泛的问责对象。具有公共部门性质的大学属于公众，资金来源于公众的腰包和私人捐赠以及州的拨款。私立大学尽管接受少量的政府支持，却被赋予了相当于公共补贴的特殊税收利益，另外许多私立大学还通过遗赠和其他捐赠积累了巨大的捐赠基金。因此，它们对当前和过去的捐赠人也负有责任。由于大学对公民生活的影响，其既是大量被消耗的公共资源的服务接受者同时也是使用者，因此，高等教育的问责义务是宽泛的，必须解决多维度的信息（法律、政治、财务等）。❶

二、财务会计准则委员会的非营利模式

美国财务会计准则委员会（Financial Accounting Standards Board，FASB）成立于1973年，该组织一直致力于建立财务审计和报告标准，这些标准经联邦证券交易委员会授权和美国注册会计师协会认可从而具有一定的官方权威性，受其规范的财务报告为投资者、债权人、审计师和其他人提供了可信的、透明的和具有可比性的财务信息，对于经济有效运行至关重要。

（一）FASB非营利模式

1992年美国财务会计准则委员会（FASB）提出的适用于所有类型非营利组织的财务报告模式在今天仍被普遍认可并采用。该模式要求财务报告应陈述的财务状况包括总资产、负债和整个机构的净资产，提供简单的

---

❶ David Coy, Mary Fischer & Teresa Gordon. Public Accountability: A New Paradigm for College and University Annual Reports [E/R]. Critical Perspectives on Accounting (October 2001): 1 - 31. http://www.idealibrary.com.

总结性的财务数据。这在当时对高等院校而言，意味着必须在财务报告中反映其所有资产变化包括投资等"底线"，因为报告有必要向大学的赞助者尤其是捐赠者解释其财务资源真正是什么，回答公众所关切的问题，即对一年内急剧上升的收益和大幅下降的损失的预期如何。财务报告应当将资产划分为三类，并分别明示其数量，即非限制性净资产、暂时限制性净资产、永久限制性净资产。"暂时"既包括钱被支出时的限制又包括钱被用于特定目的的限制，这些限制是由捐赠者而非捐赠基金的管理者强加的，但传统上仅指使用的限制，尽管其收益仍可以支出。FASB 建议财务报告应提供关于捐赠者强加的限制的实质内容和数量，包括暂时限制性和永久限制性净资产及其限制的目的或支出时间或二者兼而有之。FASB 这种简单地界定"限制性"的做法，存在些许遗憾，因为捐赠者想从报告中找出所有类型资金是否有关于目的或支出等方面的限制性条件存在一定困难。

非营利模式将捐赠基金分为准捐赠基金和真正的捐赠基金。毫无疑问，如果捐赠者声明仅捐赠的收入部分可以支出，资本被掌握用于投资，那么此项捐赠为真正的捐赠基金。当受托人决定对一些盈余资金——不要求立即支出的收入，保留并指定作为准捐赠基金，任何时候都可以支出，但似乎没有任何方法，受托人能将盈余资金转换为真正的捐赠基金。FASB 建议将准捐赠基金归入非限制性净资产，并进一步建议在财务报告和记录中提供该信息。

FASB 关注了积累的增值的分类。1972 年《统一机构基金管理法》（UMIFA）要求一个建立在真正的捐赠基金基础上的增值部分可以转移到当前资金或被支出"谨慎"的比例，那么，准捐赠基金的增值部分在法律上是允许在任何时间支出的。但是，受托人应当被允许转移真正的捐赠基金或至少谨慎的比例给准捐赠基金吗？FASB 认为他们只能将增值部分转移到暂时限制性基金，这样实际上给了受托人很大的自由裁量权以决定增值的去处。这似乎是法律的而非审计的事情，1992 年 FASB 董事会达成增值分类规则的一致，即受托人可以在任何时候支出增值的部分，但财务报告应当以非限制性净资产的上升或下降来显示投资资产所有的收益和损

失，除非法定或捐赠者强加特定的目的或时间作为限制性条件。❶

该模式还要求审计大学财务报告的会计人员应遵守董事会制定的规则，但董事会必须保证维持收入支出比例，财务报告应在永久性限制净资产中体现捐赠部分的增长。根据 FASB 制定的非营利组织财务审计标准的征求意见稿，学院和大学等非营利组织须提供三份财务报表样本，依次为资产状况表、现金流量表、资产变动表。❷

（二）修订财务报告与审计标准的动议

2011 年 11 月 9 日，FASB 时任主席莱斯利·塞德曼提议增加两项议程，即标准制定项目和研究项目，旨在推进非营利组织的财务报告，指出已有的标准需要更新和推进，从而为捐赠者、债权人和其他人提供更好的信息。FASB 指出现有模式的使用已经接近 20 年之久，其成员一致同意现在是重新审视非营利组织财务报告模式的时候了。标准制定项目将专注于非营利组织特有的财务报告及相关附注，重新审视已有的财务报告标准，关注推进当前净资产分类方案和财务报告及附注关于组织流动性、财务表现和现金流量的信息。研究项目将研究非营利组织当前使用的陈述财务表现的方式，审视非营利组织领域最好的实践做法，以增进捐赠者、债权人和其他利益相关者关于财务健康和表现的理解。❸

三、美国注册会计师协会的审计标准

美国注册会计师协会（American Institute of Certified Public Accountants, AICPA）是目前世界上最大的会计师行业协会，拥有超过 39.4 万会员，覆盖 128 个国家或地区以及超过 125 年服务于公共利益的传统。该机构的会员来自包括商业、工业、公共服务、政府、教育和咨询等在内的诸多实践领域。AICPA 为私人企业、非营利组织，联邦、州和地方政府的审计师制定

---

❶　Ken W Brown. History of financial reporting models for American colleges and universities: 1910 to the present [J]. The Accounting Historians Journal, 1993, 20 (2): 1-29.

❷　Exposure Draft. Financial Statements of Not-For-Profit Organizations, the Financial Accounting Standards Board [R]. 1992-10-23.

❸　FASB. Chairman adds two agenda projects to improve financial reporting by not-for profit organization [EB/OL]. News release, 2011-09-11. http: //www. fasb. org/cs/ContentServer? c = FASBContent _ C&pagename = FASB%2FFASBContent_ C%2FNewsPage&cid = 1176159257947.

了职业伦理标准和美国审计标准，也开发和升级统一注册会计师考试并提供资格证书。20 世纪 70 年代以来，该行业协会对高等院校的审计标准予以了特别关注，所提出的建议和标准普遍被学院和大学内外部审计师重视并采用。

（一）《工业审计指南：学院和大学审计》

AICPA 1973 年出版《工业审计指南：学院和大学审计》，该书为学院和大学的注册会计师以及独立投资公司列举了会计和报告实务、审计程序、税收考虑事项及有用的行业资料背景，提供了 1940 年投资公司法的最新参考，取代该机构 1949 年发布的案例研究，为即将开始的财年会计与报告提供了重要建议。❶ 同时代出版的与大学审计和财务报告有关的重要文献还有 1971 年审计委员会关于审计实践的报告，❷ 以及哈罗德·比尔曼和托马斯·霍夫斯泰德关于大学审计和赤字的工作报告。❸ 审计委员会的报告尽管没有特别提及捐赠基金的审计问题，但对大学审计的实践做法提出了一般性的批评。《工业审计指南：学院和大学审计》一书更是对当时新闻媒体和社会公众对于高等教育机构财务报告及运作不满（尤其是捐赠基金的审计和报告方面）的直接回应，指出财务报告扮演着向高等教育机构的赞助者（特别是校友和潜在捐赠者）塑造大学形象的重要角色，呼吁高等教育机构重视包括大学捐赠基金在内的财务报告的重要性，将之等同于与校友和捐赠者的关系。正如它的序言所说："这份指南是准备帮助独立审计师检查和报告高等教育非营利机构包括学院、大学和社区或专科学校在内的财务报告"，也提醒读者注意，"这份审计指南的出版是为了指导检查大学财务报告的机构成员，代表了学院和大学审计委员会和会计师深思熟虑的观点，包括财务报告领域最好的专业性想法与做法"。

《工业审计指南：学院和大学审计》对使用者的需要尤为关注，指出

---

❶ Kenneth D Creighton, Franklin G Riddle. Audits of colleges and universitiesby AICPA committee on college and universityaccounting [J]. The Accounting Review, 1974, 49 (4): 876-878.

❷ Report of the committee on accounting practice of not-for-profit organizations [J]. The Accounting Review, 1971, 46 (5): 81-163.

❸ Harold Bierman Jr, Thomas R Hofstedt. University accounting: alternative measures of ivy league deficits [J]. Cornell University, unpublished woeking paper (April 1973).

作为读者的校友和捐赠者可能会问两个问题：（1）大学捐赠基金的管理如何营利，支出水平怎样才算谨慎，大学总预算中多大比例是由捐赠基金支持的，以及该比例是否能够适时改变，尤其是在大学总预算成本逐年上涨的情况下；（2）捐赠基金增长的程度如何，管理者的投资政策与策略等。对上述问题的回答是衡量学院和大学财务报告的适切性的有效标准。

该指南要求大学明确地报告三项基本财务的情况：（1）资产负债表；（2）基金资产变动表；（3）当前资金收入、支出和其他变化。捐赠基金也包含其中。资产负债表显示捐赠基金或类似的资金平衡由三个部分构成，即永久性捐赠基金、附条件捐赠基金和准捐赠基金。其中捐赠者指定给捐赠基金的捐赠及其收益，包括现实的投资收益和从其他资金转移而增加的收入，还包括从非限制性当前资金转移到捐赠基金的部分，但为支出转移适当的收益比例和届满附条件捐赠基金则作为当前资金收入报告的内容予以扣除。基金资产变动表显示捐赠基金由于现实收益和从其他资金、捐赠转入而发生的增加，或者由于转移到当前资金而发生的减少。当前资金收入、支出和其他变化显示捐赠基金或类似资金的收益、转入和任何支出，也包括从当前资金转入准捐赠基金所进行的任何再投资收益。指南要求捐赠基金的投资业绩单独报告，财务报告或记录"应当陈述建立在成本和市场价值基础之上的投资组合的整体表现（例如产出、收益和损失）"，这样使用者就能从数据中对当前收益和年度总回报作出评估，但指南对于是否应包含非现实的收益和损失不甚清晰。指南还要求高等院校提供更好的信息，例如积累用于收入分配的捐赠基金包括年初和年尾总的市场价值和成本，既有现实也有非现实的年度净收益，年初和年尾每单位市场价值和净收入等详细数据；当前资金报告按来源和功能显示收入、支出和其他变动的所有细节与变化等。这样可以使读者了解机构在哪些事项上花钱和钱来自哪里，并理解包括当前资金收入和支出在内的不同来源的相对重要性。

关于收益与支出的界定是大学捐赠基金审计标准中极重要的概念。指南沿用了传统审计对收益的观点，将收入分为非限制性、限制性和总量三个部分，以避免与《统一机构基金管理法》（UMIFA）冲突，后者允许从捐赠基金收益中支出谨慎的比例，却没有界定收益的具体范围。这一规定忽略了捐赠基金满足当前支出的适切性和可能的赤字问题，简单地讲，一个机构需要报告其决定从捐赠基金的收益中转移作为支出的"谨慎"部分，当这项转移不足以弥补总收入与总支出之间的差距时也许（尽管不必要）报告赤字，而处理赤字的唯一办法可能是通过更大比例的转移，即超出原计划的"谨慎"部分。指南并没有清晰地指出大学是否应当将之作为两项独立的报告内容加以标记以区别其目的，导致一些大学捐赠基金的受托人对于"谨慎"的数额以及超出谨慎水平的支出应当如何报告而感到困惑。因此，一些大学通常的做法是指定某项捐赠基金的投资收益作为稳定的储备，在特定的年份转入或支出，以弥补多或少于实际收益支出的固定或预定比例，这被称为"收益保留"。指南明确反对这种做法，要求大学必须使之清晰地体现在财务报告中，还要求任何收益的支出都要作为转移显示在当前资产变化的报告中，并提供了"非限制准捐赠基金适当收益的比例"作为示范。该指南还用相当长的篇幅讨论了"总回报"的概念，支持"总回报"作为投资策略而非支出政策，强调它所关心的是收入的概念，而不是建立谨慎支出规则。

（二）非营利组织审计和财务指南

根据 1992 年 FASB 非营利模式，AICPA 建议审计人员要熟悉其规定，特别是有关非限制性、暂时限制性和永久限制性净资产之间的区别。为回应这些变化，AICPA 于 1996 年 8 月发布了一份新的审计和财务指南，以帮助非营利组织及其审计师贯彻新要求，准备和审计财务报告。该指南的重点是介绍非营利组织财务报告的以下内容：FASB 模式 No. 116 审计接受和募集的捐赠，No. 117 非营利组织财务报告，No. 124 审计非营利组织的特定投资，这些要求将改变非营利组织准备外部财务报告的方式。指南还描述了在遵循一般审计规则的前提下，如何将内部会计制度的信息用于准备外部的财务报表，以帮助审计师理解非营利组织内部控制、评估控制风险及计划和实施审计。新指南包含非营利组织所特有的审计目标、控制示例和审计程序样本，并回答了审计捐赠、控制投资、处理费用等审计议题。

值得一提的是，AICPA 还专门以高等教育为例指出了新指南的意义。身为芝加哥大学副审计长的注册会计师约翰·克罗尔（John Kroll），负责大学的审计、财务报告和现金管理，提出了自己对新指南的看法：（1）高等教育冲击。克罗尔从自己作为 NACUBO 代表的立场提出了他所认为的冲击高等教育的主要变化，即分割利益协议、学费贴现、功能性费用分配、市场价值。（2）易于实施。对芝加哥大学而言，遵循新指南并不困难。任何认为非营利组织需要购买新的计算机系统，雇用新的工作人员或者开发新的软件以遵守指南的想法也许是一种误解，指南仅仅是聚集现有数字的一种不同方式而已。（3）适可而止。克罗尔希望指南结束对非营利组织财务报告的巨大变化，他说："我们已经在过去 3 年内经历了与过去 50~100 年内同样多的审计和报告变化，我不认为我们中的任何人希望再次看到这种状况。"他认为新指南提出了许多并未解决过的特殊问题，希望 AICPA 通过技术实践帮助或必要的综合澄清以回应这些问题。（4）共同理解。克罗尔及工作人员将以新指南的最高标准，提供他们自己对于应当做什么的理解，辨识理论和实际适用以确保他们恰当地行事。一旦采取计划，他们将与外部审计师一起理解并实现之，这是他确保从第三方审计的立场出发而恰当行事的方式。他说："我总是告诉其他人不要让外部审计师命令实施，要自己仔细地考虑和执行所有资源能够提供的最好计划。"❶

（三）《审计与会计指南：非营利组织》

2013 年，AICPA 修订 1996 年非营利组织审计和财务指南，出版了《审计与会计指南：非营利组织》，突出强调了非营利组织会计和审计显著的新变化以增强指引，主要内容如下：（1）一般财务报告事项包括财务状况、活动陈述、现金流向、相关实体、合作协议、相关第三方交易；（2）现金、现金等价物与投资；（3）接受的捐赠和代理交易，包括区分交换交易的捐赠和捐赠的确认与计算；（4）分割利益协议和信托实益权

---

❶ New AICPA audit and accounting guide for NPOs ［R/OL］. http：//www.thefreelibrary.com/New+AICPA+audit+and+accounting+guide+for+NPOs. ‐a018885757.

益；（5）其他资产；（6）项目投资；（7）物业与设备；（8）债务及其他负债；（9）净资产及其重新分类；（10）支出、收益和损失；（11）独立审计师的报告；（12）税务及监管注意事项。● 该指南提供了官方权威标准之外的解释性和实践性指引，符合一般公认会计准则和标准，并首次以一种明确的方式发布了管理责任标准。❷

四、全美高等院校行政事务官员理事会的建议

全美高等院校行政事务官员理事会（NACUBO）作为非营利性行业组织，拥有超过 2 100 名高等院校首席财务和管理官员的代表，其下属的审计规则委员会（Accounting Principles Council，APC）由来自不同类型机构的富有经验的商务官集合构成，他们对高等教育会计和报告问题有深入了解和实践。NACUBO 非常关注适用于高等教育的财务报告和审计标准，每年还组织超过 1 500 名高等教育人士培训和讨论审计与财务报告实践。因此，它对 FASB 等标准制定者的建议和意见也具有相当的影响力和代表性。

2008 年 2 月，FASB 公告建议的"非营利捐赠基金和 UPMIFA——信息披露、转移、生效日期和评议期"，为了与 2006 年《统一机构基金谨慎管理法》（UPMIFA）保持一致，做出决定，要求 5 种新的额外的信息披露。❸

（1）捐赠基金净资产构成类型。在上报的资产平衡表中，机构应当提交每一时期捐赠基金净资产分类的构成、总和及类型，显示由该机构指定的从资金中分离出来的捐赠者限制性基金。机构还应当表明投资回报的积累数量，如有任何可能，包含在永久性限制净资产类别中，并解释相关法律，对超过任何捐赠者明确规定的数额做出说明。

● AICPA's audit & accounting guide：not-for-profit entities（2013）listing of sections with new or enhanced guidece ［R/OL］. http：//conferences. unitedway. org/sites/default/files/AICPA% 20NFP% 20Audit% 20Accounting% 20Guide% 20Summary% 20-% 202. pdf.

❷ AICPA's 2013 not-for-Profit audit & accounting guide provides added Clarity & Guidance ［S/OL］. http：//www. bkd. com/articles/2013/aicpas-2013-not-for-profit-audit-and-accounting-guide-provides-added-clarity-and-guidance. htm.

❸ NFP endowments and upmifad disclosures transition effective date and comment period for proposed FSP ［EB/OL］. http：//www. fasb. org/jsp/FASB/Document_ C/DocumentPage&cid = 1218220097795.

（2）捐赠基金向前滚进。在上报的活动报告中，机构应当提交每一时期捐赠基金初始和结束的平衡状况，综合和净资产类型，至少包括以下：①投资回报，分成投资收益（利息、股息、租金）和投资净增值或贬值；②捐赠，捐赠基金返回其他资金的分配（支出）；③重新分类；④其他变化（适应特殊需要的）。机构还应当表明，如有任何可能，投资回报的附加部分有多少转移到永久性限制净资产，并解释并非捐赠者明确规定的部分的相关法律。

（3）捐赠基金支出政策。机构应当描述它的政策，关于捐赠基金用于支出资产的拨付。

（4）计划捐赠基金分配。机构应当表明它计划的分配捐赠基金下一年回流到其他资金（支出）。

（5）捐赠基金投资政策与策略。机构应当描述它的捐赠基金投资政策，包括：①机构的目标回报率和风险参数；②这些目标与机构捐赠基金支出的关联度；③达到这些目标所采取的策略。

公告征求意见稿于 2008 年 1 月 15 日财年结束后生效，如果一个机构还没有讨论其财务报告就允许采用之，机构需说明净资产类别之间的任何重新分类及其累积效应，UPMIFA 对其有效。FSP 的建议将有大约 60 天的评议期。对于 FSP 的建议，NACUBO 联合多个高等教育业界协会致信 FASB 技术应用与实施活动总监，就 FSP117-a 关于"非营利组织捐赠基金：根据 UPMIFA 制定版本的基金净资产分类以及加强信息披露"的建议提出自己的看法，尤其是在适应 UPMIFA 的重大变化方面。问题集中在以下四个方面。

（1）非营利组织捐赠基金中限制性净资产分类是否受到 UPMIFA 的规制，如何保持适用的一致性？如果不能，为什么？NACUBO 强烈敦促 FASB 作出如下回应：

第一，在第 7 段删除要求董事会以永续性为目的而维持限制性捐赠基金购买力的法律规定。

第二，在第 12 段（a）删除关于董事会解释法律的相关信息披露，可以考虑代之以要求披露州法及其对支出捐赠者限制性基金净资产的限制。

第三，UPMIFA 并不要求披露维持永久性捐赠基金的数额，因此应聚焦于捐赠基金作为一个同质的整体资源，而删除此项要求。

第四，考虑重新定义永久性限制净资产，以适应特殊性质的捐赠者限制基金，它由机构永久地维持和使用。

第五，加强董事会指定的准捐赠基金，分为非限制性净资产或暂时限制性净资产，前者来源于非限制性资源，后者来源于限制尚未失效的限制性资源。

（2）一个非营利组织的捐赠基金哪些信息是该建议要求披露的？它们在新的 UPMIFA 环境下能否提供足够的透明度？如果不能，请解释哪些信息披露是不必要的，或者哪些额外的信息需要披露。

NACUBO 认为提高关于所有类型捐赠基金的财务报告透明度十分重要，但 FASB 所建议的披露是建立在假设基础上的要求，没有出现在统一立法中，因此，建议删掉第 7 段关于披露永久性限制基金数额的要求和所有相关的信息披露要求，也不赞成使用一个浮动的指标例如 CPI 或 HEPI 基准，来评估什么是必须维持的以跟进通货膨胀的变化。此外，提出如下建议。

第一，解释相关法律。建议删除捐赠基金第 4 部分关于分类的描述以及使用近似捐赠资产的真实价值这样的通胀衡量标准，采用永久性限制净资产分类，包括捐赠给永久性捐赠基金的原始价值、后续的捐赠实物、根据捐赠机制添加给捐赠基金的所作积累。投资回报可用于基于董事会制定的审慎标准和政策而保留或挪用，如有捐赠者限制即为暂时性限制净资产，反之则作为非限制净资产。

第二，使用信息披露表格来说明捐赠基金净资产的构成类型及其变化。修改信息披露表格的注脚，即对投资回报被机构分为永久性限制净资产的讨论，建议表述为：投资回报被分为永久性限制净资产，仅代表那些被要求保留永久性的数额，以作为捐赠者明确规定的结果。高等院校能够遵守 FSP 所建议的关于支出和投资政策的信息披露要求。这些信息披露有助于读者和利益相关者更好地理解机构的基金管理和支出方式，尽管需要花费一些时间以加强信息服务，但 NACUBO 支持这样的披露。

（3）是否同意董事会的决定，即要求组织提供额外的信息披露，即使它们还没有受到 UPMIFA 的规范？如果不同意，为什么？

为了保持整个行业的一致性，NACUBO 认为信息披露要求应当适用于所有拥有捐赠基金的高等教育机构，因此，呼吁 FASB 建议还没有采纳通过 UPMIFA 的州尽快适用该法。

（4）是否同意董事会的决定，即 FSP 的建议于 2008 年 1 月 15 日后财年结束时生效，只要组织还未公布本年度财务报告，即可提早获准适用？如果不能，为什么？

FSP 建议不应该对已经结束的财年生效，2008 年 1 月 31 日以后也不会很快得到适用。NACUBO 希望预留足够的时间确保必要的培训，高等院校也需要更多的时间以有效地满足所有的披露要求。

五、设立内部审计委员会的立法与建议

《萨班斯–奥克斯利法案》（*Sarbanes–Oxley*）颁布后，在非营利组织内部设立审计委员会的要求得以强化。最早预见这一趋势的是基督教会财务责任标准，他们呼吁非营利组织董事会利用一个由"财务专家"组成的委员会来"每年审阅财务报表"，这个委员会应该至少召集会议与审计公司一起审阅财务报告，还呼吁董事会每年审阅组织的年度信息报告。

加利福尼亚州非营利法人完整法案是唯一一个在州法层面规定非营利组织必须设立内部审计委员会的法律，它要求毛收入 200 万美元以上的慈善组织向州检察长注册并提交报告，必须建立和维持一个审计委员会。该审计委员会必须由非营利组织董事会任命，可以包括非董事会成员的独立个人，该委员会不能包括组织的董事长、首席执行官、会计或首席财务官。如果非营利组织设有财务委员会，那么该委员会成员可以服务于审计委员会，但人数不能超过审计委员会的一半。根据加利福尼亚州法的规定，审计委员会在非营利组织董事会的监督下工作，负责向董事会提出关于雇用和解雇独立注册会计师的建议，还可以代表董事会与会计师事务所就报酬问题进行谈判。审计委员会必须与审计师交换意见，使非营利组织的财务事务有序进行，检查审计和决定是否接受该审计，确保非审计服务的会计师事务所的非审计服务符合美国总审计长发布的标准。

尽管国税局所要求填报的 990 表格，并没有明确规定免税组织必须要有一个审计委员会来承担监督审计、检查或编制财务报表，以及选择独立会计师的责任。但是，任何具有一定规模的非营利组织都应当考虑按照加利福尼亚州法的一般概念和非营利部门专家组的标准设立一个内部的审计委员会。❶

总体而言，法律对大学捐赠基金的监管很大程度上是建立在所掌握的信息基础之上的，例如国税局要求大学提交的年度信息报告，各州要求慈善组织和职业筹款人提交的筹款活动报告，行业协会和专业评估机构要求合作大学提交的相关数据等，其中最具价值、最能反映大学捐赠基金资金变化和财务状况的就是财务报告。如何确保财务报告的真实、准确、可靠，满足所有利益相关者的需要，取决于适用何种会计标准和审计准则。因此，对高等教育的财务报告和审计标准采取何种模式，有何新的要求和变化，是政府监管机构和行业协会始终关注的问题。高等教育财务报告的模式几经演变，最终被财务会计准则委员会制定的非营利组织审计标准所取代并沿用至今。美国注册会计师协会专门对学院和大学的财务报告制定审计指南，目的在于指导高等教育界内部和外部注册会计师遵守各项财务报告的会计和审计标准。在州层面仅有加利福尼亚非营利法人完整法要求非营利组织必须设立内部的审计委员会，但专业评估机构和行业协会对慈善组织的内部治理规则一般都建议制定财务报告和审计的相关政策与程序。

第二节　中国大学基金会的财务管理和会计核算制度

一、大学基金会财务管理制度

（一）大学基金会财务管理特征

财务管理是大学基金会几乎所有利益相关者都共同关心的核心内容。

---

❶　Bruce R Hopkins, Virginia C Gross. Nonprofit governance: law, practices, and trends [M]. John Wiley & Sons Inc, 2009: 130-132.

大学基金会的财务管理目标是什么以及如何实现这个目标，这对大学基金会的治理能力而言是一项重要的挑战。大学基金会的基本价值是非营利性，其财务管理目标是履行基金会的宗旨和使命，其目标是充分而有效地满足利益相关者的需求。大学基金会财务管理的特征如下：资金主要来源于捐赠、不以利润为运营目标，并且必须按照捐赠者的要求来运作、管理和处理资产。也就是说，大学基金会属于公众支持型非营利组织，主要通过向社会募捐资金支持学校的生存和发展；由于缺少利润这一指标，就使得非营利组织的管理系统性可能存在风险，即管理人员经常难以就各种目标的相对重要性程度达成一致；对于一定的投入能在多大程度上帮助组织实现目标也较难确定；分权管理的操作难度加大，许多决策不宜下放给中下层管理人员，不同非营利组织之间的绩效也比较难对比。因此，对各部门职责履行的情况难以考核评价，权责利不甚明确。

针对这一问题，可以考虑采用制度控制和预算控制来解决。制度控制是指组织通过规章、制度的形式规范与限制组织各级管理者与员工的行为，以保证管理活动不违背或有利于组织战略目标的实现。这种控制方式操作简单，便于全员执行，对建立的环境与条件限制较小。总体来说，制度控制适用于所有组织，对于管理基础不高的组织，更应加大制度控制建设的力度。预算控制是指组织通过预算的形式规范各级管理者的经济目标和经济行为的过程，调整与修正管理行为与目标的偏差，保证各级管理目标和组织战略目标的实现。预算控制要求组织行为量化标准明确，组织总体目标与个体目标衔接紧密，突出过程控制，以便及时发现问题、纠正偏差。与制度控制相同，预算控制适用于所有组织，但对于管理环境和基础较差的组织，建立与执行预算控制难度较大。❶

大学基金会财务管理的终极目标是通过吸引足够的捐赠资金用于支持大学的发展，是为了获得捐赠资金并对之进行有效的管理、分配和投资，最大限度地实现其面向学校、服务社会的任务和使命。具体包括：（1）资金的保值增值。如果说接受来自社会各界的捐赠是对大学基金会

---

❶　王鲁亚. 从利益相关者的视角浅析大学教育基金会的财务管理目标及其实现［C］. 第十一次中国高校基金会工作研讨会论文，2009.

的"输血"过程，那么基金会投资运作无疑是发挥其更为灵活、更具创造性的"造血"功能。捐赠是捐赠人对大学的无私奉献与教育热忱，基金会对捐赠资金的管理则体现着对捐赠人以及公益事业的高度责任感。如果不能保证基金会资金的保值增值，受赠人和捐赠人的利益均会受到损害，而且从长远来看，影响基金会的公信力。（2）资金的使用和监督。对目前中国大学基金会而言，捐赠资金的供给相对于需求存在巨大的缺口，将所获得有限资金高效率地分配到受赠群体和项目中是达到利益相关者利益最大化和社会效益最大化的重要途径。资金的使用必须严格按照捐赠人意愿执行，它的实现有赖于协议的签订和管理。在实际工作中，规范的协议文本通过载明受赠主体及使用范围，成为资金高效使用和后续监督的重要依据。（3）财务信息的透明公开。基金会必须在自律的基础上接受各方面的监督，保持较高的社会公信力，信息透明公开是社会监督的基础，也是改善治理、控制风险的重要手段。

然而，不同的利益相关者对于财务管理的需求是不完全相同的。捐赠人的需求包括及时方便地获得捐赠信息、便捷的捐赠程序、捐赠资金高效地用到实处，并能够按照法律法规规定获得相应的税收抵扣，资金使用情况的及时沟通和传递等。满足捐赠人咨询和查询信息尤其是财务信息的要求可进一步增强捐赠者对基金会的信任，这关系到基金会能否获得持续的充足的资金支持。受赠人是捐赠资金的最终受益人，他们的需求主要是及时方便地获取捐赠信息、捐赠确认过程简单、管理费用低、损失少、捐赠资金支取方便、方便查询并核对资金余额等。基金会作为资产管理者，在专项基金保值增值方面，尤其是在规避基金减值风险方面提供及时的建议，保证资金的使用实现资源的最佳配置，让有限的资金发挥最大的作用。受赠人的资金需求是推动捐赠的直接动因，并通过大学基金会这个纽带与捐赠人链接起来，形成良性互动。对于潜在受赠人而言，为了实现基金会的宗旨，需要了解其提供资金支持的潜在对象，包括需要资助的个体、需要资金支持的科研项目等的详细需求。满足现有受赠人需求的关键在于资金的有效使用，而满足潜在受赠人的需求则侧重于资金的筹集。对于非公募基金会，大学只有依靠完善的各项制度、提供良好的服务来树立公信力从而赢得更多的捐赠资金服务于潜在受赠人。关注以上利益相关者的利益并帮助其实现最大化，不仅是大学基金会财务管理的目标，而且是基金会的宗旨和使命之一，只有保持良好的财务状况并让利益相关者知悉明了资金的去向和使用，才能维持大学基金会的社会公信力进而提供可持续发展的动力。

要实现上述目标，大学基金会首先要不断丰富基金会资金的来源，这是保证基金会可持续发展的源泉，所以资金来源多元化是必然选择。其次要保证有与基金会目标相适应的资本结构，资本结构合理与否将决定基金会面临的风险大小，进而也会影响基金会用于社会贡献活动的资金量。根据营利组织财务管理理论，只有在资金利润率高于债务利息率的前提下，负债才能发挥财务杠杆效应，增加负债才能够增加股东财富。而对于非营利组织而言，由于其不以营利为目的，没有利润，其资金利润率显然不可能高于负债利息率，理论上不应该有负债，负债越多意味着组织价值越低。再次，保证可供使用的资金与实际使用的资金相匹配。这就要求大学基金会组织在进行投资或资金消耗时合理配置资金，尽量保证使用的资金与资金来源的期限相匹配，即长期资产的投资使用长期资金来源，而日常的消耗使用短期资金或流动资金。最后，建立财务内控制度。大学基金会在制定内部控制制度时，应充分考虑到非营利组织的特殊性，建立严格的财务内容控制。如授权审批控制制度，即建立严格的分级授权机制，对于金额重大、重要性高、影响范围广的项目，应实行集体决策审批制度，这对于非限定性净资产尤为重要，因为这部分捐赠人并没有指定具体用途的资金，必须经过理事会决议才可以使用。再如建立会计系统控制，制定适合本校的会计系统控制，确保财务报告真实、可靠和完整。另外，建立预算控制，加强预算的编制、执行、分析、考核等环节的管理控制，明确预算项目，简化预算标准，规范预算的编制、审定、下达和执行程序，及时分析和控制预算差异，以便采取改进措施确保预算执行，从而增强民政部门对基金会财务收支行为的监管。

（二）大学基金会财务治理问题

大学基金会与其他非营利组织一样，无偿占用捐赠资源，服务公益需求和产权结构模糊，这就决定了其在运营过程中难免出现低效率现象，需要财务管理，以杜绝关联交易、在职消费、供给不足等问题。首先，缺乏专职的独立财务核算部门是最突出的问题。目前很多大学基金会组织结构还不完善，在资产的额筹集方面配置了大量人员，但对于资产的核算和管理往往是委托财务处等机构进行，这样可能导致财务人员只是简单地记账，而不能发挥会计的管理职能。依据《会计法》的规定，各单位应当根据会计业务的需要，设置会计机构，或者在有关机构中设置会计人员并指定会计主管人员；不具备设置条件的，应当委托经批准设立从事会计代理记账业务的中介机构代理记账。大学基金会作为独立的非营利法人，应当建立自己的会计核算机构或配置专职会计人员。

其次，如何杜绝关联交易。关联交易常被用来描述营利组织为了操纵利润而与控股组织或被控股组织进行共谋的行为。大学基金会虽然不以营利为目的，不存在操纵利润的嫌疑，却可能为某些组织或个人所利用，借助关联交易手段谋取私利。如虚假捐资、规避纳税，即捐款出资人利用政府给予大学基金会的各种税收优惠，通过向大学基金会捐资，免除本应向税务部门缴纳的所得税，然后再以不正当手段套取现金，或者要求大学基金会服务于其营利目的，最终达到规避纳税的目的，其结果是造成国家税收资源的大量流失。再如，通过定向采购，回报捐资者，即营利性组织通过无偿捐资的形式与大学基金会建立良好的、稳定的、长期的关系，以此要求大学基金会通过向其定向采购的方式予以回报。

再次，存在可能的在职消费膨胀，即在存在委托代理关系的前提下，由于委托人监督不力而造成代理人凭借手中掌握的控制权，通过提高各种支出标准，或巧立名目增列开支项目，以求满足个人或代理人群体私利的行为。在组织资源一定的情况下，代理人在职消费的过度膨胀，必然有损于组织功能，进而损害受益人利益。从资金来源看，我国大学基金会的主要资金来源是政府出资和校友捐赠，虽然这两类出资都具有明确委托人，但是由于非营利组织制度设计的特殊性，或明或暗，委托人通过大学基金会谋求任何私利的行为都会给慈善带来损害，导致大学基金会外部约束软化、内部行为失范，必须严格禁止。

最后，财务信息透明度低，不利于社会监督。按照《会计法》规定，企事业单位需要定时向社会公布有关财务信息，如向主管单位定期报送财务报表；向银行等金融部门提供财务信息；向广大股东提供公司重大事件的信息等。尽管大学基金会没有利润上的要求，但其他的财务信息的及时公布也应当受到重视。目前大学基金会对外提供的财务信息，一般是向民政部门报送年报，向税务部门报送月报，而恰恰没有向捐赠者提供财务报表，这样势必会影响捐赠者的积极性，降低捐赠者对大学基金会的信任。没有建立完善的信息披露制度，资源提供者——捐赠人、会员等很难通过合法、有效的途径来充分了解其所捐助的资金是否按其捐赠意愿使用。大学基金会如果财务透明度低，会影响资源提供者的积极性，阻碍组织的健康持续发展。这里有会计信息披露成本的问题，如收集、处理、审计以及传输信息的成本，对已经披露信息的质询进行处理和答复的成本，大学基金会必须积极搜寻扩大取得资金的途径并尽量压缩不必要的开支以最大限度地将资金投向学校所需的各项工作之中。

此外，大学基金会的会计理论研究也应受到重视，针对基金会的会计法规和制度均有很多不完善和有争议的地方，需要结合实践不断探索和发展。筹资具有一定的盲目性，对筹资方式和渠道、筹资成本的比较和分析做得较少，无法结合组织自身特点以及所筹资金的用途选择适当的筹资方式合理配置资源。一些基金会的投资决策程序不严密，未能对投资项目进行有效的分析论证，忽略投资风险和防范。一旦投向高风险高收益的投资品种，造成投资巨额亏损，将会给学校和基金会造成无法挽回的影响。

（三）大学基金会财务治理建构

财务治理是规范大学基金会行为、提高大学基金会组织运行效率的重要内容。强化大学基金会财务治理，提高社会稀缺资源利用效率，改善公益水平，要秉持"效率优先、兼顾公平"的原则。财务治理是一种风险分摊机制，有利于有效缓解社会矛盾，经济系统平稳运行。针对目前存在的问题，建构完善的大学基金会财务治理结构势在必行，主要包括以下几点。

（1）灵活的资金募集机制。大学基金会除了捐赠资金的来源，应当允许其取得经营性收入，建立灵活的创收机制，摆脱单纯依靠财政拨款和校友捐赠的单一途径。允许其采用多种创新性方法，充分调动校友资源。

（2）严格的内部控制。组织内部存在复杂的委托代理关系，疏于内部控制，必然造成内部代理成本过度膨胀，建立严格的内部控制有助于在组织内部营建一种科学决策、规范管理、持续发展的机制，提高组织运作效率。现代内部控制主要依托建立在有效信息基础上的目标导向，并通过激励机制来实现。一种有效的激励机制包含正向激励与逆向约束两个方面，即对于有助于组织目标实现的行为适时予以奖励，对于有损于组织目标实现的行为则及时给予惩罚。

（3）细化财务管理的制度控制。制度控制是财务控制的基础，对管理制度的完善可以从三个层面着手：第一，管理制度。对组织管理各个方面规定的框架，调节集体协作行为。用来约束集体行为的规范，主要针对集体而非个人。比如基金会各个部门和各层次的职权，职责以及相互间的配合、协调关系、信息沟通、命令服从关系等方面的制度。第二，技术规范，涉及某些技术标准、技术规程等，反映大学基金会业务活动中的内在技术要求、科学性和规律性，是经济活动中必须予以遵从的。从各类技术标准到业务操作流程，都有其内在规律。第三，业务规范。针对业务活动过程中大量存在、反复出现的作业处理规定，大多是定性的，程序性强，是组织用来处理常规化、重复性问题的有效手段。一般来讲，大学基金会财务制度要涵盖以下内容：大学基金会财务部门的岗位职责、大学基金会会计核算规定（或细则）、大学基金会资金管理规定、大学基金会财务开支以及报销管理办法、大学基金会固定资产管理办法、大学基金会捐赠物资管理办法、大学基金会赈灾捐赠管理办法、大学基金会内部控制制度、大学基金会财务审批权限、大学基金会投资管理决策程序、大学基金会奖学金/助学金/奖教金发放流程等。

（4）有力的外部监督。外部监管乏力是导致大学基金会内部人控制、滋生腐败行为的重要制度诱因。关联交易、在职消费、服务供给短缺等都与缺乏有力的外部监管密切相关。个人理性决定了任何行为主体都会在既定约束条件下追求自身利益最大化，但基金会是非营利组织，负有公共利益最大化的职能。个人理性与基金会组织功能定位的内在冲突，客观上要求对基金会组织实施强有力的外部监管，包括完善的财务制度、有效的监管体系、严厉的执行机构。外在财务制度是有效实施内部财务控制的基础，内部财务制度无法取代外在的财务约束。应充分考虑公众利益，严格控制大学基金会支出范围，规范基金会采购行为，强化外部审计，疏通举报渠道，鼓励媒体监督，严惩违法行为。

（5）完善的信息披露。最大限度地披露信息是大学基金会等非营利组织的义务，向社会公众披露营运活动的各种信息尤其是财务信息至关重要。财务收支不透明，难以切实保障基金会的社会公信力，对资金的使用效率也难以作出公正评价。应建立健全官方慈善组织信息披露统一平台，定期公布或更新各类慈善组织包括大学基金会的年度财务报告，且该报告经过独立第三方予以审计，同时鼓励民间机构开发数据收集和向公众披露信息的平台。

（6）加强财会人员的专业知识教育和职业道德教育。大学基金会应对财务人员加强专业培训，注重业务能力的培养，以提高会计人员的业务水平，更好地完成组织的会计记录和核算工作。同时，还应该加强财务管理人员的职业道德教育，有助于提高财会人员的素质，提高财会工作质量，为基金会提供客观、公允的财务资料，适应新形势下大学基金会发展的需要。建立基金会财务监督机制，建立会计岗位轮换制度，建立选拔和激励机制，提高财会人员专业素质。

二、大学基金会会计核算体系

会计核算是大学基金会财务制度与管理的重中之重，不仅是法律监管部门审查监督的重要内容，也是捐赠者、受益人和社会公众了解基金会运作状况的关键信息。因此，会计核算体系的建立与完善对规范和提高大学基金会的财务管理和会计水平具有重要意义。

（一）以往会计核算体系中存在的问题

过去，我国大学教育基金会在全国范围内并没有统一的会计核算制度，有的大学基金会在核算时采取自行设置会计科目、编制会计报表的办法，有的是将《高等学校会计制度》和《事业单位会计制度》进行结合，根据业务活动的情况，遵循相应的科目或自行设置一些会计科目，这样做的结果是造成基金会会计核算的随意性和不可比性，也导致会计科目设置不能真实全面地反映基金会的有关业务，特别是资金使用方面的明细。很多基金会根据高校的会计核算特点，设置了"资金结余"和"结余分配"等科目，与事业单位的会计核算甚至是营利性组织的会计核算混淆，不能体现出非营利性组织的公益性特点。其原因一方面在于没有专门针对大学基金会的会计核算准则参照执行，另一方面在于很多大学基金会还没有专门的财务机构和专职的会计人员。结果就造成大学基金会的会计核算体系中存在不少问题，如把资金全权委托给资金管理机构或者学校相关部门如高校资金结算中心、资金核算中心等进行；在对投资业务的会计科目设置时，只是简单地设置"委托投资""对外投资"或者长期投资等总账科目，用于核算委托的投资资金本金，没有设立具体的投资明细科目，不能及时掌握资金运作或者投资行为的动态，不能及时有效地评估和预测投资风险与收益，也就无法提前进行相关的奖学金、助学金等使用的计划制定。一些资金提供者特别是海外捐赠者，对基金会提供的会计报表无法真正了解报表中的会计信息，也无从知晓其所提供资金真正的使用效果，不利于基金会与捐赠者之间的信息沟通，也就无法促进基金会进一步的筹资募款工作开展。有的基金会甚至也不进行会计信息和会计成果的评估，不经过会计事务所的年报审计。因此，大学基金会的管理者应当清楚地认识到，会计报表不仅仅是给学校领导和主管部门看，而主要是给捐赠人和资金提供者看，以前的基金会会计报表格式是参照事业单位会计制度的格式编制的，遵循的会计原则以及会计科目设置、采用的会计记账方法等不符合非营利组织会计特点，也不同于企业遵循的会计核算原则。

(二)《民间非营利组织会计制度》新规

2004年8月，民政部颁布《民间非营利组织会计制度》用于规范和加强民间非营利组织的会计行为，标志着我国民间非营利组织会计体系的初步建立，也成为规范大学基金会会计核算的基本原则。第一，它明确规定了会计制度的适用范围，统一了基金会等民间非营利组织会计核算标准，有助于同行业间会计信息的比较和分析。第二，它实现了基本会计要素的界定、确认和计量的科学化，在制度中对资产、负债、净资产、收入、费用等会计要素的界定上采用了"经济利益或服务潜力"作为标准之一，增加"收益性支出和资本性支出"和"实质重于形式"等会计原则，做到了能够准确核算开办费、毁损资产等，增强了财务会计报告信息的真实性。第三，摒弃遵循事业会计制度中"收入－支出＝结余"的核算等式，采用新的"资产－负债＝净资产"的制度，符合非营利组织不核算利润或结余的需要。第四，规定了采用"权责发生制"以适合社团法人对投资、资产增值等方面的核算要求；将净资产划分为限定性和非限定性两大类且可以相互转换，限定性资产包括特定日期或特定用途等两个方面的限制，明确反映了捐赠者的要求，便于分类管理；设置"固定资产""累计折旧"和"文物文化资产"科目，对固定资产按预计使用寿命分摊其成本，对捐赠的艺术品、历史文物等按公允价值入账，加强了对这些资产的管理，有助于提供真实完整的会计信息。新制度设置了 7 个收入类科目和 4 个费用类科目，其核算内容更适合民间非营利组织的实际要求；还设置了"短期投资""长期投资"科目，前者在平时收到利息、股利时冲减成本，后者分别按成本法和权益法进行核算，遵循权责发生制确认收入，遵循稳健性原则计提跌价准备，这些规定都有利于防止民间非营利组织的投资风险。通过改进会计报表体系，设置资产负债表、业务活动表和现金流量表，提升了财务信息的可比性和可理解性，符合国际惯例。

（三）大学基金会会计核算的特点与原则

大学基金会的会计核算是以筹资、管理、使用这三大职能的业务活动为核算对象的会计活动，有助于捐赠者、监管部门（教育部、民政部、审计部门和税务部门）、大学、受益人以及社会公众等了解基金会财务资源的运用情况和业务运行执行情况及效果，对于加强基金会的管理有着重要作用。因此，大学基金会应当为上述使用者提供真实、完整、及时的财务信息，定期编制资产负债表、业务活动表、现金流量表、报告附注、财务情况说明书等，提交完整的财务报告，披露捐赠基金的使用情况。《民间非营利组织会计制度》规定："会计核算所提供的信息应该满足会计信息使用者（如捐赠人、会员、监管者等）的需要。"可见，大学基金会的会计核算制度更侧重于为外部信息使用者服务，提供反映受托受赠责任履行情况和效果的会计信息。这就要求首先确定会计信息使用者的要求，由于大学基金会的财务资源除了发起人提供的资金外，主要来自社会各界的捐赠，以及通过资本运作取得的投资收益和银行存款利息，捐赠人关心捐赠的资金是否按捐赠要求使用，监管部门关心财务资源的使用是否合法合理。大学基金会的会计核算特点包括：（1）非营利性。大学基金会属于公益性服务组织，关注的不是利润，而是有多少现金和余额。（2）以权责发生制为会计基础，需要进行成本核算，要求合理计量各项资产和负债的价值，对外披露财务报告。由于不存在利润指标，对各部门的职责履行的情况难以考核评价，责权利关系不是十分明确。（3）收入来源特殊。大学基金会以政府补助收入、捐赠收入等非交换交易收入为主要收入来源，各项收入存在一定的局限性，为实现其使命提供免费服务，而不是按照市场经济价值规律来收费。捐赠者提供的资源并不期望按期收回所提供的资源，也不希望按照提供资源的比例取得回报。（4）由于大学基金会不能对其资产权益进行转让、出售，并且在大多数情况下都按资产提供者的要求来处置和管理资产，基金会可以营利，不过收入大于支出的部分要归入到净资产中，继续用于基金会的使命。因此，大学基金会不进行损益的计算，也不进行净收入的分配。由于大学基金会财务中通常缺少利润这一指标，管理人员经常难以就各种目标的相对重要程度达成一致，分权管理的操作难度加大，许多决策不宜下放给中下层管理人员，各基金会之间绩效也无法进行对比，无法用常规的企业会计的财务管理办法进行绩效考核。

根据大学基金会自身运作特点和目的，各个大学还要因地制宜，根据学校自身特点制定适用于本校的会计核算方法，必须遵守以下核算原则：（1）以实际发生的经济业务为依据，如实反映其财务状况收支结余和现金流量。（2）按照经济业务的经济实质进行会计核算，而不是仅仅按照它们的法律形式作为会计核算依据。（3）提供的会计信息应当能够真实、完整地反映其财务状况、收支结余和现金流量，以满足会计信息使用者的需要。（4）会计核算方法前后各期应当保持一致，不得随意变更，如有必要变更，应当将变更的情况、原因和对单位财务收支情况及结果的影响在会计报表附注中予以说明。（5）应当按照规定的会计处理方法进行会计核算，会计指标应当口径一致、相互可比。（6）应当及时进行、清晰明了。（7）以权责发生制为基础，凡是当期已经实现的收入和已经发生或应当负担的费用，不论款项是否收付，都应当作为当期的收入和费用；凡是不属于当期的收入和费用，即使款项已在当期收付，也不应当作为当期的收入和费用。（8）进行会计核算时，收入与其成本、费用应当相匹配，统一会计期间内的各项收入和与其相关的成本、费用，应当在该会计期间内确认。（9）各项财产在取得时应当按照实际成本计量。如各项财产发生减值，应当按照规定计提相应的减值准备，除法律法规和国家统一的会计制度另有规定，非营利组织一律不得自行调整当期账面价值。（10）应当遵循谨慎性原则，不得多计资产或收益，也不得少计负债或费用。（11）应当合理划分收益性支出与资本性支出。凡支出的效益仅与本年度相关的，应当作为收益性支出；凡支出的效益与几个会计年度相关的，应当作为资本性支出。（12）应当遵循重要性原则，对资产、负债、结余等有较大影响，进而影响财务会计报告使用者据以作出合理判断的重要会计事项，必须按照规定的会计方法和程序进行处理，并在财务会计报告中予以充分的披露；对于次要的会计事项，在不影响会计信息真实性和不至于误导会计信息使用者作出正确判断的前提下，可适当简化处理。

（四）大学基金会财务会计报告体系

大学基金会财务会计报告是用统一的货币计量单位，以日常会计核算资料为依据，按规定的要求、格式、内容和编制方法，加以整理汇总成一个用来综合反映民间非营利组织在一定时期内的财务状况、业务活动情况和现金流量等的书面文件。大学基金会编制财务报告的目的，是为财务报告使用者提供有用的会计信息，其使用者包括内部和外部两个层面，而外部使用者是大学基金会会计报告的主要使用者，主要包括捐赠人、服务对象、债权人、政府监管部门等。按照《民间非营利组织会计制度》规定，大学基金会的会计报告应当在年度终了的4个月内对外提供。如果捐赠人等报告外部使用者要求中途提供会计报告，大学基金会应该按照不同使用人的具体要求为其按时提供会计报告（月报、季报、半年报等）。

大学基金会财务会计报告的特殊性在于它不同于常见的企业财务会计报告模式。第一，大学基金会不以营利为目的，因此对它的业绩评价就不能以经济效益为标志，而应以社会的、政治的和经济的综合效益为标志。这样就不能像企业那样，通过资产负债表和利润表来反映出其经营业绩，而是要实现反映受托责任的会计目标，应该加大报告中非量化信息的比重。第二，大学基金会不能有所有者权益和净利润，因此资产负债表中资产和负债之差只能用净资产余额来表示。第三，大学基金会财务会计报告主体复杂，产生会计记账主体与报告主体的分离等情况。

大学基金会财务会计报告体系主要由4部分构成：（1）资产负债表，描述大学基金会财务状况及净资产的变动情况。它将基金会视为一个整体，报告基金会的资产总额、负债总额与净资产总额，同时还应报告限定性净资产、暂时性限定性净资产与永久性限定性净资产的性质和金额等信息。（2）收支情况变动表，反映本期收入、支出情况，还要反映报告期内各类净资产的相互转化情况，即非限定性净资产和限定性净资产之间的变动情况，以及净资产变动额的变化情况。这样才能够明确提供净资产保全的客观情况，尤其是限定性净资产保全的实现情况。（3）现金流量表，反映大学基金会在一定会计期间内现金和现金等价物流入和流出的报表。现金流量表应当按照经营活动、投资活动和筹资活动的现金流量分类分项列示。（4）会计报表附表，主要用于说明与财务有关的法律、契约的遵循情况，对于会计报表附表的要求并不像基本会计报表那样严格和规范，报表编制者可以根据使用者的需要，结合编制单位的具体情况提供，以满意使用者的需求，但应遵循成本收益原则。一般而言，大学基金会会计报表附表由下列表构成：固定资产明细表、对外投资明细表、事业支出明细表和经营支出明细表。此外，还有会计报表附注。报表附注是为便于会计报表使用者理解会计报表的内容而对会计报表的编制基础、编制依据、编制原则和方法及其主要项目等所做的解释。它是财务会计报告的重要组成部分，没有会计报表附注的财务会计报告不能称为一份完整的财务会计报告，会计报表中各项目的确认标准、计量基础可能不尽相同，即使是同一个项目，在不同时期也可能发生变化，而这些信息难以在报表中予以反映，必须在附注中予以说明，否则报表信息的明晰性就会受到影响。有些信息如或有事项、资产负债表日后事项可能对理解报表有重要作用，这些信息只能在会计报表附注中予以反映。因此，报表附注具有重要的补充作用。会计报表附注至少应当包括下列内容：会计报表编制基准不符合会计核算基本前提的说明；重要会计政策和会计估计的说明；重要会计政策和会计估计变更的说明；非营利组织合并、分立的说明；会计报表中重要项目的明细资料；有助于理解和分析会计报表需要说明的其他事项。

结　语

　　本书分 10 章对比分析了中、美两国高等教育捐赠的法律制度，发现尽管历史传统、现实国情和法律文化等诸多方面存在巨大差异，但就慈善捐赠法律监管所面临的具体问题而言，仍存在不同程度的相似性或共同性，如何在立法技术和实践操作中取长补短、相互借鉴，是值得立法者、政策制定者、研究者和实践者共同探讨的。

　　近年来我国高校"大额捐赠"案例层出不穷，甚至出现"井喷式"增长，但总体上讲在整个高校经费中的占比依然很低，作为高等教育主体部分的公立高等普通学校，财政拨款仍然是高校经费的最主要来源。由于中、美高等院校的结构体系和经费渠道截然不同，由此决定了我国高等教育捐赠的法律监管体系不可能完全照搬美国的规定，但美国相对先进的立法技术和经验做法确是值得学习和借鉴的，当然前提是符合中国国情。同时，从法律监管的统一实施角度出发，对高等教育捐赠的法律规制也应纳入我国现行慈善法律制度体系，适当地考虑采取一些鼓励和促进高等教育捐赠发展的政策和法规。

　　综合前文对美国高等教育捐赠法律制度的详细讨论，归纳出其三大特点：

　　（1）新公共问责范式下的立法指导思想是美国高等教育捐赠法律制度发展的方向指引。立法指导思想反映了立法者对高等教育捐赠所持的基本态度——鼓励抑或遏制、放任抑或规范，它不仅决定着法律规范的基本导向，甚至还左右着立法技术和语言表达的选择适用，并且随着情势的变化可能发生改变以适应时代的需要。虽然立法者没有阐明在立法过程中秉持何种指导思想，但从研究者的视角来看，确实存在某种被称为"范式"的转换。公共问责范式的诞生和确立对大学的影响极为深刻，"公共问责框架下的大学财务报告将不会减小为利用它做出经济决定的人提供有用信息的重要性，却意味着解除为满足特定使用者的需要而作出的不必要限制"。❶"公共问责"的观念已经被整个社会广泛接纳，尤其是在 20 世纪后期媒体大量曝光大学筹款募捐方面的丑闻之后，公众开始质疑拥有大规模捐赠基金的大学是否过度积累财富而不是用于资助学生，大学捐赠基金管理机构及人员的违法行为引起税务监管机关和审计部门的警惕与关注，于是对包括大学在内的非营利组织所须提交的年度报告不断修正和细化内容，并提出更严格的审查标准和信息披露要求。近年来，鉴于公众对大学捐赠基金支出比例是否过低的争议，也有人建议立法修改取消拥有大规模捐赠基金的大学免税地位或对大学捐赠基金设立类似于私人基金会的强制性支出比例。美国对非营利组织尤其是以大学及其捐赠基金为代表的免税慈善组织采取从紧的法律监管，暗示着在公共问责范式下与之相关的立法可能更加趋于严苛，因为公共问责的问责主体、对象、内容、范围和标准更宽泛，强调要为管理者、股东、员工、客户以及其他不确定的利益相关者提供尽可能真实有用的信息，保证公众获取信息的权利能够有效地控制权力滥用。在这一背景下，再来考察美国高等教育捐赠的法律制度，将有助于更好地理解相关规则出台的目的、意义和未来方向。当然，规范的最终目的仍然是促进这类组织的良性发展从而实现其服务于慈善事业发展的初衷，实际效果也表明强化监管并没有阻滞这类组织的规模扩张和活动延伸，而是通过规范这类组织的捐赠来源、投资行为、内部治理和外部监督，通过控制组织及其从业人员可能的法律风险并追责，维护整个行业的社会公信力，为慈善事业的发展创造良好的制度和文化环境。

（2）分散立法模式与法律规则的全面性是调整美国高等教育捐赠法律关系的有效手段。综观美国高等教育捐赠法律制度，在分散立法模式下呈现出一种纷繁复杂、交叉重叠的现象。但是，这种表面上看似分散性、

---

❶ David Coy, Mary Fischer, Teresa Gordon. Public accountability: a new paradigm for college and university annual reports, critical perspectives on accounting [M]. Academic Press, 2001: 1-31.

凌乱性的特征，并没有妨碍或限制美国大学捐赠的发展，相反却达到了面面俱到和尽可能详尽的实施效果，使大学捐赠的任何产生法律意义的行为都可以找到相应的法律依据，管理者和其他利益相关者只要依法行事即可。就法律体系而言，依照高等院校捐赠的法律行为类型，大致可以归入几个领域：筹款与捐赠属于慈善募捐法范畴，投资属于金融法范围，管理属于组织法领域，免税资格、减免税待遇和必要的信息披露义务由税法规范，财务报告与会计法、审计法有关等。因此，本书详细分析了美国高等教育捐赠上述各个领域的法律规则，力求做到全面而详尽。

（3）他律与自律的高度共识与深度耦合是塑造美国高等教育捐赠竞争优势的内在动力。美国对高等院校的捐赠活动实施监管有着明确的法律边界，即法律对什么该管、什么不该管有清晰的认识和界定，这一点突出地表现在内部治理规则的政策与程序以及关于强制性支出比例的立法争议方面。这也在某种意义上解释了美国高等教育捐赠能够在遵守纷繁复杂的法律规则前提下始终保持着创新性和灵活性的原因。立法规定仅仅体现了对高校捐赠管理组织及从业人员行为的最低要求，如符合慈善目的、防止筹款欺诈、董事义务或受托人责任、谨慎投资规则、财务报告和审计标准等，这种具有法律强制性的他律规范是上述人员最低限度的行为标准。但是，美国高校捐赠基金显著的投资业绩、规范的内部管理和专业的工作人员才是决定其在世界范围内具有突出优势的原因，而这些表现更得益于广泛的专业评估机构和行业协会具有影响力的自律要求和监督评价。高校捐赠的管理组织和从业人员也对自身言行持谨慎态度，特别是 20 世纪 90 年代以来大学捐赠基金规模持续扩张，社会公众对大学捐赠基金的运营和使用产生质疑的情况下，尽管也出现监管漏洞和不当行为，但总体而言还是能够以较高的标准从事较为敏感的经济活动。

在我国，大学基金会作为一类社会组织的出现发挥了如下作用：提高教育质量和学术水平，加强学校与社会的联系，争取国内外社会团体和个人的支持与捐助，通过筹款活动将社会资源集中起来，再通过提供教育服务的方式回馈给学校或社区，在贫困生支助、科研项目资助、学校基本设施建设等方面。但是，与美国高等院校的捐赠组织及活动相比，无论是大学基金会的管理还是工作团队的素质，以及与捐赠相关的活动策划、投资业绩、收入多元化与可持续性等方面都存在不小的差距，完善高等教育捐赠法律法规将为规范和提升大学基金会的治理能力和专业化水平创造良好的制度环境。

《慈善法》从整体上构建了慈善组织及其相关活动的总体框架，从慈善组织的定义、活动范围和设立条件，到慈善募捐、慈善捐赠、慈善信托、慈善财产、慈善服务、信息公开、促进措施、监督管理和法律责任等。已经颁布实施的配套性法规涉及慈善组织的登记管理办法、公开募捐、慈善信托、年度支出和管理费用、财产保值增值投资管理和慈善信息公开等，与税收优惠待遇有关的法律法规尚修订和补充当中。总体上，法律制度的完备、立法层次的提高、立法技术的成熟，都体现了国家和政府在鼓励和支持慈善事业发展的同时，也将实施更加严格的法律监管，以建立一个更标准和透明的法律环境。首先是慈善法律监管层面的观念变革，规范与透明是此次慈善法调整的主旋律，是所有慈善组织及其开展慈善活动的行动指南，强化了法律监管机构的职责和社会监督体系的构建，明确了整个慈善行业的行为规范和发展方向；其次是从国家立法与监管层面对包括大学基金会在内的所有慈善组织法律制度的一种结构性调整，有助于规范慈善活动与行业、培育慈善精神与文化、加强慈善组织治理与社会监督。

对大学基金会而言，需要重新进行调整以适应变化，如是否申请获得慈善组织资格、是否申请获得公开募捐资格、如何适用慈善信托行为规范、如何满足年度支出与管理费用标准、如何规范捐赠基金的投资管理以及履行相关的信息披露义务等。大学基金会的管理层及工作人员应充分了解并应对慈善法律制度体系变化所带来的挑战与机遇，通过完善内部治理结构、加强财务管理、积极募捐筹款、规范投资行为、合理使用捐赠、履行信息披露义务，在资金使用和运作，项目管理、实施、反馈和监督，捐赠人服务等各个方面更加规范化和制度化，适时跟进新的法律框架下慈善组织的法律实践，更好地回应立法者、捐赠者、社会媒体和广大公众以及其他利益相关者多样化的诉求。具体可以从以下几个方面着手。

（1）鼓励大学基金会积极开展筹款募捐活动。目前我国高校教育基金会的筹款活动较之于国外仍处于起步阶段，高校普遍缺乏主动筹款的意识和积极性，没有将筹款纳入正规化、程序化的工作范围，与外界的联系显得比较被动，筹款机构不健全且缺乏有组织的管理，从事筹款活动的工作人员专业性不够，募捐方式过于单一，捐赠形式仅限于现金、有价证券和实物，资金运作方式过于简单，缺乏多样性和灵活性，与筹款计划、程序和捐赠财产处理有关的信息披露制度也不够健全。虽然我国大学基金会的筹款专业化、规范化程度有所提升，但就目前的慈善文化和制度环境而言，仍有很长一段的路要走。大学应当重视筹资工作，培养和招聘专业的筹款工作人员，与校友和潜在的捐赠者建立紧密的联系，研究如何吸引更多的捐赠以满足大学的发展需求，减少对政府财政拨款的依赖，增强经费自主权和大学自治。在内部治理层面应加强捐赠的宣传、接受、审核、估价、资金管理、减税等程序以及有关人员的职责制定严格的管理制度，还应建立有效的信息披露制度增强财务透明度。因此，法律从鼓励慈善募捐的角度出发，应当将规范和发展专业性、职业性的筹款活动纳入考虑范围，明确慈善筹款与募捐法律关系中各方的权利义务及法律责任，尤其是防范和严惩募捐欺诈行为并对行为人苛以相对较重的法律追责，在监管过程中要求获得捐赠的慈善组织提供筹款与募捐活动报告和记录，披露与捐赠财产处置、募捐活动成本、募捐公告通知等有关的必要信息，以满足捐赠者和社会公众的知情权和在理性判断基础之上做出捐赠与否的决策权以及事后的监督权。税务稽查机关应在对大学基金会申请免税资格的实质性审查中，要求大学基金会提供关于筹款与募捐尽可能详细的年度报告（尤其是财务报告）并审查捐赠财产的数额、处置以判断是否被用于筹款所宣称的慈善目的，并制定相应的惩罚性税收标准作为主要的法律责任形式。

（2）规范大学基金会的管理义务责任。我国大学基金会的管理运作在专业化和成熟度方面与美国大学捐赠基金相比还存在较大的差距，由于资金规模总体不大，普遍还没有建立专业的投资工作队伍，资金的收益率和管理使用方面整体缺乏灵活性，管理者的责任和义务界定也不是很明确。有研究指出，"我国大学基金会在管理方面存在组织结构权力不平衡，秘书长工作负担过重，工作人员多角色冲突，监事会形同虚设等不足"。❶ 随着我国大学基金会进一步向市场化、专业化的方向迈进，如何改善基金会的管理结构，提高管理效率和资源效益，提升人员专业素质等问题将更加突出。立法在大学基金会的管理层面应当有所为有所不为，重点是在大学基金会管理者违背应尽的法律义务时尤其是在给组织造成损失时追究其个人的法律责任，但要注意界定合理的判断标准，否则会导致管理者为求自保而尽量避免投资行为所带来的法律风险，尤其是在我国大学基金会在投资运作方面缺乏经验和专业性的现实情况之下，合理的免责能够有效地激发、规范和保护管理者的投资热情和行为选择。另外，大学基金会的管理机构应当加强内部的治理制度，从业人员尤其是管理者应强化自身的职业伦理操守，专业的评估机构和行业协会也应建立外部监督和评价的标准和平台。

（3）加强大学基金会的投资法律保障。我国大学基金会实际从事投资活动的为数不多，一般都是资金规模较大的基金会才会设立专门的投资部门、聘请或委托专业的投资人员对资金进行投资运作。从投资的领域和种类来看，我国大学基金会趋于保守，尽可能投资于固定收益如银行利息、政府债券，很少涉足风险较大的股票与基金投资，这固然与绝大多数大学基金会规模较小无法进行投资运作有关，但更主要的原因是大学基金会的投资运营缺乏规范有效的法律监督机制和信息披露制度，尤其是缺乏对做出投资决定的管理者予以合理免责的制度设计，避免其承担不必要的法律风险和随时可能产生的个人责任，因而无法刺激大学基金会的管理者积极地进行投资运作，专业、规范、有效地实现资金的保值增值。大学如何管理好规模日益扩大的捐赠资金，特别是保持资金的购买力以应对随时出现的经济波动和通货膨胀，投资运作将是大学基金会不可回避的选择，达到投资的专业化和市场化需要一定的技术规范和经验积累。各种类型的大学基金会无论规模大小，都应当采取相应的管理策略和组织机构参与到投资实践中来。目前法律上的原则性规定无法应对实际要复杂得多的投资

❶ 陈秀峰. 当代中国大学教育基金会研究 [M]. 北京：中国社会科学出版社，2010：55-68.

实践，反而容易造成大学基金会在投资过程中的投机或无序，需要针对目前已经开展投资运作的大学基金会遇到的问题研究如何进行有效的法律监管和问责，同时为其创设良好的风险控制制度，如建立规范完善的信息披露制度，增加大学基金会的财务状况、经营状况、年度报表等信息的公开性和透明度。立法还需要明确大学基金会能否将捐赠得到的资金委托给专业的投资经理人或投资公司进行投资，或者聘请专业的投资顾问提供投资意见，他们之间的法律关系和权利义务如何规范，投资者在何种情况下可以免除个人责任，其判断的标准是什么，大学基金会内部和外部的投资者薪酬标准如何制定，以及大学基金会可以投资的与大学社会责任相匹配的经济领域和项目。

（4）完善大学基金会的分配支出监管。有研究者对我国多个大学基金会的资金结构、使用目的和方向，资金分配标准与效能进行了深入调查，指出资金的构成分为永久性资金和非永久性资金，前者只能将捐赠款项的增值部分进行投资或资金分配，后者分为一次性资金和年限资金，一次性资金按照捐赠者的意愿或者根据学校教育发展的需求直接投入使用，年限资金是捐赠者依照协议每年支付一定的款项并分年限付清所有的捐款。资金按是否根据捐赠者的意愿用于指定的项目分为定向和非定向的性质。大学基金会通过章程确定资金的使用目的和方向，主要用于学生奖助学金和特定项目如校园建设、科学研究、教师发展以及基金会的运作成本等，大型基金会还开展资金投资运作方面的活动。资金分配标准则主要体现在资金分配对象的选择和价值基础的确定两个方面，标准合理与否与资金使用效能有密切的联系。❶ 总体上讲，我国大学基金会在资金分配和使用方面缺乏一定的灵活性，主要是按照捐赠者指定的条件和期限用于特定的项目之上，留给基金会自由支配和投资运作的余地很小，而且在基金会的运作成本方面限制也颇为严格。立法对大学基金会的分配支出不应过度干预，除了原则性的规定外，可以通过免税资格的实质性审查，判断大学基金会的资金分配是否符合非营利性的标准，也可以在年度报告中掌握大

---

❶ 陈秀峰. 调查与透视：大学教育基金会的资金分配现状与效能 [J]. 教育财会研究，2008（3）：3-11.

学基金会的资金分配和支出情况。只要大学基金会的资金分配合理、流向清晰可查、符合财务报告和审计标准，完全可以通过建立基金会的内部管理机制和所有利益相关者的外部监督机制保障其资金分配支出符合基金会章程所规定的慈善目的。

（5）强化大学基金会的财务审计标准。目前我国大学基金会的年度报告内容较为简单，想要了解大学基金会的资金收入、投资、使用和分配等方面核心财务信息尤为困难，根本原因在于我国整个慈善领域非营利组织的信息披露义务缺乏法律监管。2006 年民政部颁布的《基金会信息公布办法》明确要求基金会真实、准确、完整、及时地披露信息，但由于规定过于原则，基本流于形式，事实上达不到有效评价基金会信息披露质量的效果。鉴于此，法律应当强化税务稽查机关对大学基金会这类非营利组织申请免税资格和提交年度报告时的信息审查义务，应当制定更详细的细则规范基金会的信息披露要求和标准。我国政府监管部门和一些行业协会已经开始强化基金会的财务报告和信息披露义务，制定、完善相关的会计和审计标准。如民政部、财政部于 2011 年 12 月 26 日联合发布《关于进一步加强和完善基金会注册会计师审计制度的通知》，强化了对基金会外部独立审计的要求，以促进基金会的规范运作。2012 年 11 月 30 日，中国注册会计师协会颁布《基金会财务报表审计指引》，旨在提高基金会财务信息的公开性和运营的透明度，提升注册会计师的公信力，推进整个行业发挥专业优势参与社会管理和服务公益事业。2004 年，财政部制定颁布的《民间非营利组织会计制度》和《行政事业单位内部控制规范》已经就非营利组织的会计和审计标准提出了更全面、更严格的要求，税务机关和民政部可以参照执行。2014 年 2 月，《教育部直属高等学校会计制度核算手册（征求意见稿）》也要求直属高校在财务报告中提供留本基金、捐赠收入、投资收益等会计信息。对大学基金会而言，除了遵守法定的财务报告会计和审计标准外，还需要从内部管理层面加强定期和不定期的财务会计审查或外部审计，及时发现可能存在的问题，避免经济损失和控制资金风险。

大学基金会既面临巨大的挑战，也拥有发展的机遇，吸引国内外捐赠的能力将成为影响我国大学全球竞争力的重要因素，对高等院校的生存与发展起着至关重要的作用，法律制度的完善对大学基金会的管理专业化与透明度也提出了更高要求，只有赢得捐赠者和公众的信任才有机会获取更多的捐赠资源，为大学提供长期稳定的经费支持，进而促进高等教育捐赠事业的长足发展。另外，制约甚至阻碍我国大学基金会功能最大化的重要原因还在于从宏观到微观的高校行政化管理体制问题，如大学基金会组织结构趋于行政化、捐赠主体的单一性和对捐赠收入的依赖，对捐赠基金的投资增值与风险控制能力不足，以及缺乏市场化的员工激励机制等。厘清大学与大学基金会之间的权责利益关系也有利于大学基金会向着使命清晰、治理规范、活动创新、责任明确的方向良性发展。

参考文献

［1］ Bruce R Hopkins, Virginia C Gross, Thomas J, Schenkelberg.Non-profit law for colleges and universities: essential questions and answers for officers, directors, and advisors ［M］.John Wiley & Sons Inc. , 2011.

［2］ Bruce R Hopkins, Virginia C Gross. Nonprofit governance: law, practices and trends ［M］.John Wiley & Sons Inc. , 2009.

［3］ Bruce R Hopkins.The law of fundraising (4th ed) ［M］.John Wiley & Sons Inc. , 2009.

［4］ Bruce R Hopkins.The tax law of charitable giving ［M］.John Wiley & Sons Inc, 2010.

［5］ Bruce R Hopkins.The tax law of unrelated business for nonprofit organizations ［M］.John Wiley & Sons Inc. , 2005.

［6］ Curti M, Nash R.Philanthropy in the shaping of American higher education ［M］.New Brunswick: Rutgers University Press, 1965.

［7］ Jack B Siegel.A desktop guide for nonprofit directors, officers, and advisors: avoiding trouble while doing good ［M］. John Wiley & Sons Inc. , 2006.

［8］ Jonathan P Caulkins, Jay Cole, Melissa Hardoby, Donna Keyser.Intelligent giving: insight and strategies for higher education donors ［M］. Rand, 2002.

［9］ Kevin P Kearns.Managing for accountability: preserving the public trust in public and nonprofit organizations ［M］.San Francisco, CA: Jossey-

Bass Publishers, 1996.

[10] Marion R.Fremont-Smith.Governing nonprofit organizations: federal and state law and regulation [M].The Belknap Press of Harvard University Press, 2004.

[11] Sears J B.Philanthropy in the history of American higher education [M].New Brunswick.NJ and London: Transaction Publishers, 1922.

[12] William Lucius Cary, Craig B Bright.The law and the lore of endowment fund: report to the Ford Foundation [M].Ford Foundation, 1969.

[13] [美] 贝奇·布查特·阿德勒.美国慈善法指南 [M].NPO 信息咨询中心, 译, 北京: 中国社会科学出版社, 2002.

[14] [美] 贝希·布查尔特·艾德勒, 大卫·艾维特, 英格里德·米特梅尔.通行规则: 美国慈善法指南: 第 2 版 [M].金锦萍, 朱卫国, 周虹, 译.北京: 中国社会出版社, 2007.

[15] 蔡磊.非营利组织基本法律制度研究 [M].厦门: 厦门大学出版社, 2005.

[16] 陈谷嘉, 邓洪波.中国书院史资料 [M].杭州: 浙江教育出版社, 1998.

[17] 陈华亭.中国教育筹资问题研究 [M].北京: 中国财政经济出版社, 2006.

[18] 陈金罗, 金锦萍, 刘培峰, 等.中国非营利组织法专家建议稿 [M].北京: 社会科学文献出版社, 2013.

[19] 陈晓春, 等.非营利组织经营管理 [M].北京: 清华大学出版社, 2012.

[20] 陈秀峰.当代中国大学教育基金会研究 [M].北京: 中国社会科学出版社, 2010.

[21] 陈岳堂.非营利基金会信息披露质量评价及其治理研究 [M].武汉: 中南大学出版社, 2008.

[22] 程昔武.非营利组织治理机制研究 [M].北京: 中国人民大学出版社, 2008 .

［23］［美］大卫·F.史文森.机构投资的创新之路［M］.张磊，等，译.北京：中国人民大学出版社，2010.

［24］戴志敏，石毅铭，蒋绍忠，等.大学教育基金会管理研究［J］.杭州：浙江大学出版社，2010.

［25］邓国胜.民间组织评估体系［M］.北京：北京大学出版社，2007.

［26］［德］迪特尔·梅迪库斯.德国民法总论［M］.邵建东，译.北京：法律出版社，2000.

［27］非营利组织管理（《哈佛商业评论》精粹译丛）［M］.北京新华信商业风险管理有限责任公司，译校.北京：中国人民大学出版社，2004.

［28］［美］弗兰克·H.奥利弗.象牙塔里的乞丐——美国高等教育筹款史［M］.许东黎，陈峰，译校.桂林：广西师范大学出版社，2011.

［29］高晓清.美国高校社会捐赠制度研究［M］.长沙：湖南师范大学出版社，2011.

［30］官有垣，陈锦棠，卢宛苹.第三部门评估与责信［M］.北京：北京大学出版社，2008.

［31］金忠明.中国民办教育史［M］北京：中国社会科学出版社，2003.

［32］康晓光，等.依附式发展的第三部门［M］.北京：社会科学文献出版社，2011.

［33］康晓光，韩恒，卢宪英.行政吸纳社会——当代中国大陆国家与社会关系研究［M］.世界科技出版公司，2010.

［34］［美］丽莎·乔丹，［荷兰］彼得·范·图埃尔主编.非政府组织问责：政治、原则与创新［M］.康晓光，等，译.北京：中国人民大学出版社，2008.

［35］民政部政策法规司.中国慈善立法课题研究报告选编［M］.北京：中国社会出版社，2009.

［36］彭万林.民法学［M］.北京：中国政法大学出版社，1997.

［37］世界银行专家组.公共部门的社会问责：理论探讨及模式分析［M］.宋涛，译.北京：中国人民大学出版社，2007.

［38］宋恩荣，章咸.中华民国教育法规选编（修订版）［M］.南京：江苏教育出版社，2005.

［39］孙琳.政府和非营利组织会计：理论与实务［M］.上海：精致出版社，上海人民出版社，2011.

［40］王名，李勇，黄浩明.美国非营利组织［M］.北京：社会科学文献出版社，2012.

［41］韦祎.中国慈善基金会法人制度研究［M］.北京：中国政法大学出版社，2010.

［42］朱有瓛.中国近代学制史料（下册）［M］.上海：华东师范大学出版社，1989.

［43］资中筠.财富的归宿：美国现代公益基金会述评［M］.上海：上海人民出版社，2005.

［44］Alexander M Wolf.The problems with payouts：assessing the proposal for a mandatory distribution requirement for university endowments［J］.Harvard Journal on Legislation，2011，8（13）：591-622.

［45］Barbara S Romzek，Patricia Wallace Ingraham.Cross Pressures of Accountability：Initiative，Command，and Failure in the Ron Brown Plane Crash［J］.Public Administration Review，2000，60（3）：240-253.

［46］David Coy，Mary Fischer，Teresa Gordon.Public accountability：a new paradigm for college and university annual reports，critical perspectives on accounting［J］.Academic Press，2001，12（1）：1-31.

［47］Donal L Basch.Changes in the endowment spending of private college in the early 1990s［J］.The Journal of Higher Education，1999，70（3）：278-308.

［48］Fremont－Smith M R，Kosaras A.Wrongdoing by officers and directors of charities：a survey of press reports 1995-2002［J］.Ssrn Electronic Journal，2003，42.

［49］George C Christie.Legal aspects of Changing University investment strategies［J］.North Carolina Law Review，1980（58）：189-221.

［50］ Goetzmann W N, Oster S M. Competition among university endowments ［J］.Ssrn Electronic Journal, 2013.

［51］ Goldschmid.The fiduciary duties of nonprofit directors and officers: paradoxes, problems, and poposed reforms ［J］.Journal of Corporation Law, 1998 (23).

［52］ Henry B Hansmann.The role of nonprofit enterprise ［J］.The Yale Law Journal, 1980, 89 (5): 835-901.

［53］ Henry Hansmann.Why do universities have endowments? ［J］.The Journal of Legal Studies, 1990, 19 (1): 3-42.

［54］ Ijiri Y. On the accountability - based conceptual framework of accounting ［J］.Journal of Accounting and Public Policy, 1983 (2): 75-81.

［55］ Jeavons T H.Stewardship revisited: secular and sacred views of governance and management ［J］.Nonprofit and Voluntary Sector Quarterly, 1994, 23 (2): 107-122.

［56］ Johns B, Gary.NGO Rights and Responsibilities: A new deal for global governance ［J］. Review - Institute of Public Affairs, 2000 (3): 30-31.

［57］ Ken W Brown.History of financial reporting models for American colleges and universities: 1910 to the present ［J］.The Accounting Historians Journal, 20 (2): 1-29.

［58］ Kenneth D Creighton, Franklin G Riddle.Audits of colleges and universities by AICPA committee on college and university accounting ［J］.The Accounting Review, 1974, 49 (4): 876-878.

［59］ Kenneth L. Karst. The efficiency of the charitable dollar: an unfulfilled state responsibility ［J］. Harvard Law Review, 1960, 73 (3): 433-483.

［60］ Mark J Cowan. Taxing and regulating college and university endowment income: the literatures perspective ［J］.Journal of College and University Law, 2008, 34 (3): 507-554.

［61］ Monica Blagescu, Lucy de Casas, Robert Loyd. Pathways to accountability: A short guide to the GAP framework ［J］. One Wirkd Trust, London, UK, 2005: 2-4.

［62］ Pallot J. The legitimate concern with fairness ［J］. Accounting, Organizations and Society, 1991 （16）: 201-208.

［63］ Report of the committee on accounting practice of not-for-profit organizations ［J］. The Accounting Review, 1971, 46 （5）: 81-163.

［64］ Sarah E Waldeck. The coming showdown over university endowments: enlisting the donors ［J］. Social Science Electronic Publishing, 2009, 77 （4）: 1795-1835.

［65］ Scott D R. The basis for accounting principles ［J］. Accounting Review, 1941, 16 （4）: 341-349.

［66］ Susan Gary. UMIFA becomes UPMIFA ［J］. The ABA Property & Problem Journal, 2007 （1）.

［67］ Thomas Lee Hazen, Lisa Love Hazen. Punctilios and nonprofit corporate governance-a comprehensive look at nonprofit directorsfiduciary duties ［J］. Pennsylvania Journal of Business Law, 14: 347-416.

［68］ Tyran J R. Why do people vote for charitable donations? ［J］. Dept. of Economics, University of ST. Gallen, 2000: 1-33.

［69］ Whitehead J S, Herbst J. How to think about the Dartmouth College case ［J］. History of Education Quarterly, 1986, 26 （3）: 333-349.

［70］ William L Cary, Craig B Bright. The delegation of investment responsibility for endowment funds ［J］. Columbia Law Review, 1974, 74 （2）: 207-235.

［71］ William L Cary, Craig B Bright. The "Income" of endowment funds ［J］. Columbia Law Review, 1969, 69 （3）: 396-417.

［72］ Williams P F. The legitimate concern with fairness ［J］. Accounting, Organizations and Society, 1987, 12 （2）: 169-189.

［73］ 白锦会.莫里尔法案在高等教育发展史中的地位 ［J］.教育与经

济, 1987 (4).

[74] 蔡克勇.社会捐赠: 一座亟待开发的金矿——高等学校筹资的一条重要渠道 [J].民办高等教育研究, 2006 (5).

[75] 陈成才.美国现代基金会与美国政府的关系 [J].宜宾学院学报, 2005 (8).

[76] 陈秀峰.调查与透视: 大学教育基金会的资金分配现状与效能 [J].教育财会研究, 2008 (3).

[77] 陈艳, 苏钰琰, 伍卓深.基于档案管理视角的高校基金会公开透明研究 [J].华南理工大学学报 (社会科学版), 2015 (8).

[78] 戴志敏.美国康奈尔大学资金投资管理模式及其启示 [J].教育财会研究, 1999 (1).

[79] 邓娅.我国高等教育财政体制改革与大学基金会的兴起 [J].北京大学教育评论, 2011 (1).

[80] 丁安华, 赵勇.美国大学捐赠基金投资运作研究 [J].武汉金融, 2011 (1).

[81] 冯涛, 程宝燕.美国民间资金捐赠教育的政府匹配政策评价及启示 [J].高教探索, 2016 (11).

[82] 傅金鹏.西方非营利组织问责理论评介 [J].国外社会科学, 2012 (1).

[83] 甘东宇.美国基金会与 "新公益" 思潮 [J].中国非营利评论, 2010 (7).

[84] 何新容.美国有关捐赠者对慈善捐赠的强制执行权的规定及其对我国的启示 [J].科学·经济·社会, 2012 (4).

[85] 胡卫萍, 赵志刚.慈善公益捐赠信义义务履行的法律探讨 [J].求实, 2011 (12).

[86] 黄爱学.捐赠的性质认定及我国立法评析 [J].内蒙古农业大学学报 (社会科学版), 2012 (3).

[87] 蒋国河.推进高等教育捐赠事业: 价值传承和制度创新 [J].江苏高教, 2005 (6).

[88] 雷虹.中美大学基金会之研究 [J].上海高教研究，1999（12）.

[89] 李韬.基金会缘何兴盛于美国 [J].美国研究，2005（9）.

[90] 李晓新，刘晔，张宏莲.规范化与专业化：大学基金会资金管理的法律问题研究 [J].复旦学报（社会科学版），2008（6）.

[91] 李勇.非政府组织问责研究 [J].中国非营利评论，2010（1）.

[92] 罗公利.大学社会捐赠的博弈分析 [J].经济理论与经济管理，2005（5）.

[93] 马胜利.外国的基金会制度 [J].欧洲研究，1994（2）.

[94] 马昕，沈东亮.慈善组织公开募捐平台服务指南——《公开募捐平台服务管理办法》解读 [J].中国社会组织，2016（18）：15-16.

[95] 马长山.非营利组织立法的现实进路与问题——兼评《中国非营利组织法专家建议稿》[J].中国非营利评论，2013（1）.

[96] 孟东军，陈礼珍，张美凤.中美大学教育捐赠管理比较研究 [J].中国高教研究，2005（7）.

[97] 孟婧.中美大学教育捐赠基金运作的比较与启示 [J].教育财会研究，2011（10）.

[98] 孟丽菊，张大方.中外高校社会捐赠：比较、分析及建议 [J].教育科学，2007（6）.

[99] 农贵新，何静.捐赠的理性分析及政策建议 [J].对策研究，2003（2）.

[100] 秦素粉.中美高校社会捐赠的差异性分析及启示 [J].教书育人，2009（12）.

[101] 邱天雪.美国基金会的理事会运作模式 [J].社团管理研究，2011（3）.

[102] 佟婧，燕凌，洪成文.耶鲁大学捐赠基金成功运作之道 [J].高教探索，2012（3）.

[103] 王劲颖.美国基金会发展现状及管理制度的考察与借鉴 [J].中国行政管理，2011（3）.

[104] 王雯.美国公益基金会兴盛原因的制度经济学分析 [J].美国研

究，2009（2）.

［105］王云儿.美国私立大学基金会最新发展及管理特色研究［J］.教育与经济，2012（3）.

［106］王兆斌.美国慈善基金会的嬗变及其社会功能［J］.世界经济与政治论坛，2011（4）.

［107］韦祎.中国慈善基金会法人的人格困境及其突破［J］.私法研究，2010（12）.

［108］魏明英，胡静.关于完善我国慈善捐赠税收优惠制度的法律思考［J］.税收经济研究，2012（5）.

［109］伍运文.美国高等教育捐赠的动因考察——宗教与文化的视角［J］.湖南师范大学教育科学学报，2006（9）.

［110］谢菲.美国大学的资金筹集与管理机制研究——以哈佛大学为例［J］.电子科技大学学报，2009（11）.

［111］谢永超，杨忠直.大学捐赠基金的功能及启示［J］.社会科学家，2008（12）.

［112］徐家良.《基金会管理条例（修订草案征求意见稿）》修改补充建议［J］.中国社会组织，2016（12）.

［113］许净.美国著名大学永久基金的发展及其贡献［J］.中国高教研究，2006（6）.

［114］言梓瑞.中美高校教育基金会比较研究及启示［J］.世界教育信息，2007（10）.

［115］杨青.美国大学基金会成功因素分析及启示［J］.中国地质教育，2007（1）.

［116］杨宇.慈善信息披露主体研究［J］.山东农业大学学报（社会科学版），2014（2）.

［117］杨志超.美英慈善组织财务报告法律制度比较研究［J］.山东社会科学，2015（3）.

［118］姚俭建，Janet Collins.美国慈善事业的现状分析：一种比较视角［J］.上海交通大学学报（哲学社会科学版），2003（1）.

[119] 姚建平.中美慈善组织政府管理比较研究 [J].理论与现代化，2006（2）.

[120] 叶姗.社会财富第三次分配的法律促进 [J].当代法学，2012（6）.

[121] 张敏.美国大学捐赠基金的谨慎投资者规则及其启示 [J].教育科学，2007（8）.

[122] 张旺.慈善捐赠与美国私立高等教育的形成与发展 [J].比较教育研究，2005（5）.

[123] 张云.美国加州大学系统捐赠基金运作实践及启示 [J].比较教育研究，2004（6）.

[124] 赵连稳.清代北京书院经费筹措途径及演变 [J].中国经济史研究，2009（2）.

[125] 赵明，褚蓥.美国慈善基金会利益输送禁止规则探析——兼与中国相关规定之比较 [J].北京航空航天大学学报，2012（1）.

[126] 仲伟周.经济学研究的新领域 [J].天津社会科学，1995（6）.

[127] 周红玲，张振刚.中国大学基金会组织机构设置探析 [J].华南理工大学学报（社会科学版），2010（4）.

[128] 周贤日，马聪．美国高校捐赠制度的特点与启示——《美国高校捐赠报告》解读 [J].高教探索，2012（6）.

[129] 周贤日.我国公益捐赠法律制度思考 [J].中国发展观察，2008（7）.

[130] 朱晓梅.高等教育捐赠的伦理分析 [J].中国高等教育，2003（24）.

[131] 陈桃兰.私立大学与中国高等教育近代化——以复旦大学（1905~1941）为中心的研究 [D].上海：复旦大学，2005.

[132] 解锟.英国慈善信托制度研究 [D].上海：华东政法大学，2010.

[133] 李红影.基金会立法问题研究 [D].北京：中国政法大学，2006.

[134] 李洁.大学捐赠基金运作问题研究 [D].武汉：华中科技大学，2010.

[135] 陆义娜.美国慈善基金会发展的历史进程研究 [D].上海：华东师范大学，2009.

[136] 罗欧琳.高校教育基金会关联理事的筹资效应研究 [D].长沙：湖南大学，2016.

[137] 吕旭峰.我国教育捐赠问题研究 [D].开封：河南大学，2011.

[138] 乔枫.基金会基本法律问题研究 [D].重庆：西南政法大学，2006.

[139] 吴清华.我国高校筹资变迁研究 [D].武汉：中南民族大学，2008.

[140] 相萱萱.中国慈善立法问题研究——基于法经济学的视角 [D].长春：吉林大学，2011.

[141] 杨丹.中美高等教育捐赠比较研究 [D].南京：南京师范大学，2008.

[142] 王鲁亚.从利益相关者的视角浅析大学教育基金会的财务管理目标及其实现 [C].第十一次中国高校基金会工作研讨会论文，2009.

[143] 包万平，李金波.大学教育基金会需规范化引导 [N].中国科学报，2012-11-21.

[144] 厉以宁.论教育经费的筹集与运作 [N].广州日报，1996-12-27.

[145] 民政部解答《基金会管理条例》 [N].人民日报 (海外版)，2004-04-20.

[146] 张磊，王宏欣.美国投资机构设置与耶鲁大学投资战略 [N].中国经营报，2002-05-16.

[147] Internal Revenue Service.Colleges and universities compliance questionnaire analysis：a report of governing boards of universities and colleges and national association of college and university business officers [R]. Ernst &Young，2009.

[148] Report of the committee on accounting practice of not-for-profit organizations [R]. The Accounting Review, Supplement to vol. 46 (1971): 81-163.

[149] United States Government Accountability Office.Postsecondary education: college and university endowments have shown long-term growth, while size, restrictions, and distributions vary [R].2010: 2-3.

[150] A letter from Stephen Blyth PhD '92 president and CEO of Harvard Management Company [EB/OL].http: //www.hmc.harvard.edu/docs/Final_ Annual_ Report_ 2015.pdf.

[151] Better Business Bureau Wise Giving Alliance.Standards for charity accountability [EB/OL].http: //www.bbb.org/us/standards-for-charity-accountability/.

[152] Dubnick M J, Frederickson H G.Public accountability: performance measurement, the extended state, and the search for trust, national academy of public administration & the Kettering Foundation [EB/OL].http: //paperts.ssrn. com, 2011.

[153] Elizabeth Schmidt.Fundraising: what laws apply? [EB/OL].Philanthropic Research, Inc. http: //www.guidestar.org/rxa/news/articles/2003/ fundraising-what-laws-apply.aspx.

[154] Excellence Institute.An ethics and accountability code for the nonprofit sector [EB/OL].http: //icma.org/en/icma/knowledge_ network/documents/kn/Document/3614/Standards_ for_ Excellence_ An_ Ethics_ and_ Accountability_ Code_ for_ the_ Nonprofit_ Sector.

[155] FASB.Chairman adds two agenda projects to improve financial reporting by not-for profit organization [EB/OL]. [2011-09-11].http: //www.fasb.org/cs/ ContentServer? c = FASBContent _ C&pagename = FASB% 2FFASBContent _ C% 2FNewsPage&cid=1176159257947.

[156] Foundations and their role in philanthropy [EB/OL]. [2011-11-27]. http//foundationcenterorg/getstarted/training/online/product _ online _

training.jhtml？id＝prod2110004.

［157］Georg Cejnek，Richard Franz，Otto Randl，Neal Stoughton.A survey of university endowment management research［EB/OL］.http：//www.wu.ac.at/isk/bilder/endowment＿review＿092012.

［158］IRS.College and university examination guidelines，announcement 94-112（1994-37 I.R.B.36［Aug.1994］）［EB/OL］.http：//www.federaltaxissues.com/docs/IRS-announce-94-112.pdf.

［159］John S Griswold，Kyle Kuhnel，William F Jarvis，Kenneth E Redd.Educational endowments' investment returns averaged 11.7% in FY2013：strong improvement over FY2012 -0.3%［EB/OL］.［2014-01-31］.http：//www.nacubo.org/Documents/Endowment%20Files/2013NCSEPressReleaseFinal.pdf.

［160］Karl E Emerson.State charitable solicitations statutes［EB/OL］.http：//www.irs.gov/pub/irs-tege/eotopici01.pdf.

［161］NFP endowments and UPMIFA disclosures transition effective date and comment period for proposed FSP［EB/OL］.http：//www.fasb.org/jsp/FASB/Document＿C/DocumentPage&cid＝1218220097795.

［162］Putnam Barber.Regulation of charitable solicitations in the United States of America［EB/OL］.［2010-07］，http：//www.eskimo.com/-pbarber/tess/docs/istr＿draft.pdf.

［163］The National Conference of Commissions on Uniform State Laws.Prudent management of institutional funds act［EB/OL］.［2016-08-31］.http：//uniformlaws.org/Act.aspx？title＝Prudent%20Management%20of%20Institutional%20Funds%20Act.

［164］The Yale Endowment 2015［EB/OL］.http：//investments.yale.edu/images/documents/Yale＿Endowment＿15.pdf.

［165］Top rated charities［EB/OL］.https：//www.charitywatch.org/top-rated-charities.

［166］报告显示高校基金会透明度堪忧需引起社会重视［EB/OL］.［2016-09-10］.http：//gongyi.qq.com/a/20140925/022429.htm.

［167］大学冠名捐赠：究竟为财政独立还是仅为吸金？［EB/OL］.
［2011－05－30］.http：//opinion. nfdaily. cn/content/2011－05/30/content_
24757733.htm.

［168］金锦萍.请慎重审议慈善法草案第六十条［N/OL］.［2016－
03－11］.http：//www.naradafoundation.org/content/4839.

［169］卫敏丽.调查显示：慈善组织信息披露面临人力物力投入缺乏
等困境［EB/OL］.［2016－09－20］.http：//news. xinhuanet. com/society/
2010－12/02/c_ 12841913.htm.

［170］小编告诉你《基金会管理条例》（修订草案）究竟改了啥？
［EB/OL］.［2016－05－26］. http：//www. gongyishibao. com/html/
zhengcefagui/9815.html.

［171］杨道波.法律允许慈善组织赚钱吗？［EB/OL］.［2016－09－
03］.http：//www.msweekly.com/news/gongyi/2015/1229/54083.html.

［172］最有钱的高校基金会透明度排行榜［EB/OL］.［2016－09－
10］.http：//toutiao.com/i6264822622698078722/.